U0794907

新编21世纪新闻传播学系列教材

• 广播电视系列 •

电视采访学

第三版

TV Interview

雷蔚真　朱羽君　著

中国人民大学出版社
· 北京 ·

“新编21世纪新闻传播学系列教材”编委会

作者简介

雷蔚真 中国人民大学公共外交研究院副院长，中国人民大学新闻学院教授、博士生导师，跨媒体教学改革项目负责人之一。中国全球传播与公共外交学会常务副会长。中国公共外交蓝皮书联合主编。研究兴趣：公共外交与跨文化传播，新媒体与社会变迁，跨媒体与媒体融合生产机制，电视传播。参与多家电视台的策划、培训工作，参与多家媒体数字化转型的研究与策划。从教以来，在国内外期刊共发表论文五十余篇，出版著作、教材十余部。

朱羽君 中国传媒大学电视系教授，博士生导师 。从事电视新闻摄影、电视画面研究、电视纪录片研究等课程教学。中国摄影家、中国电视艺术家协会电视纪录片学术委员会理事、《大众摄影》编委、中国新闻摄影家协会学术委员。

内容简介

《电视采访学》以电视采访绪论开篇，接下来的章节分别论述了采访主体、采访策划、现场取材、采访类型、记者出镜、记者的画外采访等内容，然后又分门别类地论述了主要类别电视节目的特点，如新闻节目、访谈类节目、脱口秀节目、纪录片等，并对电视采访工作做了前瞻。新版根据业界近几年的发展和学界的最新理论总结，引入媒介融合的观念，对书中陈旧的观点、案例、数据等做了更新完善。

本书主要处理了电视新闻领域多年以来存在的问题：电视拍摄与电视采访是何关系。整本书的基础，是将电视拍摄作为电视采访的一部分来处理——也就是用一个更为宏观的“采访”概念，将电视报道的前期工作统合为一个整体来考量，这其中包括了摄像、记者出镜以及镜头外的各种与现场有关的电视采访环节。

总　　序

中国人民大学出版社策划出版的“新编21世纪新闻传播学系列教材”，是一套在新闻传播学领域内，皋牢百代，卢牟六合，贯穴古今，笼罩中外，密切联系新闻传播工作的实际，广泛吸收新闻传播学的最新研究成果，高挹遐揽，取精用宏，供新世纪的高等院校新闻传播院系教学使用的系列教材。

20世纪初以来的100年，是世界新闻传播事业飞速发展的100年。这100年来，随着科学技术的不断发展，继报纸、期刊、通讯社之后，广播、电视、网络和多种新媒体相继问世，新闻传播的媒介日趋多元化，新闻传播的手段日趋现代化，“地球村”变得越来越小，新闻传播事业对世界政治、经济和文化的影响则变得越来越大。

这100年，也是中国新闻事业飞速发展的100年。其中最近的30多年，即中国改革开放以来的30多年，发展得尤为迅猛。

进入新世纪以后，中国新闻事业发展的势头更为迅猛。报纸、期刊、通讯社、广播电台、电视台的数量在宏观调控下，虽无大变化，但软硬件的实力都有了很大的提高。据2011年12月出版的《中国新闻年鉴》的最新统计数字，2010年全国共出版报纸1 939种，平均期印数2.14亿份。共出版期刊9 884种，平均期印数1.63亿份。全国共有广播电台227座，电视台247家，广播电视台2 130家，教育电视台44家。广播综合人口覆盖率为96.78%，电视综合人口覆盖率为97.62%。

另外2012年1月中国互联网络信息中心（CNNIC）发布的《第29次中国互联网络发展状况统计报告》显示，截至2011年12月底，中国网民规模已达到5.13亿，互联网普及率达到38.3%。其中，手机用户数量为3.56亿，博客和个人空间用户数量为3.19亿，微博用户数量为2.5亿，社交网站用户数量为2.44亿，网络视频用户数量为3.25亿。中国居民中具备上网条件和技能的人已经基本转化为网民，大专及以上学历人群中互联网使用率已达96.1%。中国网站总数为230万个，网页数量为866亿个。

这样大的发展规模，这样快的发展速度，在世界和中国新闻事业史上都是空前的。回顾既往，盱衡未来，新闻传播事业在21世纪还将会保持旺盛的发展势头。新闻传播，作为上层建筑中意识形态的一个重要组成部分，在全面准确地宣传党的基本理论、基本路线和基本方针以及各项决策，反映人民群众的伟大业绩和精神风貌，以及推动改革开放和社会主义现代化建设等方面，必将继续发挥重要的作用。

与新闻传播事业的发展相配合，这100年来，为中国的新闻战线培养和输送人才的中国新闻教育，也有了相应的发展。中国的新闻教育起始于20世纪初，迄今有近百年的历史。新中国成立前的30年，虽然先后在个别院校中设立了新闻系或新闻专科，但规模都不大，设备也不够完善，在校学生人数，最多的时候不超过400人，30年间累计培养出来的毕业生还不到3 000人。新中国成立后，为了给新中国的新闻事业培养人才，新闻教育有了新的发展，但到20世纪60年代中期为止，全国的新闻教育机构也还只有14家。当时全国只有343家报社、78座广播电台和13家电视台，革命老区来的新闻工作骨干正当盛年，足以支撑大局，新闻系和新闻专业的学生统招统分，基本上能够满足中央和省市以上新闻单位梯队建设方面的需要。“文化大革命”爆发后，新闻事业进入低谷，新闻人才的培养也被迫中辍。拨乱反正之后，新闻事业有了飞速的发展，但新闻工作的人才却出现了断层，明显供不应求，因而极大地推动了新闻教育的发展。中国的新闻教育得以重振旗鼓并得到空前迅猛的发展，主要是改革开放以来的这30多年的事情。30多年来，中国新闻教育和中国新闻事业同步发展。截至2011年，全国设有新闻传播学类院、系、专业的高校已由改革开放之初的两三所增加到800所以上，各种类型和层次的专业教学点已不下1 000个。新闻专业的教学已从单一的大学本科教育，发展到博士生、硕士生、本科生、大专生、成人教育、函授教育等多层次的格局，不少院系还设置了新闻传播学方向的博士后流动站。改革开放之初，全国在校新闻系科学生总共只有500来人，现在仅在校本科生就有16万人左右，硕士和博士研究生3万人左右，办学层次、办学规模、办学水平都有了很大的提高。进入新世纪以后，随着新闻传播事业的加速发展和新闻战线人才需求的不断增加，中国的新闻教育还将会有更大幅度的发展。

一般说来，新闻教育质量的高低，起决定作用的主要是两个因素：一个是师资，一个是教材。两者之间，教材的作用更大。这是因为，师资的多少和良窳，往往受办学主客观条件的限制，而教材一旦完成，就可以直接嘉惠于学子，风行四海，无远弗届。进一步说，一部好的教材，不仅可以满足教学的需要，培养出一大批人才，而且还可以同时拥有一定的学术含量，推动新闻传播学研究的发展。1919年出版的徐宝璜的《新闻学》，1927年出版的戈公振的《中国报学史》，就是这方面的很好的例子。这两本书都是作者在高等学校从事新闻学理论和新闻史教学时作为教材编写出来的，出版之后，立即引起世人的关注和推崇，一再重版，历久不衰，至今仍然是公认的新闻学理论和新闻史方面的传世之作和经典之作。正因为这样，新闻教育的前辈们，历来十分重视教材的建设。新中国成立初期的十来年，坊间出版的新闻学方面的书籍，绝大部分是教材。改革开放以后，新闻传播学研究空前繁荣，新闻学方面的书籍大量问世，但教材仍然在其中占了很大的比重。这些教材，覆盖了新闻传播学的方方面面，经过出版家和众多作者们的长期努力，门类和品种基本配套齐全，曾经为同时期的新闻教学做出过重要的贡献。但是，随着时间的推移和新闻工作实际的飞速发展，这些教材的体例日显陈旧，观点和内容也亟待调整和更新。一些属于学科前沿和科技含量较高的新开课程的教材尚付阙如，使现有的教材出现了不少缺口。在新世纪已经到来之际，集聚力量，重新编写出一套体系完整，门类齐全，能够为新世纪的新闻教育和新闻人才培养服务的新闻传播学的系列教材，已经成为人们的共识和新闻业界与新闻教育界的迫切需求。

呈现在读者面前的，就是应这样的需求产生的一套系列教材，它将涵盖新闻学、传播学两个二级学科的方方面面内容，满足新闻、广播、电视、广告、媒体经济、新媒体等多个专业的教学需要。负责这些教材编写工作的，是中国人民大学、复旦大学、北京大学、清华大学、中国传媒大学、中国青年政治学院等多所著名院校长期从事新闻传播学方面教学与研究工作的专家学者，其中有相当大的一部分编写者是相关学科的国家级的学术带头人，堪称一时之选。收入本系列的教材中，既有国家级重点教材，也有部级重点教材，其他的也都是经过严格筛选的精品，所以，本套系列教材的质量是有保证的，其权威性也将会得到社会的认同。

21 世纪是一个高度信息化的时代，是信息经济和知识经济占主导地位的时代。信息经济和知识经济有两大支柱，一是以高科技为代表的传播技术产业，二是从事新闻和信息产品生产的媒体产业。新闻传播学作为将这两大领域有机联结的桥梁，在今后的国家建设和社会发展中必将发挥越来越重要的作用。中国人民大学出版社经过精心策划，隆重推出这套系列教材，是具有高度的前瞻性和战略眼光的。在这里，我谨代表编委会和全体作者向中国人民大学出版社表示由衷的感谢。

这套系列教材开始策划于 20 世纪的最后一年，21 世纪初起陆续问世，迄今已编写出版了 50 余种。在体例和内容的创新和开拓等方面，远远超过同时期出版的同类教材。其中的有些教材，还根据整个新闻传播理论与实践的发展和新闻传播学教学与研究的发展，陆续作了必要的补充和修订，重新出版，实现了内容的与时俱进。

这批教材的问世，将会为新闻传播事业和新闻教育事业的发展和繁荣、为新世纪新闻传播人才的培养做出它应有的贡献。这是出版者和全体作者共同的一点希望。是为序。

方汉奇

2012 年 3 月

于中国人民大学宜园

第三版序

《电视采访学》第一版出版的时候，是中国电视新闻的黄金年代，从电视评论到民生新闻栏目，遍地开花，如火如荼。到今天第三版面世的时候，电视被归入传统媒体，在新媒体冲击的环境里，似乎盛况不再。

这个宏大的时代背景与《电视采访学》教材的修订有何关系呢？我一直在思考这个问题。由于每年都在中国人民大学新闻学院讲授这门课，我不得不经常琢磨新媒体技术对于电视采访有何影响的问题，并思考在教学中有什么需要调整和更新的。

到目前为止，我思考的答案如下：

一、电视采访作为电视新闻内容生产的第一环，我认为它与新媒体技术的变化关系不大。镜头拍摄、话筒提问、纪实观点等电视采访的核心要素，都与技术和媒体环境关联不大。在自媒体泛滥的今天，这些专业意识和技能，甚至更加凸显出不可替代的价值。

二、电视采访需要认真应对哪些变化呢？我认为：变化主要集中在选题阶段的全媒体策划方面，在同一个报道的媒体发布端变得多元的时候，需要策划先行，有一些电视报道的新形态需要技术设备支持的，需提前纳入策划；同时，结合不同媒体终端的特性，电视报道的样式和调性也需要配合调整。电视频道里播出的报道跟微信微博上发布的内容可能不同。本书第三版增加了几个全媒体策划的成功案例，都是为了介绍如何做好全媒体各类平台的内容协同。

学界一直在讨论如何在新媒体环境下保持新闻专业主义。我认为这个问题在现实层面与媒体技术变化的关系也不大。作为新闻工作者，将社会责任放在首要位置，自然就会在选题、采访、编辑等每一个环节加强专业主义意识。《电视采访学》作为一本业务教材，并不主要解决价值选择的问题，但也特别需要强调电视工作者的社会责任，这一诉求渗透在诸多案例的选择中。

基于上述考虑，本书的修订比例不算高，但在需要回应的话题上还是努力做了内容更新。

希望本次修订版能够让读者有所收获。

雷蔚真

2018 年 6 月于北京

第二版序

以1993年中国电视新闻的新一轮改革为起点，近20年过去，广播电视新闻专业在中国各地高校遍地开花，然而实质上，电视新闻教育在专业教材建设和人才培养模式等方面，创新一直并不明显。在20世纪90年代初出现一批经典教材之后，大部分此后推出的电视新闻相关教材在内容、结构和视角等方面让不少读者感到似曾相识。

朱羽君老师和我在1999年合作推出了《电视采访学》第一版，当时的一个心愿是希望能够把中国传媒大学电视摄制方面的相关理论与中国人民大学新闻学院的新闻理论做有益的结合。这本教材推出后，业界和学界的反应较为正面，该教材也被国内多家院校作为指定教材，也曾多次印刷。作为系列教材的一部分，《电视采访学》获得了全国普通高等学校优秀教材一等奖。出版社曾多次请我们修订这本教材，十年来我一直未能着手修订的主要原因，除了时间精力的局限外，最主要的考量，还是希望能够借助修订之机，在电视新闻领域的教材做出一些创新性的尝试。

《电视采访学》当时处理了电视新闻领域一个多年存在的问题：电视拍摄与电视采访是何关系。整本《电视采访学》的基础，是把电视拍摄作为电视采访的一部分来处理的——也就是用一个更为宏观的"采访"概念，将电视报道的前期工作统合为一个整体来考量，这其中包括了摄像、记者出镜以及镜头外的各种与现场有关的电视采访环节。在《电视采访学》之前，绝大多数相关教材，都是将电视摄像作为单独的内容，而这些摄像教学的基本框架，又大多源自电影的教材，甚至例子也都取自虚构电影；同时，电视新闻的教材，大多数的结构又源自平面媒体的教材体系，从术语到视野都缺少电视特色。

《电视采访学》的第一版，通过将电视摄像工作与电视新闻采访工作的一体化，实现了部分的电视特色。然而，其中有一个部分，处理起来并不顺畅——电视新闻的拍摄部分，在《电视采访学》当中，保留了一章的内容。但这一章，当时未能充分论述电视新闻的拍摄层面的技能和相关知识。这次借修订《电视采访学》的机会，我将"电视新闻摄制"这一部分的内容进行了独立处理，将所有相关内容抽离出《电视采访学》，结合之前深化"电视采访"概念时而放弃的摄像内容，整合成一本单独的教材《电视新闻摄制》。

《电视新闻摄制》独立出版，看上去有一定的风险——搞不好会回到《电视采访学》所极力改变的电视摄像与电视新闻采访脱离的局面。为此，我在写作《电视新闻摄制》的过程中，制定了两个原则：

一是所有的案例都选择电视纪实类型，完全放弃虚构影视作品的例子。由于相当数量的电视摄像教材所采用的案例和术语都源自电影类教材，因此，要在既有的框架里放弃电影的案例，确实十分困难，有的时候是纪实案例不好找，有的时候会觉得虚构电影的案例更为典型。但为了加强电视拍摄与新闻内容的关联性，这本教材坚守了这一原则。

二是在修订的《电视采访学》和新著的《电视新闻摄制》两本书之间，用更多的统一理念加以贯穿。这一点，主要依靠纪实案例的论证，当两本独立的教材都采用新闻和纪录片等纪实案例加以论述阐释时，它们相互之间的共通性就自然显现了出来。

基于上述努力，我也跟中国人民大学出版社的编辑协商，将《电视采访学》的修订本与《电视新闻摄制》两本书包装成一个整体推出，其主要目的还是增强两本教材之间的逻辑关联，将电视报道的前期工作视为一个整体呈现给读者。

《电视采访学》的修订，主要进行了案例的更新工作。从第一版的 1999 年到这次修订的 2010 年，十年间出现了很多优秀的新案例。硕士生于浩在案例搜集整理方面做了大量工作；同时，《电视新闻摄制》一书作为一个项目，硕士生王焓前后参与了三年左右的时间，为该书的案例搜集和文字整理付出了大量劳动。两本专著型教材的完成，还应感谢硕士生李跃群、史喻、张艳燕等同学的付出。2007 级广电专业的部分同学参与了该教材的截图工作。此外，感谢李学伟、骆骁两位编辑细致耐心的帮助，没有他们的协助，这两本书不可能顺利付梓。

在十多年的电视专业教学中，我常常感到，与电视纪实相关的教材，在未来相当长的时间之内，还会有很大的需求。这两本教材只是抛出的砖，恳请电视业界和学界的同行们多多指教，共同努力，为中国的电视新闻事业培养更多更好的人才。

雷蔚真

2010 年 6 月于中国人民大学明德新闻楼

目　　录

第一章

电视采访绪论

电视已无暇顾及人们的赞美。

在数字、光纤等高新科技的推动下，电视正努力融合新的传播技术，创造新的传播方式。

同时，电视已经在人类传播史上树立了崭新的里程碑，它超越了人类以往的传播方式，实现了向人本化传播方式的更高层次上的回归。

电视在传播的各个环节上都有革命性的变革，从而给传播学带来许多新的课题。就新闻采访来说，仅电视新闻采访就有许多不同于其他媒介的独特个性，值得为它独立成章。

本书就是以论述电视新闻采访为主要内容的。

首先，什么是采访？以往的传播媒介对其有许多定义：

采访是新闻记者从生活中采集原始素材的过程，是新闻记者活跃的生命状态。

采访是主观认识客观的调查研究活动，是记者代表无法出面的读者，用调查研究的方法获得新闻的过程。

采访是记者发挥主观能动性，对新闻事件进行调查、研究、选择、归纳，使其利于传播的活动。

采访是新闻工作者为搜集新闻素材所进行的活动。①

采访是采访人员用行动和意志，搜集和研究有价值的真人真事作为写作素材的一种艺术活动。②

以上几种定义对电视媒介来说也是共同的。采访还具有以下特性：

（1）采访是有主体存在的，这个主体就是采访者；

（2）采访有明确的目的，即为大众新闻传播搜集素材；

（3）采访有特定的对象，这个对象可以是机构、组织、事件等，但最后都落实为人。

采访工作是整个新闻工作的基础，它如同新闻传播工作的“第一产业”。采访是大众传播过程的第一环节，只有先完成采访工作，其他的新闻传播工作才可能进行下去。不管今后传播技术如何进步，采访活动在新闻工作中“第一环节”的位置都将始终保持不变。

---

① 刘海贵．当代新闻采访．上海：复旦大学出版社，1997：3.

② 邝云妙．当代新闻采访学．广州：暨南大学出版社，1998：10.

那么，什么是电视采访呢？

电视采访是指电视新闻工作者利用电视技术中一切可以兼容的手段，为实现新闻的大众传播而进行的素材采集活动。它包括：

（1）拍摄——摄像机摄取的声画一体的现场形象；

（2）记者出镜——记者出镜提问、访谈、交流等动态过程；

（3）画外采访——记者进行的文字、背景、资料等非影像素材的采集。

在以上三项工作中，摄像机拍摄声画一体的形象素材是电视采访的中心，离开了拍摄，电视采访将失去主要的媒介特性。

第一节　采访的信息形态

从新闻素材的采访到最后新闻传播给受众，其间信息经过了多次加工。但是对于新闻采访的研究而言，最有意义的研究内容是记者在采访中直接带回的素材的信息形态。

首先，我们有必要研究在采访中，各种不同的新闻媒介所能提供的不同的信息形态。在目前的科技水平下，新闻采访活动能够从现实生活中带回以下几种信息形态。

一、符号化的信息形态

符号化的信息形态主要指文字。

在广播电视技术出现之前，由于技术条件的限制，人类若想对信息加以远播或广播，只能将原始信息物化为符号，这就是文字发明的重要原因之一。

（一）符号信息形态的特点

文字是将信息符号化的形态，它的产生源自人类试图超越口头传播的需要。在文字产生之后，人类的传播利用这一间接手段突破了自身能力的局限。

以文字形态进行记录和传播的信息，由于需要将现场的人本化信息（形象、声音、行为、动作等）进行符号的转化，损耗很大。也可以说，文字以及记忆形态的信息传播方式是间接的，在传播过程的最后环节，需要受众的再度转化和想象的配合才能完成单向度的传播过程。因此，也可以认为，文字的出现，一方面为人类信息传播提供了跨时空的、大众传播的可能，另一方面也使人类的传播远离了人本特性。文字使传播疏远了直接的、面对面的交流方式。

文字传播利用的以符号代替人际交流的传播模式，使信息在传播中经过了多次转化。首先是从形象和声音转化为以文字或记忆形态保存的信息，在传播者的写作、编辑、修改之后发生了很大的区别于原始素材的转化；其次，在读者阅读时，需要再次的转化才有可能在读者的脑海中还原部分原始信息。不难发现，这时的信息与记者采访时所面对的生活真实已经有了很大的不同。

（二）符号信息形态的优势

作为信息传播形态，文字的历史最久远，这带来了两点优势：

第一，长期的文字使用训练了人类的思维方式——文字以及文字逻辑构造着人类思维和传播的基础。

第二，文字具有稳定的内核，它在印刷媒介中得到最广泛的运用，文字的理性和严谨性使它直至现在仍保持着应有的地位。

（三）符号信息形态的局限

今天，当人类的科技手段发展到一定水准之后，我们回过头去看文字符号作为人类传播的载体，也可以认识到文字中所缺乏的直观形象性。我们无法在文字传播中听到真实生活中的声音，无法在文字中看到真实时空中的原始形象。因此，文字也就不能实现人际交流的人本体验和感知的效果。此外，不同国家的文字代表着各不相同的符号形态，造成了传播障碍，使人们需要耗费很长的时间去学习和辨认。

文字作为信息传播形态的局限，促使人类在发展过程中不断寻找新的媒介。

二、声音

广播以声音为媒介。

从文字符号的印刷传播到以声音的形态进行广播与远播，人类跨出这重大的一步花费了数千年。电子技术的出现与普及使人类有了以非文字的信息形态进行信息采集和传播的可能。人们终于可以记录和传播生活中真实的声音，即以一定技术手段记录的、可供大众传播的物化的声音形态。广播技术通过复制和还原生活中的原始声音形象传播信息，开始具备人本的部分因素。

声音形态的信息载体被广泛运用于电子新闻媒介中，声音的广播需要经过录制和复原，这一特殊的技术基础正是广播电视媒介传播特性的构成要素。

声音作为信息传播的形态，其快捷、及时、简便的综合优势到目前为止还是无与伦比的。

三、画面

视觉感官一直是人类最渴望享有的获得信息的渠道。然而，在记录生活中的画面形象这一方面，尚未掌握摄影技术和电子技术的人类只有手中的画笔，但画笔并不能真实而准确地抓取生活中的瞬间画面，只能提供非常粗糙的生活画面的轮廓，而且经常远离真实，本质上仍然是符号化的。当摄影技术在 19 世纪诞生之后，人类在信息采集中终于开始利用自己的视觉感官了。

（一）静态画面

静态画面是以一定的技术手段记录保存的、现实生活在某一瞬间时空的凝固状态。

新闻照片作为静态画面为人类感官在大众传播中的利用带来了一定的突破——人眼终于可以看到跨越时空的生活形象。静态画面在传播中利用的是平面的、单一的视觉形象，静态画面使信息传递中的前因后果、时间、背景出现了不确定性，因此在传播时需要有文字的说明。静态画面依附于印刷媒介，它与文字并行，使印刷媒介（报刊）具有了一定的视觉性。

（二）声画分离的动态画面（电影画面）

电影画面是动态画面，它首先实现了画面由静止向运动的突破，能记录人的运动状态。但是由于电影是机械时代的产物，受技术基础的限制，电影画面与其同期声在采集的过程中是分离的，所以，电影画面作为人类信息传播的载体，是声画合一的动态画面产生的初级阶段，具有过渡性质。当电视出现以后，电视技术才真正实现了声画的同步。

从人类文化发展的历史长河来看，印刷文化占据了很长的时间，并且对人类的传播方式产生了至深的影响。而后的广播和电影从人类文化的宏观角度来看，广播单一的声音载体和电影画面的过渡性都决定了这两种文化形态只是人类从文字印刷文化到影像文化过渡期间的短暂形态。影像文化在电视声画一体的信息传播形态迅速成熟后，随即融合了广播和电影的内涵，将三者合为一体，组建了全新的影像文化。正如美国著名社会学家尼尔·波斯特曼在接受法国《快报》杂志访谈时所说："一般来说，到 20 世纪后半叶，人类已经完成了从印刷符号向音像符号的全盘过渡。在一个普通的美国家庭里，电视机每天开着的时间长达 8 个小时。按此计算，早在学龄前时期，儿童们就在电视机前度过了约 5 000 个小时。"在这里，波斯特曼把音像也看作一种符号，但必须明确，声画一体的动态画面的出现，使"符号"的内涵发生了本质的变化。

（三）声画一体的动态画面

电视画面是以电子、数字等技术手段记录的与真实时空同步的生活原始形态的形象。电视画面以延续时空的画面形态作为传播信息的载体，它包括生活中真实的时空、声音、形象、运动和过程等原始素材，具有人本化的感知特征。特别值得强调的是，电视画面声画一体，即现场的同期声是其声源画面的一部分。电视画面可以单独存在并实现有效传播，也可以以充分融合文字和声音等多种信息形态的传播方式进行传播。

电视画面是以素材的原始形态存在的信息载体，它能做到以生活自身的形态反映生活、传播信息，因此它在许多方面超越了传统符号形态的传播载体。

不同的媒介产生不同的叙述方式和表意系统，产生不同的语言。在原始的传播活动中，人类是利用自己的本能、声音、手势、眼神、动作、行为等进行直接的交流，其传播的时空范围极其有限。电视画面是人类利用高科技手段，再次超越抽象的符号语言，是向原始的、人本化的视听语言的高层次上的回归。

信息形态的不断发展与人类的进化阶段有关，它取决于科技进步的水准。应该认识到，信息形态的变化是递进的过程，而不是简单的替换。新的信息形态在传播活动中的广泛使用并不排斥已有信息形态的继续使用。文字媒介和声音媒介的一切成果，都会被纳入人类新的思维系统，它们在电视画面语言中仍然作为人类文明的一部分，起着应有的作用。人类在不断提高原始信息还原能力的过程中，体现着人本精神，也提升着自身传播活动的层次。

四、媒介特性与信息形态

在当今的科技条件下，不同媒介的特性都与其自身的技术基础密切相关。不同的技术基础决定了每一种媒介都有自己的叙述系统和表意系统，这些也都会体现在采访手段之中。在现阶段，不同媒介中的信息形态有以下两点不同。

第一，将几种信息形态相互转化与兼容的能力不同。

印刷媒介的技术基础决定了它可以利用文字和静态画面作为传播手段。

广播媒介的技术基础决定了它可以利用声音作为传播手段。

电视媒介的技术基础决定了它可以利用动态画面、声音、文字以及静态画面作为传播手段。具备这种兼容能力的媒介还有网络。

当然，各种媒介在兼容不同信息形态的传播方式时，需要对一些信息形态加以适当的转化。

不同媒介都具有自身的优势，这些优势正是来自以上分析的四种基本信息形态的特点。电视记者要做好采访工作，就必须充分认识声画合一的动态画面的优势，并且融合其他信息形态的长处。电视媒介自身的独特性使电视采访的表意语言、工作方式、行为方式和思维方式不同于其他媒介的采访，这些正是本书要着重论述的内容。

第二，接近和还原原始信息的能力不同。

视觉感官在大众传媒中的利用和拓展是人类认识世界的一次大解放。可以认为，人类认识客观世界的最大愿望就是自身感官能量的不断释放。然而，由于目前人类技术手段的局限，信息在传播过程中必然遭受一定的损耗，这些损耗正是由不同的媒介还原原始信息状态的能力局限造成的。

相对来说，文字传播对原始信息的损耗最大。

广播释放了人类听觉感官对世界的亲身感受，所以还原了部分原始信息。

电视声画合一的特性进一步开发了人类视觉感官和听觉感官在认识世界方面的潜能，到目前为止，电视在这方面是相对最好的。还原原始信息的能力反映了一种媒介实现人本化传播的能力，也反映了人类文明进化的程度。

第二节　电视采访的技术手段

电视在开始时没有自己的记录手段，不得不求助于现成的电影制作技术。我国在 20 世纪 70 年代之前，电视采访大量使用的是 16 毫米胶片摄影机。但是，胶片在摄影之后，必须经过冲洗，新闻的时效因此受到很大影响（见图 1-2-1）。

图 1-2-1　摄影机时代的电视记者工作

在电视技术的促进下，16 毫米电影胶片的洗、录、摄设备都有了很大的改进，摄影机由发条驱动变成了电动。为了同步录音的需要，又发明了低噪声同步摄影机、片边涂磁同步录音摄影机、声画编辑机、片边涂磁放映机、双片道放映机等。适应电视新闻的需要，还出现了高感光度反转片、彩色反转片、彩色反转正片、高温高速彩色负片、片边涂磁片等电影胶片……但是，毕竟电影制作工艺复杂，需要的时间长，不利于新闻时效的提高。创办之初的电视新闻也由于使用 16 毫米的电影胶片，受新闻电影纪录片的影响较深，讲究构图、用光，强调画面美，不太注重新闻的时效和新闻价值。

这种情况一直持续到新兴的电子录像设备的诞生。早在 20 世纪 50 年代，录像机就已经产生，后来人们又发明了彩色录像机。但它们都很庞大、复杂，不易搬动，不适合于外景作业，一般只在演播室中使用，无法应用于新闻采访。70 年代，出现了一种可供新闻采访的录像设备——电子新闻采集（ENG）系统，这种轻便的电子设备普及得很快，到了 1980 年左右，在美国的电视新闻制作中，胶片设备的使用比例已不到 10%。近年来，崭新的技术革命又催生了不用传统的 DV 带或 DVD 光盘，而将拍摄影像直接存入超大硬盘的硬盘摄像机。目前，大多数国家的电视新闻机构已全面普及电子新闻采集系统。

而随着电视技术的不断变革与发展，高清技术（HDTV）从 20 世纪末渐入人们的视野。1998 年，美国哥伦比亚广播公司（CBS）播出了第一条高清电视新闻（见图 1－2－2），我国中央电视台和几家省台卫视也于 2008 年 1 月 1 日起播以高清晰度信号格式制作播出的开路电视频道，并逐渐推广普及，高清的数字录像设备也开始被大范围应用到电视行业中。

图 1－2－2　CBS 的高清电视新闻画面

电视媒介的电子媒介特性取决于它的技术层面，在现阶段，电视采访通过以下几种基本技术手段将现实生活进行物化，将流动时空变成物质状态记录和传播。

一、ENG 的素材采集方式

（一）ENG 系统的构成

ENG（electronic news gathering）译作“电子新闻采集”。ENG 设备为小型轻便、易于携带的摄录一体的摄像机，以纯电子的方式拍摄新闻。这种前期拍摄、后期编辑的素材采集工作方式就是 ENG。

ENG 的构成和使用都极为便利，只要带着摄像机、外接话筒和一些简单的灯具、脚架等设备，就可以外出拍摄采访（见图 1－2－3）。ENG 的基本构成如下：

（1）摄像机。目前，ENG 系统都采用摄录一体的摄像机，一人即可操作，使用极其简便。

（2）话筒。分为无线外接话筒、有线外接话筒、钓竿外接话筒、摄像机本机话筒等，它们各具特点。

无线外接话筒：电视记者出镜采访时，出于记者和采访对象活动自由的需要而使用无线外接话筒。

有线外接话筒：以话筒线与摄像机连接，可以使话筒尽可能地接近采访对象，录制比较清晰的人物访谈内容。

钓竿外接话筒：是一种特殊的有线外接话筒，它的拾音功能强，比较机动灵活，拾音

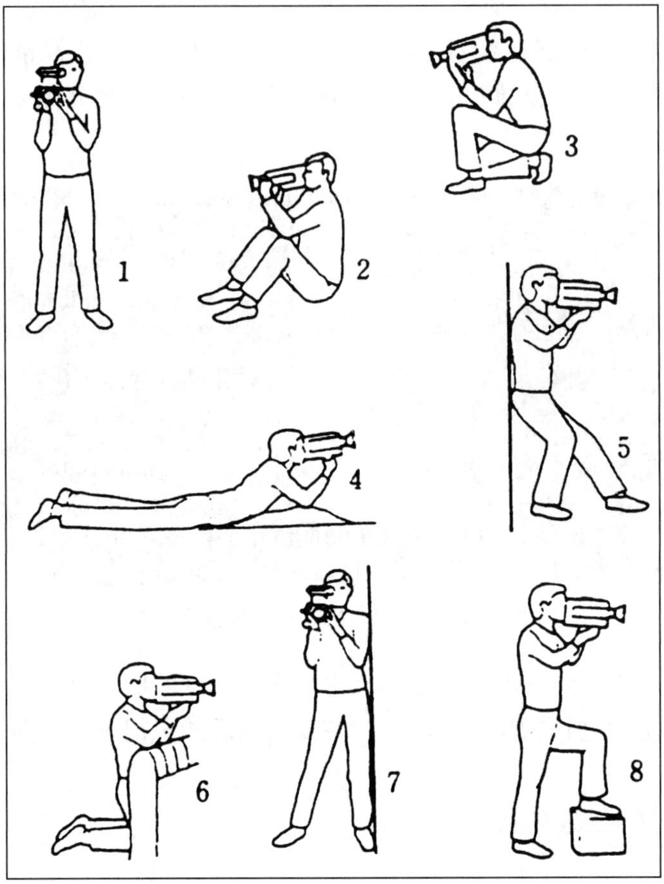

图 1-2-3 ENG 摄像机的执机方式

范围较大，通常在比较大型的、对声音录制要求较高的电视片中使用。

摄像机本机话筒：在外接话筒的同时，摄像机的本机话筒也将录下现场的环境音响。

在 ENG 的话筒使用中，为了保证声音的录制效果，有时还配套使用轻便的调音台设备。

（3）灯具。为保证拍摄时现场光线条件的充足而补充人工光源。

（4）脚架。脚架的作用在于固定摄像机和镜头的位置，可以保证画面的稳定。

（5）通信联络系统。

ENG 具有如此高的灵便性，不仅是因为它的高度灵活性和内置摄像机的录像和音响系统，还因为它具有的高级联络工具的性能。在西方国家，多数 ENG 车辆都备有移动电话，来满足新闻拍摄过程中的通信联络需要。移动电话中安装了扫描器，能够不断地显示频率，一般是用于警察和消防部门、网络系统和双向无线电的。扫描器锁定的具体频率为一发现信号就让人听到对话的频率。这些系统还能使电视台的新闻部与现场联络，在来回的路上联络分配任务，以及对警察和消防部门的电话立即做出反应。有时新闻部采用密码与“巡游”的现场记者联络，以免相竞争的电视台得到线索而泄露选题。

（二）ENG的主要摄制特性

首先，ENG系统便于对事件做出快速反应，机动灵活地采集现场素材。由于ENG设备构造简便，摄录一体，可以比用其他类型的电视设备更快速地录制播出事件。

其次，ENG设备和人员相对灵活。一般来说，一个人带着一台一体机就能完成新闻采集任务，只需要相对少量的设备和人员。

最后，ENG系统在采访突发事件时，能尽可能减小对现场的影响（见图1-2-4、图1-2-5）。

图1-2-4　ENG的前期拍摄

图1-2-5　ENG的后期编辑

二、EFP现场制作方式

EFP（electronic field production）译作“电子现场制作”，它是以一整套设备联结为一个拍摄和编辑系统进行现场拍摄与现场编辑的工作方式。

EFP的实质是在拍摄的同时进行编辑，追求前期拍摄与编辑制作一次完成，与播出系统相连，现场采集、现场编辑，即可实现现场直播。

EFP 可以兼容 ENG（或 DNG 即“数字化新闻采集”）的工作系统，在现场拍摄和编辑切换的系统中，EFP 可以采用 ENG 和 DNG 的设备，但在多机拍摄时，EFP 需要与监视器、切换台和其他一些录像设备连成一体，对现场多机拍摄的多路信号进行现场的切换、加工和录制。EFP 除了用于拍摄新闻节目之外，也用于其他演播室节目的拍摄。EFP 使用的摄像机除了 ENG 类型的之外，还可能包括将演播室内的摄像机（studio camera）组合使用。此外，由于 ENG（DNG）携带方便，多用于对无法准备的突发事件的报道；而 EFP 由于设备的限制，目前在外景作业时只能参与可预知事件的拍摄或转播（见图 1-2-6、图 1-2-7、图 1-2-8）。

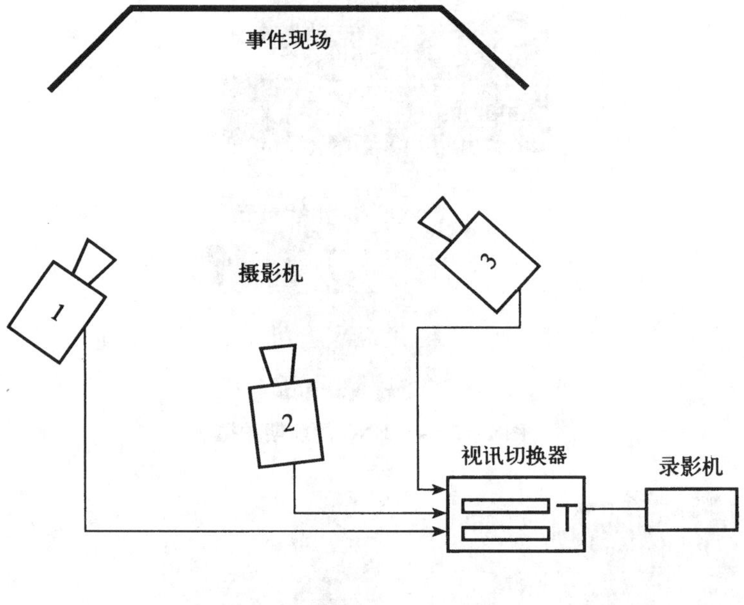

图 1-2-6　EFP 的现场拍摄、现场编辑工作方式

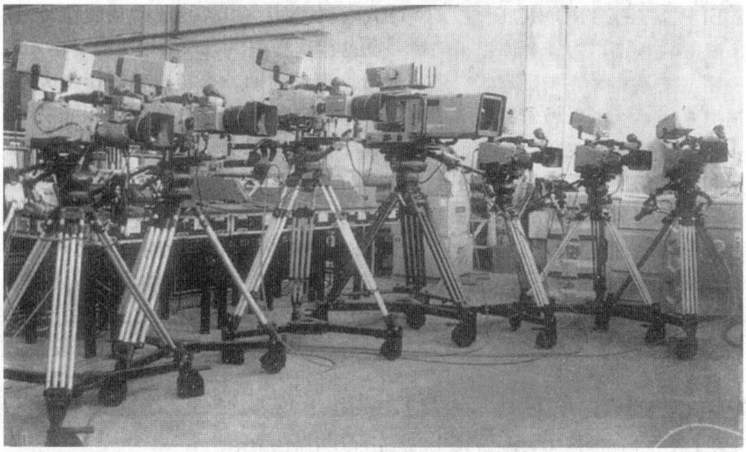

图 1-2-7　八信道数字 EFP 设备摄像机及音频制作设备

图 1-2-8 中央电视台高清新闻演播室工作方式

三、SNG卫星新闻采访方式

SNG（satellite news gathering）译作“卫星新闻采集”，是指将ENG或EFP与卫星相连，实现电视拍摄、编辑与播出三者同步合一的工作方式。

SNG并不是一种独立的电视采访系统，而是以ENG（DNG）和EFP工作系统为基础的。卫星技术在电视新闻领域的应用所带来的变化是革命性的。卫星新闻采集通常被称为卫星转播，它是指将节目由拍摄地点，传送到位于外太空中的地球同步卫星，再由卫星传送至地面的某一转播站、制作中心或电视台（见图1-2-9、图1-2-10）。目前，将节目信号送上卫星（上链，uplink）以及卫星将节目信号送至地面的接收器（下链，downlink），各需一秒的时间。所以，细心的观众会发现，在收看法国网球公开赛这样的体育赛事的电视直播时，往往会出现画面滞后于声音的情况。

图 1-2-9 北京奥运会直播中，中央电视台使用具有世界先进水平的C波段卫星直播车，出色地完成了任务

图 1-2-10　香港回归十周年使用的微波传送设备

（一）SNG 的构成

1. 卫星转播车

卫星转播车内通常包括以下设备：

（1）ENG 设备（或 DNG 设备）若干套。通常一场卫星直播需要动用 3～5 套 ENG 摄像设备，还需装备适当倍数的镜头，同时还需摄像机的辅助装备。

（2）一系列监视器（monitor）配合摄像机作业。每一架摄像机配一个监视器，用于直播时选择画面。通过监视器，导播和现场编辑可以监看不同摄像机镜头正在拍摄的内容，根据节目需要进行选择。

（3）一套视频选择器（video mixer），也叫操作盘，是整个视讯的枢纽。这是导播和现场编辑实现画面播出选择的设备。通过监视器，导播和现场编辑选择适合实际播出的一路信号，通过视频选择器进行画面的切换。

（4）一套卫星信号发射设备，用于将现场采集和编辑的内容转化为电子信号或数字信号发射到卫星上，实现同步播出。

（5）一套或几套录像设备（video tape recorder），用于录制现场的实况。现场的拍摄、编辑和播出是一次性完成的，没有录像带存在，所以有必要用专门的录像设备将节目录制下来存底。

（6）通信设施。导播在转播车内，在转播过程中通过通信设备与现场编辑、摄像师以及电视台的主控室保持联系和通报情况。

2. 地球同步卫星频道租用以及地面接收系统

为实现现场拍摄与播出的同步，SNG 工作系统还必须拥有地球同步卫星频道的使用权和地面卫星接收系统。

还有其他一些辅助设备，在此不一一列举。

（二）SNG 的采制特点

与 ENG 和 EFP 相比，SNG 需要先做计划并布置卫星新闻转播车（SNV）。卫星转播车的主要功能是把直播的或录制好的信号传送至卫星上。SNG 用于报道大型的和特别有价值的新闻事件，在诸如总统选举、大国元首会晤、世界关注的重大体育赛事等事件报道上具有优势。

首先，在 SNG 系统中，电视采访和报道同步进行，实现了二者合一。

利用卫星技术进行新闻的采集与播出，不仅能提高时效，还能加强节目的权威性。它由主播在播报新闻现场以电话或卫星连线等方式和外地记者对谈，实现了新闻的直播化，加强了新闻的现场感（见图 1－2－11）。

图 1－2－11 SNG 方式新闻直播连线

其次，SNG 方式是世界电视新闻发展的趋势，在我国也已经被广泛应用。

SNG 系统正在世界各地得到应用。这种系统是在可移动运载转播车上安装小型地面卫星发射站装置。卫星新闻采集车能够在它到达 15 分钟之内播出现场的新闻图像。新闻车的装备包括摄像编辑设施，它的工作效率很高，只需接通线路、调整天线就能直接与卫星接通，实现即时播出（见图 1－2－12）。

图 1－2－12 1998 年海湾危机中电视报道中的卫星传送设备

20 世纪末，在国外和我国的台湾，卫星新闻采集车已迅速成为标准设备的一部分，并被看作电视新闻采集方面的重大革命。而近年来，我国的电视台纷纷购进 SNG 设备，把新闻直播化应用到节目当中（见图 1－2－13）。

图 1－2－13　DSNG 在黄河小浪底截流直播工作现场

注：现在我们说起 SNG 系统时，一般均指 DSNG（数字卫星新闻采集）系统，即把采集到的模拟视频和音频信号进行数字化后，压缩处理再传送的卫星新闻采集系统。DSNG 的优势在于能够减小系统尺寸并降低系统造价，在使用空间段更少的前提下，保证采集到的视频和音频信号能够得到高质量传输。

四、数字化新闻采集方式

随着数字技术的发展，计算机技术越来越广泛地被应用于电视采访与播出中，数字摄像机和数字录像机的出现，大大提高了电视节目的技术质量，电视新闻的采编也有了新的工作模式。

长期以来被国内电视台广泛使用的 BETACOM SP、MⅡ、BVW 等格式的摄录设备都是模拟技术的摄录设备，这些设备的局限在于多代复制、远距离传送，因此会造成信号质量严重下降，尤其是新闻节目，经卫星或微波线路传来的地方台新闻，信号损失很大，直接影响到新闻节目的质量。

数字摄录设备改进了模拟式摄录设备的信号记录、处理、储存等方式，由数字摄录设备记录下的视音信号都是数字信号，它具有多代复制性能好、重放图像声音质量高、整体电路集成度高和电路工作可靠性高等优点。此外，它的信号失真度小，防干扰能力强，信号传送质量高，更适合于信号的远距离传输。

由于数字摄录设备的广泛运用，电视采访的工作方式也随之发生了相应的变动。

首先，数字技术与 ENG 工作方式的结合产生了 DNG 工作方式。

DNG（digital news gathering）译作“数字化新闻采集”，数字化新闻采集方式是数字技术在电视领域中的应用。从实质上来说，DNG 是指在前期拍摄中以数字技术录制声音和图像，在后期进行数字化、非线性编辑的工作方式。

DNG 与 ENG 有很大程度上的相同点。它们都是前期拍摄结合后期编辑，都使用轻便易携的摄录设备，其系统的设备构成基本相同，包括摄录一体机、话筒、脚架、灯具和通信设备等，便于电视记者迅速外出采访。

ENG 和 DNG 的不同主要在于各自的技术基础不同。ENG 主要是以电子模拟技术为基础的、连续的电子波信号，通过光电转换，直接模拟它们所摄取的形象的光学特征和声波特征；DNG 是以先进的数字技术为基础，以数码方式传送电视信号，并把大量的信号压缩为 0 和 1 的数字放送和接收，使更多数据可以在光纤的宽频带上传播。

在 DNG 前期拍摄时，数字摄像机具有以下特点：

（1）数字摄像机一般体积较小、重量更轻，便于携带；

（2）数字摄像机编辑功能强；

（3）数字摄像机耗电量小，供电方便，持续拍摄时间相应增长。

这些特点使 DNG 的前期拍摄符合电视采访对摄像机的稳定性强、可靠性高、小巧轻便、灵活经济、参数调整准确容易等要求，数字技术的基础使 DNG 的前期拍摄更具优势。数字摄像机和数字录像机以其小型化和高质量正在被电视机构广泛应用于对重大活动的报道工作。比如，2008 年 5 月 8 日，在奥运圣火登顶珠峰的经典时刻，就有 8 名高山摄影师携带仅 5 公斤左右的摄像机随同登顶，记录下珍贵的新闻画面（见图 1－2－14）。

图 1－2－14　数字摄像机在珠峰拍摄

其次，DNG 在后期编辑时也能充分发挥数字技术的便捷优势。ENG 在对前期拍摄的素材进行编辑时使用的是线性编辑，即按时间顺序搜寻素材，完成的编辑段落已经具有严格的先后顺序，不能随意调换位置。如果需要进行段落顺序的调整，必须将某一段落之后的所有段落全部重新编辑。在模拟技术时代，电视记者经常为了改一个画面甚至为删去一句话、一个字，而不得不加一夜的班，将修改点往后的所有内容全部重新编辑一遍。而且，模拟技术的信号损失十分严重，素材带在多次编辑和传送过程中声画质量严重下降。而 DNG 将现场画面和声音进行数字化记录之后，在后期编辑时实现的是非线性制作编辑系统，将过去模拟系统中输入、输出复合视音频信号的结构方式，改变为建立服务器，以数字信号在非线性设备之间进行连接的结构形式。非线性编辑是将硬盘和服务器作为素材记录媒体。它能够随机存取素材，进行节目制作，即在非线性编辑的服务器或硬盘内已登录了节目的素材，可同时供多位编辑人员访问和调用，按各自的需要选编镜头，可以不按照素材拍摄的前后时间顺序进行查找，并且可以像电脑文件中段落的剪贴换位一样，对段落位置进行随意的互换连接。由于数字化技术大大提高了电视画面的清晰度，在非线性编辑系统中，即使画面和声音经过多次编辑，也不会出现信号的损耗和衰减。这些都为电视报道提供了多种便利。非线性编辑系统提供了编辑的方便性、瞬时性和随意性，大大缩短了编辑的时间，为新闻节目的编辑制作提供了良好的环境（见图 1－2－15）。

图 1－2－15　非线性编辑制作系统

目前，数字技术在电视新闻采制领域已经应用得相当广泛，将逐渐取代模拟系统。采用数字技术后，数码摄像机在拍摄时是将图像和声音录制在硬驱上而不是录像带上，相当于存储在计算机磁盘上的一个文件，因此它可以在一体机上进行编辑。硬驱不仅可以用作录制工具，还可以用作小型编辑系统。这样，就可以将拍摄和现场编辑一体化，并通过微波传送或电话连线将信号传回电视台。相比较而言，DNG 系统在电视采访报道中具有更大的优势（见图 1－2－16）。

图 1－2－16　数字化的电视采访设备更加轻便、搜集的画面和声音质量也有较大的提高

在很多重大场合和事件的电视直播中，为了让观众尽快地回顾活动的精彩镜头，加深直播报道对观众的影响力，节目组经常会制作一些“精彩回放”“赛事集锦”“经典瞬间”等的剪辑，在直播间隙或者直播结束后马上播出，此类剪辑在 2008 年北京奥运会的赛事直播中应用得非常广泛，并且直播和剪辑播出的时间间隔比以前更短。由于采用非线性编辑系统，其制作过程在硬盘上进行，图像和声音编辑点的修改、镜头之间顺序的调整、镜头的增减、画面的连叠等都比传统的编辑系统实现起来容易得多，电视记者在技术人员的通力配合下，做到了“精彩回放”能够在事件结束后立即播出。这在过去模拟技术时代是不可能实现的。

数字技术同样可以与 EFP、SNG 等工作方式相结合，产生优越于传统的工作方式。尤其是数字录像机与移动卫星地面站的结合，使远距离新闻事件的现场直播更为方便，大大提高了电视对新闻的快速反应能力。以 2003 年伊拉克战争时凤凰台的直播为例，记者闾丘露薇和摄影师陈汉祥两个人，预先租用了地面通信卫星，仅仅携带一台摄像机和话筒等简单设备，在从约旦边境到巴格达发回了许多条新闻，进行了许多次现场直播和连线。王纪言说，全世界判断媒体的一个尺度就是，当重大事件发生的时候，第一个声音由谁最快发出来。数字技术在电视采访报道领域充分体现出方便与快捷，而这些技术上的革新实质上也给新闻采集方式、传播方式带来了质的飞跃，值得电视记者认真掌握和挖掘其更深层次的潜力。

第三节　电视采访的独特性

每一种新媒体的诞生，都必然由于其媒介特性的不同和采访工具的不同形成自己的采访特性。从电视来看，电视采访具有以下几种特性。

一、记录生活原生态

电视采访从生活中直接采集形象素材，以生活自身的形态来反映生活、传播信息，这是人类传播活动的一大进步。

电视的高科技特性决定了它的传播优势：最大限度地记录生活原始形态信息并加以还原。生活自身的形象和信息，在电视媒介的记录和传播中得以充分的保存。从这一意义上来说，电视记者在很多时候担负着记录历史真实场景的重任，因为，在重大的历史场合，只有电视记者可以把历史某段流程的外在形态完整地记录下来。

当然，电视传播中也有信息的损耗。信息损耗主要出现在采访阶段，而信息损耗的大小在电视采访中决定采访的成败。采访越成功，原始信息损耗就越小；反之则越大。我们所说的电视的信息还原能力是指它记录与还原现实中原始形象的能力，在这一点上，电视在目前的技术条件下还是相对最好的，但这一技术潜能的发挥仍在于人的操作和把握。认识到这一点之后，电视采访的主要实现途径就十分清晰了。是否在具体的现场直观形象的记录和还原中达到高质量要求，是评判一次电视采访成功与否的标准之一。

电视画面在记录生活时，以其“此时此地”“现在时”，以及“非文字所能描绘的，只有看了才明白的场面”①，使观众如临其境，如见其景。1965年8月，美国哥伦比亚广播公司的特派记者莫利·塞弗在越南拍摄到美国海军陆战队焚烧越南村庄的镜头：一名士兵用打火机点燃了茅屋顶，整个村庄不久就变成了一片火海。海军陆战队士兵还用火焰喷射器活活烧死无辜的村民，老人和孩子在火海中痛苦地挣扎……尽管这些画面在美国电视新闻中播出之前已经做了删减，但还是产生了巨大的反响，它开始改变相当一部分美国人对越战的看法。1968年，沃尔特·克朗凯特对越战的电视报道更是以其画面的直观性震动了朝野，直接影响了越战的结果。

正是由于电视的形象直观性所带来的影响广泛而巨大，1982年，在英国军队为与阿根廷解决马尔维纳斯群岛的归属问题而派军远征马岛期间，英国军界禁止英国记者在交战期间传递任何有关英军作战的电视图像。国防部的高级官员承认：“我们对实况转播战争场面表示忧虑，这无疑会使我们面临许多棘手的问题。国防部十分惧怕电视图像对公众所造成的影响，在这种战争冲突中，声音和文字远不及图像那样刺激观众。图像所传达出的战争真实性是笔墨和语言难以描述的。”正因为这样，英国记者在现场拍摄完毕的录像资料，一般要等上半个月后才允许送回英国。

2008年5月12日，汶川大地震牵动着国人乃至全世界的心弦，中国电视媒体在这一重大事件报道中集体做出的快速反应让世界刮目相看，《抗震救灾　众志成城》特别节目在震后半个小时开始直播（见图1-3-1、图1-3-2)。在5月14日晚，民政部官员王振耀做客直播室的第一句话是：“知道你们直播作用多大吗？政府决策部门根据前方记者报道的实际情况，做出了相应的政策调整。”直播影响到政府部门的决策，是这次直播中的一个闪光点。而后，“寻亲平台”、在废墟和余震中采访的记者、直播时哽咽的主播赵普等，各种元素给守在电视机前的观众心灵以巨大震撼，在后续的抗震救灾工作中引发了强烈共鸣，提升了民族凝聚力。

图1-3-1　“5·12”大地震中，在尚有余震危险的情况下，央视记者在断壁残垣中坚持报道

① 陈鲤庭．电影规范．北京：中国电影出版社，1984：56.

图 1-3-2 2008 年 5 月 15 日，《抗震救灾 众志成城》特别节目直播中，央视主播赵普难以抑制地哽咽落泪

究其原因，也是电视画面的直观性在视觉上给观众造成的强烈冲击。这种传播效果，是其他新闻媒介难以达到的。

二、时间同步性

电视采访具有时间的同步性。

电视传播是依时间流程延伸的传播，其时空要素具有特定的内涵。就时间要素而言，它应当是“现在进行时”；就空间来说，它是新闻事件正在发生的“此时此地”，也就是说，电视记者的报道应当与新闻事件的真实时空同步。从一定意义上说，这是一种具有“直播”外在形态的信息采集方式。

电视采访的时间同步性表现在两个方面。

（一）电视采访所获得的素材是现在进行时

在电视采访中，现场采集的形象素材与真实生活的流程一一对应。开机采访的流程有多长，素材中真实生活的流程就有多长。查里西扬在《屏幕的造型世界》中指出：“时间仿佛是以一种潜在形态存在于一切空间展开的结构当中。”

电视采访记录的是真实时空，这意味着电视摄像机记录的是它面前的真实场景。也就是说，不管后期怎么编辑，由于电视采访所记录的画面与现实同步，这些画面呈现在观众面前的都是拍摄时的“进行时”。这是与其他媒介采访的素材所不同的一点。

20 世纪 80 年代，澳大利亚新南威尔士州有人抨击警方诬陷犯人，说他们利用强刑逼供、歪曲利用供词等手段使疑犯获罪。于是当局建议警方在此后的审问过程中采用摄录设备进行全程录像。在审讯中，镜头一动不动地直对疑犯，不进行任何角度的切换，并严格限定只拍摄一次，中间绝对不停机。摄录人员还在疑犯身后安装了一架有秒针的大钟，拍摄能清晰地记录下表上秒针的不间断动作。这样精心处理的审讯录像，无非利用了电视摄录技术的优势：时间同步性。时间与现实生活的同步，意味着所记录的事件的真实性和摄录人员的客观的态度。

（二）电视采访可以实现现场同步传播，即实现采访与报道的同步合一

正是电视采访在时态上的现在进行时特性，才有可能实现电视采访的同步传播，即采访过程与报道过程合二为一。电视现场直播报道的大量出现为当代传播事业增添了一道最亮丽的风景。它将新闻的定义“新闻是对新近发生的事实的报道”改进为“新闻是对正在发生的事实的报道”。

电视直播报道的魅力无可阻挡（见图1-3-3）。美国有线电视新闻网（CNN）素以全球重大新闻事件的直播而闻名。1989年至1991年，CNN首席记者伯特纳·肖趴在巴格达宾馆的窗户上，向全球直播报道“沙漠风暴”行动的开始；彼得·阿内特单独采访萨达姆·侯赛因——海湾战争使CNN名震全球。1990年，在多国部队开始轰炸巴格达的那个晚上，加拿大总理的新闻秘书给美国白宫新闻秘书挂通了热线电话：

“嗨！你在干什么？”

“我和你一样，在看CNN的电视新闻。”

实际上，在1991年1月16日的晚上，从罗马到利雅得，从伦敦到洛杉矶……各国的元首和外交部部长都在收看CNN的新闻节目。美国前总统布什曾对其他国家的领导人说：“我从CNN了解到的东西比从中央情报局得到的还要多。”

电视采访正是以其实现采访和报道的同步性，吸引着众多的、不同国家的观众。在一定意义上可以说，是电视的直播使地球成为“村落”。

图1-3-3　重大新闻事件的电视直播

——美国NBC电视台对2008年北京奥运会开幕式的现场直播

三、空间现实性

电视采访具有空间的现实性，因此，现场成为电视采访的核心。

在电视采访中，现场成为最核心的问题，这是因为电视采访具有空间的现实性。对于记者来说，这意味着采访过程具有“亲历性”，即所有的电视采访，在有可能的情况下，记者都必须亲临现场，否则不可能拍到真实的原始画面，也就不可能实现电视媒介的优势。电视采访比其他任何媒介的采访都更需要现场，更需要记者亲身经历新闻事件的过程，现场即是内容。一个缺失新闻现场画面的电视报道，从原则上来说不是电视报道。

说到“亲历性”，别的媒介采访时也要求记者到现场，但电视采访的要求有所不同：

电视记者在现场要实现“视点”的“亲历性”，就是说，由于电视记者要对现场的时空加以物化传播，因此记者必须使自己与亲历的空间形成关系，这种空间关系直接影响画面的内容传达。

以电视的传意语言对亲历的现实进行记录和传播，这意味着，电视记者在现场不仅要目击和观察，还要寻找最佳的位置、角度、距离等，以记录现场。

荷兰纪录片大师尤里斯・伊文思在拍摄短片《打桩》时，“为了体验那种有节奏的重击运动对人体产生的全部影响”，他甚至走了极端，让人把他绑在桩子上，“以便在更近的地方去感受实际锤击的影响”[①]。

2004 年 9 月 3 日 17 时 25 分，凤凰资讯台的正常播出突然停止，屏幕上变成了俄罗斯高加索地区的战乱画面。记者卢宇光在极端危险的情况下，拍摄到俄罗斯军队发动强攻，解救恐怖分子劫持的 1 000 多名人质这一事态的独家现场画面。当时他正在学校附近的文化宫采访，部分恐怖分子正在向外突围，从直播中可以听到突围出来后的枪击声，还有一些画面是当时在刚刚抵达别斯兰的时候，在入口处，劫持人质五六个小时以后的一些现场的情况。凤凰卫视的直播画面是世界上唯一一家华文媒体在现场拍摄到的新闻画面。这个例子能清楚地说明电视采访中“视点”的亲历性及其优势。

有时，电视记者为了一个角度合适的画面，会付出比其他媒介记者多许多倍的劳动，甚至冒着生命危险。为了表现亚洲冬季运动会的亚布力滑雪场的气势，一位电视记者坐在最简易的缆车上，没有扶栏和任何保护措施，将身子扭成 180 度，拍下了亚布力一天中最美的一瞬，但在全神贯注之中，两根索道交接时发生强烈震荡，险些将毫无准备的记者掀翻下去。想到底下是深不见底的山谷和零下 38 摄氏度的低温，记者惊出了一身冷汗……在电视采访中，为了实现视点的亲历性，电视记者付出的劳动大大增加，摄像师经常会为一个全景镜头而爬上楼顶或山顶，也经常为一个角度合适的特写而不得不挤进拥挤的人群。电视采访是实现观众视觉延伸的手段，因此，在采访中就要考虑用观众希望看到的方式去亲历现场。

---

① 伊文思．摄影机和我．北京：中国电影出版社，1980：98.

也正是因为电视采访的“视点的亲历性”的独特要求，参加战争报道的电视记者面临着巨大的危险。前美国全国广播公司（NBC）驻曼谷分社社长尼尔·戴维斯1985年倒在了泰国政变未遂军人的流弹中。他曾说过：“我总是设法到最前线。如果你不在最前线，你就无法抓拍到士兵内心世界的真实反映。如果你站在战士后面100米以外的地方，试图用望远镜头拍摄，你就根本无法看到士兵和他们的战友，甚至包括他们的敌人在枪林弹雨中倒下时面部流露出的真实感情。”危险不仅来自战争，2009年8月5日，加拿大蒙特劳里市遭龙卷风袭击，一架航拍龙卷风袭击后城市画面的直升机坠毁，造成飞行员和在飞机上进行新闻拍摄的一名记者不幸遇难。

“亲历性”使电视采访成为以现场为核心的采访，如何发现现场、到达现场，如何记录现场是电视记者随时随地的研究课题（见图1-3-4）。

图1-3-4　路透社摄像记者马赞·达纳在希伯达采访。2003年8月17日，他在拍摄工作中被美军开枪打死

四、人本化采访方式

电视采访是人本化的采访，它比其他任何媒介都更加要求交流的人际化和采访的个性化。

传播学大师施拉姆认为：“一个人用整个身体进行传播，并且动用全部的力量来解释收到的信息。”[①] 电视采访中对人自身的利用是其技术手段提供的优势，同时也是要求。在

① 施拉姆，等. 传播学概论. 北京：新华出版社，1984：61.

电视采访中，“人”不仅是采访的直接手段，也构成采访的内容。电视出镜记者在镜头前的一举一动都是采访的重要组成部分，都会被电视画面记录下来。电视记者像电视报道的“笔尖”，在电视节目中“书写”报道内容。电视采访对记者的这种特殊要求和运用，使其成为人本化的采访方式。在电视采访中，记者与采访对象之间的交流直接构成采访内容，这与其他媒介的采访特性有很大的不同，人际交流的良好状态成为基本要求。曾有苏联新闻学家在分析电视报道的长处时提出，讲话在电视里起着非常重要的作用，在报道中占有重要位置，而新闻人格化在电视里的意义因此也比在其他新闻工具里的意义重要得多。

电视采访的人本化在于电视传播是人际传播，利用人际的交流状态传播信息，所以电视采访要努力让电视观众感到电视机中的人物与自己在进行面对面的交流。电视采访要尽量利用生活中人与人之间面对面的交流形态，让观众感到他们是在现场的环境中获取信息。这些也都是人本化的特征（见图1－3－5）。

图1－3－5　电视记者采访的人际交流

五、手段综合化

电视采访具有手段多样化和兼容性的特征，它能集文字、声音和各类形象画面于一体。采访中存在不同形态的信息综合化和系统化的过程。

（一）手段多元化

电视采访的手段能融合我们前面提到的文字、声音、静态和动态画面等多种信息形态进行传播。因此，电视采访绝不仅仅是画面的采访，还包括文字采访和声音采访的全部内容和要求，电视采访是信息系统化的采集手段。电视采访中这些综合手段的运用对记者的要求也相应提高，表现出来的外在报道形态除了现场声画外，还有电话采访，飞机航摄，卫星异地传输，文字、图表插入，等等。正是因为电视采访可以利用多种信息载体，它的信息才得以立体、全方位地传播（见图 1－3－6）。

图 1－3－6　国庆 60 周年阅兵直播中使用的“飞猫”——高空悬挂滑轨摄像机

2009 年 7 月 22 日，中国迎来一个天文学盛大天象景观——日全食。中央电视台新闻频道推出《长江大日食》直播特别节目，根据天文台推荐的十几个最佳观测点，提前派出记者，并会同长江流域二十几个省市电视台协作，全方位报道了这一具有重大历史意义的天文景观。

在直播过程中，多个摄制组分别在日全食观测带上的各个城市，按照时间点的顺序先后连线，结合动态新闻、深度访谈、专家讲解、民众观测等手段进行报道。这次直播动用了航拍、天文观测专用摄像机，多视点、多机位，配合文字、图表等综合手段，全方位地展示了日全食的全过程。

（二）手段成为报道的形式与内容

我们会看到，那些在文字采访中经常采用的手段，电视采访几乎全都能使用，但是，电视采访不仅把它们当作手段，由于电视的直观性，所有的采访手段在电视节目中还会以形式和内容的形态呈现出来。这些手段包括：

（1）提问采访时记者的声音；

（2）记者的形体语言、动作；

（3）电话采访；

（4）飞机航拍；

…………

像这样一些采访手段在文字媒介中都是作为手段出现的，不会直观地表现在完成的作品内容里。而电视采访会由于镜头的记录而将这些手段的使用过程变为与新闻节目不可分离的伴随物，既是形式，又是内容。

【课堂讨论】

与其他媒介的采访相比，电视采访到底有什么不同？其中的优势有哪些？

【思考题】

1. 从有人类历史以来，人类的传播手段在本质上发生了哪些阶段性的变化？

2. 了解和掌握 DNG 系统，学习数字摄像机及其非线性功能。

3. 为什么说电视采访是人本化的采访？人本化的采访方式有什么好处？

4. 从文字到声音，从静态画面到声画合一的电视画面，素材采集的技术手段为电视记者的采访工作带来了哪些本质变化？

【作业】

观摩历届获奖的现场电视新闻作品。

第二章

记者——电视采访的主体

第一节　电视记者

记者这一职业具有较长的历史，但由于电视行业的出现只有短短半个世纪，因此，正如有关专家分析的，中国的电视传媒业已经成为近年来热门的新兴行业。

客观地说，电视记者这一职业对个人的综合素质要求较高。要想成为一个优秀的电视记者，首先需要了解电视记者的工作内容和基本特点。

一、电视记者工作

电视记者是指在电视机构中从事电视新闻素材收集工作的专业从业人员。与其他媒介的记者相比，电视记者具有特殊性，在现阶段总是以集体工作的方式出现，所以，从某种意义上讲，电视记者是一个集体的概念。

从原则上说，所有到新闻现场的电视摄制人员都参与了信息采集工作，他们的工作都应该属于电视记者的工作范畴。

在现场阶段，电视记者工作包括以下几个分工内容：现场编辑、出镜记者、摄像师、录音师和灯光师。

由于电视采访在目前情况下必须多人协同合作，电视记者的角色在不同的电视节目类型中会相对变化，具体则体现为人数的变化和组合的变化。比如，通常在电视新闻的采访中，一般有一名摄像师和一名出镜记者；而在大型的电视新闻调查节目的采访中，经常需要多名摄像师，多名出镜记者，多名现场编辑，多名录音师和灯光师。但不管组合如何变化，以上五种工作的内容是电视采访面对现场时的基本分工。

二、电视记者工作的职责与作用

集体工作方式必须对每一位成员的职责做出明确要求，否则难以运作。在实际采访中，电视记者通常以摄制组的形式出现，摄制组成员各司其职，采集现场素材。以下我们就电视记者的不同分工做分别的说明。

（一）现场编辑：指挥现场素材的采集和节目的整体构成

在电视新闻报道中，为确保节目的完成质量和报道现场的整体调控，在摄制组中会设置专门的编辑。现场编辑是随同摄制组到拍摄现场进行采访活动的成员。在纪录片的摄制组中，我们通常所说的编导就是现场编辑。

现场编辑负责指挥现场素材的采集工作。由于现场编辑相对于其他成员有更多的精力在现场进行观察和照顾全局，因而肩负以下职责：

第一，决定素材采集的取舍范围，把握节目的整体结构。

选择什么时间、地方拍摄，选择什么人物进行采访，访谈的重点是什么，以及摄像师的空镜头，对环境、细节的把握，这些都应该由现场编辑来规划和指挥。因为他是节目最后的编辑完成者，对于素材的选择和取舍都应该以节目的最后完成为需要。在今后电视采访的发展趋势中，编辑的作用将会继续加强（见图 2-1-1、图 2-1-2）。

图 2-1-1　在 2006 年欧洲杯足球赛训练场地，现场编辑指挥摄像师拍摄运动员射门练习

第二，决定应变方针。

电视采访面对的现场瞬息万变，摄制组经常会遇到难以预料的情况。现场编辑应该负责决定采取怎样的应变措施，协调现场人员继续采访。

第三，负责现场资料尤其是理性素材的搜集。

理性素材在电视采访中是指电视画面所不能直接传达的信息。电视采访不同于其他媒介采访的特点之一是信息传播的主渠道通过镜头来抓取，但是前面我们谈到了，电视采访是综合性、多手段相融合的，那些无法通过画面直接传达的信息，比如人名、地名、职务、关系、背景资料、重要的数据、理论观点、分析预测等，有的不适合于用电视画面表

图 2-1-2　2006 年“两会”报道中，现场编辑与央视记者柴静讨论出镜

现，有的则不能由电视画面直接加以表现，但电视报道对它们并非束手无策，可以通过字幕、解说、图片、动画等多种手段加以弥补。因此，电视采访有相当一部分内容是从镜头外获得的。搜集这些理性素材是现场编辑的职责。在摄像师镜头采访的同时，现场编辑需要做大量理性素材的搜集整理工作，在后期编辑时，这些理性素材往往能起到十分关键的说明情况、补充论证和深化主题的作用。

第四，为磁带做场记，为后期节目编辑做适当的准备。

一位记者回忆《风雨兼程话京九》的拍摄过程时写道：“参加《风雨兼程话京九》拍摄的摄像师就是一个有心人。那次采访从北到南，行程 2 500 公里，而且几乎是一天一个采访点，加上天气炎热，工作辛苦。但不管多累，每天晚饭后这位摄像师的第一件事就是回看当天拍摄的全部素材，并做好详细的场记。当时没觉得怎么样，但等到了后期编辑时，才发觉这些场记真是太管用了。这部 15 集的系列报道很多集都是宏观综合式的，这里选一个镜头，那里挑一个画面，如果没有场记的指引，不知要花多少力气。”

其实，这份场记工作应该由现场编辑来完成。编辑是节目最后的完成者，如果不了解已经拍摄的素材内容和质量，怎么可能把握好采访方向、内容的取舍并准确制订下一步的拍摄计划呢？

此外，看素材带、做场记，这些都会为编辑在后期制作节目时节省时间，做好准备，而这些是摄像师所不能替代的。但是随着设备和技术的不断发展，再加上人员方面的限制，短消息新闻会出现单人单机采访，利用三脚架等设备完成记者出镜的现场报道，使摄像、出镜、编导等工作集于一身，却也常常在抢新闻占得先机中，收到奇效。

第五，搜集其他相关资料。

在采访中，有可能发现比如家庭录音录像带、照片、图片、文字资料等与采访相关的资料，这些资料的搜集有时是至关重要的。现场编辑要根据节目编辑的需要进行相关资料的搜集。

为贯彻编辑的意图，现场编辑必须正确判断现场的形势，决定采访的步骤，保证素材的广度和深度，确保节目的最后质量。

（二）出镜记者（包括现场的主持人）：现场提问、访谈和述评

出镜记者是指在电视采访中出现在镜头里的记者或主持人。

出镜记者和现场主持人是电视采访的“笔尖”，他们负责在现场发掘电视画面上所不能直接呈现的信息。出镜记者和现场主持人的言谈举止、提问交流都是电视采访的手段，也是内容。出镜记者运用自己整个“人”的自身素质和潜能进行采访工作。这是电视采访与其他媒介采访的最大不同。

人本化的采访包括运用记者的现场口述、提问、形体姿态、语言交流、表情反应等，对现场做全面的信息激发、搜寻和梳理（见图 2－1－3）。

图 2－1－3　2009 年 3 月“两会”期间，一名西班牙电视记者在人民大会堂外自拍出镜，独自完成了从录制到现场播报的采访全过程

美国最有影响的电视新闻主持人之一丹·拉瑟评价另一位美国资深电视主持人华莱士时说：“华莱士是天生的电视记者，而我与之相比，则是微不足道的，我曾仔细研究过华莱士的采访风格，他提问的方式、措辞特征，他的语气、手势、表情以及迅速跳过一个问题转而自然地提出新问题的本领。像推选作家一样，在这类记者中，我首推华莱士作为榜样加以学习。”可见，电视采访对记者，尤其是出镜记者的素质要求比较全面。

在电视现场报道中，记者的现场述评也是出镜记者和现场主持人的职责。

关于出镜记者的工作内容和工作方式，我们将在后面的章节做专门论述。

（三）摄像师：采集画面形象素材

摄像师是指在电视采访中运用摄像机记录现场画面的专职人员。摄像师是电视采访工作中十分特殊的一员，因为他是电视采访中唯一绝对不可缺少的环节。摄像师在摄制组中有着举足轻重的位置，现场形象信息的物化过程要靠摄像师来完成。摄像师在现场拍摄的原始声画素材构成了电视采访活动中的本体。也就是说，摄像师工作的好坏直接决定声画信息的记录质量（见图 2－1－4、图 2－1－5）。

图 2－1－4　电视采访中的摄像师工作

图 2－1－5　在伊斯兰堡传递北京奥运会圣火仪式上，摄像记者抢占机位

摄像师的职责包括：

（1）牢固掌握摄像的基本技巧和技术，运用娴熟的摄像技术完成新闻素材的形象采集，把现场最富含新闻价值的形象信息记录下来。

（2）在现场要接受现场编辑的一定提示，抓拍现场的人物、环境、细节、氛围等重要因素，保证后期节目编辑所需的画面素材量。在现场，摄像师也必须保持极大的主动性和灵活性，因为现场瞬息万变，抓取瞬间的画面以及判断瞬间场景的价值并确定是否将其记录下来是不容迟疑的，要靠摄像师主动把握。

（3）与出镜记者紧密配合，完成访谈、交流、述评等采访过程的记录。

关于电视采访中摄像的具体方法和要求，将在另外的教材中做专门的详细论述。

（四）录音师：配合摄像师采集声音形象

录音师是指在电视采访中专职负责现场声音收集的人员。在电视画面中有一个基本概念：电视画面是包括现场同期声的。也就是说，当我们提到一个电视画面时，是包括这一电视画面真实的原始声音的。由此可见，在电视采访中，当同期声成为重要的信息载体时，对电视采访中的声音形象的要求也相应地提高了。这时就需要专门的录音师。在目前的技术条件下，由于摄像机本机话筒对特定现场音响的采集还达不到必需的标准，录音师成为摄制组必不可少的重要成员。录音师的职责包括：

第一，根据采访现场决定录音设备。

现在，录音设备十分发达，而且种类也很多。录音师有责任在采访准备时了解采访现场的环境，并根据现场的条件和节目的需要配备相应的录音设备。比如，为行动方便带无线话筒，若对录制质量要求高则带调音台、钓竿外接话筒等。录音师要熟练地掌握有线外接话筒、无线外接话筒、钓竿外接话筒、本机话筒，以及调音台的使用方法和技巧，以适应不同条件下的电视采访的要求。一个美术栏目组出国拍摄节目，结果由于摄制组中缺少专业的录音师，在采访中，本机话筒与无线话筒相互干扰，致使一些素材拿回国之后不能用。类似这样的情况在电视采访中并不少见。录音是摄制工作中十分重要的环节，需要专业人士来完成这一工作。

第二，确保声音的录制清晰和真实还原。

录音师的基本职责是确保采访时声音录制的质量，使声音能在后期节目编辑中发挥应有的作用。

1995 年 2 月 26 日晚 22 时 50 分，中美知识产权谈判代表在北京草签协议文本。签字仪式结束时，现场出现了意想不到的情况：时任外经贸部部长吴仪与美方代表突然发表了即席讲话。由于有关方面早已通知记者，双方不接受采访，不发表谈话，这一变化使现场顿时陷入一片混乱。当时，只有中央电视台的摄制组中的录音师有先见之明，在摄像机上安装了长杆话筒，于是他们得以完整地记录下了双方的即席讲话。

参加电视采访的任何成员都十分重要，每一位成员都应随时准备应变，担负起自己的职责。否则，一个职位的小小疏漏都可能导致整个采访的完全失败。

第三，与摄像师紧密配合，处理好现场声音与摄像机所摄画面之间的关系。

在绝大多数情况下，录音师所录制的现场同期声应该有其相应的画面作为载体，这就要求录音师在录音时要注意声音与镜头内容的对应。

在有的情况下，采访现场会出现多个声源，这时，录音师就不能简单地保持声音与画面对应的原则了，而是要发挥主观能动性，对不同声音进行合理的选择和采集。

录音师要注意搜集具有个性的现场同期声，补充画面外的重要声音信息，此外，录音师还要注意对采访现场环境声源的采集（见图 2－1－6）。

图 2－1－6　电视采访中的录音师工作

关于录音师的工作，我们将在同期声的采集这一部分做详细介绍。

（五）灯光师：保证摄像师采集画面形象的光线条件

灯光师是指在电视采访中负责摄像所必需的照明条件的专职人员。

在现有的技术条件下，尽管一般的广播级摄像机（尤其是数码摄像机）在低照度下也能拍摄，即使一支烛光下的景物也能够被摄像机记录下来，但新闻事件发生的现场经常会出现黑暗或由于场面较大而带来的较大明暗反差。在这些自然光线照明条件差的情况下，灯光师的职责是利用人工光源加强现场照明度，平衡明暗反差，使现场的形象得以清晰记录。新闻摄影对灯光的要求不同于艺术摄影，它只要求对现场画面的真实还原，保证摄像师采集现场形象素材的图像的基本亮度。此外，在一些预知的大场面电视报道中，灯光师要对可控的室内现场布光，其中包括对重要人物形象的造型光照明。

随着电视技术的不断发展，摄像机对低照度的适应能力越来越强，在新闻采访中，专门的灯光师也越来越少了。但是，总是会有对光源条件要求较高的节目，需要对布光精通的专业人士。所以，灯光师仍将作为电视采访中的重要工种而存在下去（见图 2－1－7）。

图 2－1－7　室外的电视采访中，灯光师在布置灯光，做前期准备工作

无论是录音师还是灯光师，都应该自觉减少录音和照明工作对采访气氛的干扰。

在一次国际纪录片研讨会上，一位美国的纪录片创作者介绍了美国电视摄制组对话筒的处理。她特别提到了在国外，电视摄制组注重尽量采用无线外接话筒和钓竿外接话筒进行人物专访，并且在采访时十分注意话筒的角度和高度，比如钓竿外接话筒通常从人物的背后伸出，高度不能太低等，这些都是出于同一个目的：尽量不要让录音工作干扰采访对象的情绪和采访的气氛。

灯光师也要注意给采访对象打灯时灯光要柔和均匀，避免由于人工布光不当给采访对象造成紧张压力。同时，摄制组的每一位成员都要懂得在现场维护良好的交流气氛，虽然通常与采访对象直接交流的只有出镜记者或现场编辑等少数一两个人，但每一位现场工作人员的一言一行都会影响现场的氛围，都会被摄像机镜头记录下来。

以上介绍了电视采访工作面对现场时的几个重要工种。在实际工作中，由于节目样式的不同，这些工种之间会出现多种组合。在有些突发事件中，摄像师甚至可以单独完成一条新闻的拍摄；有时出于技术的进步或节目内容的特点，录音师或灯光师会和摄像师合二为一；而在一些大型直播节目中，经常需要出动总编辑，出镜记者，分会场编辑，切换编辑，多机拍摄所需的几位、几十位摄像师甚至上百位工作人员参加现场采访。

当然，不管一次电视采访需要多少人，以上五种不同职位都可以将其包括在内。

第二节 电视记者的素质与修养

记者是比较特殊的职业。

电视采访工作所依靠的多种技术手段更增添了电视记者职业的特殊性。电视记者职业对其从业人员的素质和修养要求比较全面，以下我们将详细说明。

一、电视记者的素质要求

电视记者是新闻记者的一种，因此所有记者所应具备的素质，电视记者都应该具备。这其中就包括：

（一）新闻敏感

新闻敏感是任何一位新闻工作者都必备的素质，对于记者来说更为重要，因为记者的新闻敏感直接决定新闻的来源，进而会影响新闻的数量和质量。

由于新闻敏感与记者发现采访线索的工作环节联系紧密，难以拆开来加以论述，在本书中，我们把有关新闻敏感的内容合并到第三章中，与电视采访的工作方式结合起来讲解。

（二）知识与阅历

记者应该具备广博的知识和丰富的阅历，并在实践中不断更新知识和观念。

在采访中，知识和阅历是新闻敏感的来源，也是记者把握节目，深入挖掘主题内涵的基础。

一位电视记者采访某部队油库廉政建设的事迹。在前期采访中，看到资料中提到“实行标号、价格、比重三公开，有效地防止了克扣、卡油现象的发生”，记者想：这“比重”和廉政有什么关系呢？于是他就这一知识请教了有关专家，这才了解到，原来，比重是指汽油的体积与重量之比，而汽油的比重在不同季节随着气温的变化会有所变化。如果冬天按照夏天的比重给用户供油，一个油库就能卡下不少油来。这个油库敢于实行比重公开，自觉接受监督，说明廉政确实动了真格——记者通过一个知识抓到了一条好新闻。

缺乏相关的知识，记者就可能丧失很多挖掘新闻的线索，这一点对于注重现场的电视采访来说更为重要——因为如果记者在现场不能抓住机会，大多数情况下是无法弥补的。

而同样，缺乏相关的知识，还会导致在采访的过程中遇到尴尬。2009 年 8 月亚洲篮球锦标赛的一场比赛后，央视记者用中文向卡塔尔主教练亚辛提问：“我在比赛前碰到王治郅时他跟我说，他自己是 1 个孩子的父亲，而你已经是 3 个孩子的爸爸，这如果在中国将是要被罚款的。请问你对王治郅这些年的变化怎么看?”这名记者没有意识到，由于两国文化法律方面的差异，很难让采访对象听懂问题，并且他在被新闻官制止后仍然要求对方回答问题，直接导致采访对象因为这个问题而大为光火。

在2009年日全食的直播中，中央电视台派出的各路记者在连线报道时经常夹杂天文学的专业词汇。对于日全食这类专业性强的采访内容，记者必须事前搜集大量的资料，做足前期采访，以辅助演播室的解说。整个直播活动最后取得了圆满的成功，这与记者们的努力是分不开的。在电视采访中，了解和掌握与采访内容相关的知识是策划和拍摄的基础。

在采访中，记者自身的阅历是与采访对象交流的重要前提。在中国人民大学新闻学院举办的第一届纪录片评比中，不少同学选择校园以外的题材进行拍摄，在采访中都遇到了交流方面的困难。其中一位同学以一位残疾人作为拍摄对象，尽管花了很大的气力拍摄，但由于采访对象是一位阅历丰富、经历坎坷的残疾人，面对阅历有限的大学在校生，双方的交流效果可想而知。评比结束后，这位同学在总结中写道：

> ……在与她交流中我有一个特别深的感受就是与她对不上话，我们谈的可以说不少，因为她很健谈，谈的话也算不俗，但我始终没有深入她的内心世界。……另外，年龄、阅历、性格上的差异让我们觉得与她交流十分吃力，我们自己的交流能力比她要差，始终被她牵着鼻子走，她也总觉得她的许多感受我们不懂，因此不愿意说，她甚至始终把我们当成小孩……

这个例子虽然比较极端，但有代表性。实际上，在电视采访中，由于记者阅历的局限造成的交流困难并不罕见。采访对象在展露内心世界前要确认记者能否真正懂得自己的内心感受，如果不能得到这种确认，甚至有对牛弹琴的预感，采访对象必然要紧闭心扉了。因此，电视记者增长阅历、提高人文关怀的修养是十分重要的。

此外，在当今社会日新月异的变化中，电视记者更加需要加强知识和观念的更新。同时，采访过程也是学习的过程。一些记者通过采访网络、知识产权、金融证券等领域的选题，了解了这些比较热门的知识，进一步提高了自己的素质。在采访中向采访对象虚心求教，也是很好的学习方法。

（三）政治素质

记者应具备良好的政治素质，树立正确的世界观和价值观，并深入理解党和国家的政策。

记者的新闻敏感与自身的政治修养密不可分。

首先，任何新闻媒介都有其阶级属性，代表一定的阶级利益，属于国家的意识形态领域。记者作为媒介的从业人员，政治立场的选择不可避免。

其次，许多新闻事件的发生都离不开政治大环境，要使报道深入，记者就必须了解政治局势。

一个成熟的新闻工作者应该同时是一个成熟的政治家，应该时刻关注时局的发展，研究形形色色的社会现象及其背后隐藏的政治、经济原因，把握社会发展的大趋势，用手中的笔和肩上的摄像机去记录时代的足迹，关注国计民生。正如2008年胡锦涛总书记在人民日报社考察工作时强调的那样，必须坚持党性原则，必须坚持以人为本，必须不断改革创新。

虽然大部分民主国家的法律都要求新闻报道公正、客观，然而政治家、新闻媒介评论家和普通观众都经常怀疑新闻的政治倾向性。在一系列著名的研究中，格拉斯哥新闻媒介研究小组的看法是：事实上，“倾向性”在新闻的表述中，诸如在报道结构的安排和语言的运用方面，是不可避免的。

美国的电视机构对其下属的记者在政治上也会提出要求，比如美国全国广播公司就要求自己的记者“不要限于报道暴力骚乱情况而忽视其发生的原因。为了全面说明所发生事件的事态，必须尽可能研究发生骚乱的那个城市里局势变迁的历史、它的民族社团组织情况和民族关系史、各界认识和社会团体对骚乱发生原因的看法”。这一规定对记者的政治要求可见一斑。

强烈的责任意识是记者政治素质的重要部分，也是做好新闻工作的前提条件。电视记者必须充分认识到电视新闻宣传在党的整个宣传工作中的重要地位和作用。电视作为现代化的传播手段，能够最迅速、最广泛地把党的路线、方针、政策贯彻到群众中去，并变为群众的实际行动；能够广泛地反映群众的意见、呼声和愿望；能够及时地传播国内国际的各种信息，直接影响群众的行动和政治方向。可以说，电视记者的工作做得好，能使党和群众多一分沟通，给社会多带来一分稳定。

请看实际工作中出现过的两个实例。

例1：中央军委某副主席正在俄罗斯友好访问期间，一位电视记者采访回一条“北方某军区加紧现代战争演练”的新闻，画面里是冰天雪地中的大炮、飞机、坦克……

例2：2007年，国家调控宏观经济、抑制经济过热基调确定，一位记者报道了“基金股票投资机遇大好”的经济新闻。

这两条新闻说明，实际工作中政治修养对电视采访的影响十分具体。作为一名电视记者，必须具备高度的政治修养。光懂得采访技巧并不一定能成为一名合格的记者。

2009年12月，台湾高雄登革热疫情碰到一波寒流，形势趋缓，但12月连续出现3起出血性登革热死亡案例，相关电视台做了充分的调查采访，但最后并没有大张旗鼓地宣告，以免导致民众恐慌。其实登革热防疫是高雄市、高雄县、屏东等三个地区历年来都躲不过的疫情，但由于疾病出现已经常态化，并且有了长期稳定的应对机制，电视台没有播发消息，以免在甲流泛滥时，增加民众恐慌。

电视台并没有单纯地追求轰动的新闻效应。低调的处理体现了电视记者强烈的社会责任感和全局意识。

记者的政治修养是多方面的，会实实在在地体现在具体的报道之中。加强政治修养同样是需要日积月累的慢工夫。

（四）社会活动能力

记者应培养善于与人交往的能力，尽可能与所有的人保持良好的人际关系。这需要记者努力塑造自我真诚、朴素的个性。

记者是“社会活动家”。作为一名合格的记者，应该与方方面面的人士保持良好的人际关系，这样才能获得丰富的新闻线索、挖掘他人难以了解的新闻内幕。

20世纪90年代初，一位电视记者接到采访大寨名人郭凤莲的任务时十分为难——由于我国新闻记者的通病“好时捧上天，倒时众人推”，大寨人对记者已经失去了信心。在记者前往大寨采访之前，已经有多家新闻媒介的记者要求采访郭凤莲遭拒。这位电视记者以诚相待，见面后先跟郭凤莲聊了许多关于家庭、子女、工作的话题，气氛融洽了以后，见机扯开话题，问她是不是常回大寨，“我听她说她只从报纸上见过大寨的报道，立即抓住话题对她说，我们这次就是想让观众从电视上看看大寨，特别是当年的模范人物”。这时郭凤莲才说出了心中的顾虑，原来，前几次有的记者采访找郭凤莲，她正好有急事不在家，记者就说郭凤莲拒绝采访，躲着不见，还有的说她对三中全会的政策不满。记者抓住这个心结，劝郭凤莲“自己出来说话”，“让人们真正了解你和大寨人今天的情况”。就这样，郭凤莲欣然接受了采访。记者这次采访成功的关键要素是了解了采访对象的苦衷，并尽量为采访对象着想，只有首先取得采访对象的信任，记者才能获得独家采访的内容。①

对于电视记者来说，不善于和人打交道，不仅意味着可能丧失采访机会，而且即便得到了采访机会，电视记者与采访对象的交流全过程展现在镜头里，也会影响电视节目的质量。

电视记者与采访对象交往，需要真诚以待。什么可以拍，什么不让拍，在正常的采访中应征求采访对象的意见。同样，什么可以播，什么拍了但不能播，也应该征求采访对象的意见。

曾经红极一时的美国哥伦比亚广播公司（CBS）华裔主持人宗毓华一次采访美国众议院议长金里奇的母亲，老夫人兴之所至，在采访中对克林顿的夫人出言不逊，言语多有不敬。但接受完采访之后，这位老夫人自觉不妥，向宗毓华提出不要把相关内容对外播放。宗毓华口头答应了。但事后出于利益的考虑，她还是于1994年12月20日将有关内容制作播出。结果她并未得到预期的好处，事情被揭露之后，观众只觉得宗毓华不守信用，见利忘义——记者的形象遭到巨大的损害。对于那些有可能对采访对象造成任何可预期的损失的因素，记者都应为其考虑到，没有把握的则应主动征求采访对象的意见。这是对人的起码尊重。

此外，在很多电视节目中，记者进入现场开展采访的全过程都会被镜头记录下来，成为节目的内容。如果记者在与人打交道时出现不当言行，不仅会使采访对象难以接受，也会让观众对记者失去信任。

---

① 王纪言．渴望成功．沈阳：春风文艺出版社，1993：375.

以上是所有的新闻记者都必须具备的基本素质，我们在此不再详述。电视记者出于电视媒介的特性要求，还必须培养自己独特的素质。

第一，良好的技术素养。

纪录片大师伊文思说过："许多艺术问题其实是技术问题，反之亦然。"

电视记者的采访活动依靠技术设备作为中间媒介，电视新闻所具备的全部优势说到底也是由电子摄录技术记录下的动态画面信息形态带来的。作为一名电视记者，必须熟练掌握自己拥有的武器——所有参与现场拍摄的技术设备（见图2-2-1）。

图2-2-1　2003年美伊战争中，意大利女记者利用海事卫星做现场报道

电视记者应具备以下基本能力：

(1) 熟练操作手中的技术设备如摄像机、录音设备、灯光设备等。

在融媒体时代，电视记者需同时为网络、电视、手机等多种平台提供新闻素材，记者应同时具备图片、摄像、音频、视频等多种手段的操作能力，能够以多媒体融合的报道技能完成新闻的采集和制作。

(2) 懂得哪些环节容易出现技术故障。

在电视采访中，经常出现问题的环节有话筒线、磁头等处，记者要格外留意，不要在拍摄进行当中才发现，造成难以弥补的损失。

（3）懂得处理简单的故障。

由于有时电视采访人员构成十分简单，经常没有专职的技术人员；更重要的是，由于电视采访的即兴性，许多场面不容许重拍，一旦出现故障，记者就要自己马上处理。比如，糊磁头后对磁头进行清洗、在话筒线接触不良时进行复原等。

（4）熟知在不同情况下所必需的技术保障。

电视采访是依靠技术设备的采访，在很多情况下，没有相应的设备就不可能完成采访。

以话筒为例，在环境声十分嘈杂的地方进行人物专访，必须有指向性话筒，在野外拍摄要有防风罩，否则不能清晰录制采访对象的声音。

在隐性采访中，记者为隐藏身份，大多使用专用的小型摄录机，或者采用摄像师在暗处偷拍配以暗访记者使用无线话筒等方法。不了解和熟练地掌握这些设备，电视采访会陷入困境。

技术素养也需要实践经验积累。1985 年，我国电视记者首次到南极采访，共带了三部机器。在一次大风大雪中拍摄时，第一台 ENG 设备由于天气寒冷潮湿导致电路损坏而停止了运转；第二台是一部电动的电影摄影机，结果由于气温过低造成电池放不出电来，也停止了工作；记者拿出备用的第三台发条式电影摄影机，没想到这台技术最原始的机器却最“服水土”，整个首次南极节目资料片大部分是由它完成的。[①]

这次实践为中国电视记者后来的多次南极采访积累了宝贵的经验。2005 年，中央电视台承担了中国第 21 次南极科学考察一百多天的拍摄任务，《挺进南极冰盖最高点》特别节目成功播出，做到了当日录制、当日传送、当日播出，并实现了第一次从西风带传送画面和第一次从南纬 80 度以南成功传送画面两大电视史上的突破（见图 2-2-2）。

技术保障的问题对于电视记者来说，需要经验累积与相互传授，它的重要性体现在电视采访的全过程中。

（5）懂得如何发挥手头现有设备以及新技术、新设备的最大作用。

现在，中国的大多数电视台技术设备十分先进，这一点也得到了其他国家电视记者的承认。但是精良的设备需要被高效、得当地使用，否则，宝马良驹也难以派上用场。

纪录片《歌魂》摄制组选用了高质量的录音设备，包括原联邦德国名厂出品的无线话筒、带大防风罩的高灵敏度指向话筒、手杆及调音台等。这么多设备要求摄制组成员善于使用，发挥其表现力。一次，摄制组在一个村子里采访，记者了解到有一名老太太唱左权民歌“开花调”唱得特别好，但村里的不少妇女认为“开花调”的内容不正经，议论纷纷，在舆论的压力下，当记者拿着摄像机来到村里实拍时，很多人吓得乱跑，而那个老太太也不敢和摄制组见面了。这时，记者充分地利用了设备的潜力。摄制组把机器架在远离

① 张宁．电视新闻采访的理论与实践．北京：中国广播电视出版社，1998：494.

图 2-2-2　中央电视台记者在南极拍摄科考人员展示国旗，为了寻取好的角度选择了长时间跪拍

村口又能看到村口的一座屋顶上，出镜记者戴着无线话筒走到那些妇女之中，和她们随意交谈，然后再逐渐将话题转移到民歌上，结果采访对象由于失去对机器的戒备，纷纷说出了真实的看法，采访获得了所需的素材。

好设备可以为采访锦上添花，而简易的设备也有其潜力，关键在于记者会不会巧妙地利用。在纪录片《望长城》的拍摄中，记者充分地发掘了设备的潜力。比如，在“夜进大宛城”这一段落的拍摄中，由于摄制组的汽车突然坏在半路上，摄制组只得在夜间进入废弃的古堡大宛城拍摄。主持人手持一盏电瓶灯走在前面，照亮前面的景物；摄像师将另一盏灯置于摄像机上，跟在后面。就这样，简易的灯光撕破古堡中一个个黑暗的角落，呈现给观众一种异样的、白天不可能拍到的奇妙景观。在这里，记者只是巧妙地使用了电瓶灯。在实际采访中，设备的潜力开发可以为电视节目的创作提供不少新的契机。

在现代战争的电视报道中，电视记者必须掌握最新式的电视卫星传输设备的使用方法，否则不可能及时播发电视图像；在风沙海浪或街道闹市等噪声较大的地方采访时，超指向性话筒可以保证采访对象的声音录制清晰；在突发事件的现场，要能以最快的速度开机……这些采访成败的决定要素都是由电视记者的技术素养决定的（见图 2-2-3）。

电视记者还应充分掌握以下设备的使用——高倍变焦镜头、肩架、三脚架、摄像机取景框中的各种数据的识别等，以及能用最快速度让各项技术设备到位。

第二，优良的个人外在素质，包括训练有素的言谈举止，合宜的音容笑貌。

电视采访的媒介特性给记者提出了不同于其他媒介采访的要求。在电视采访中，记者一身兼为采访的手段和内容，记者在镜头前的全部表现直接“书写”着电视报道的最后“呈现形态”。从电视记录生活原始形态这一角度来说，在所有的电视采访中，记者在现场的失误都是后期编辑所无法弥补的。这也是电视采访与其他媒介采访最大的区别。电视记

图 2－2－3　2008 年 5 月抗震救灾报道中，电视记者在现场调试设备

者必须适应人本化的采访，要训练和培养自己的视觉、听觉、行为举止、言谈话语、待人接物的方式、风度气质、知识素养等。所有这些都直接体现在电视屏幕上，构成电视采访的信息传播的一部分，影响信息的流通和现场信息的获得。此外，特别值得提的一点是，所有到现场的摄制组成员都应具备电视人的综合素质，包括不在电视摄像机前面出现的摄像师、灯光师和录音师。他们在现场发出的声音，对自我的角色定位，以及采访前后与采访对象之间的交流，采访中摄像机、话筒与采访对象的动态调整，都将直接或间接地体现在电视采访的画面中，形成不可抹去的痕迹。

第三，良好的心理素质。

心理因素比较复杂，包括需要、动机、目的、态度、意志和情绪等，其中以需要、意志和情绪对记者出镜采访和报道的行为影响最为重要。

意志和情绪是外部环境的影响表现在人们头脑中的一种内部心理状态，并转化为人们的认知活动和一切对象性活动的重要的内控因素。

意志和情绪极大地影响着记者对现场新闻价值、内隐信息的发掘与表现，也影响着记者非言语行为的自觉使用。在紧急关头和混乱的新闻现场，心理素质良好的记者更能抓住机会，抢拍到珍贵的画面，做出精彩的电视报道。

在面对紧急、惊险甚至危及生命的场面时，要做到临危不惧、处变不惊、沉着应战，电视记者必须具备比较全面的心理素质。

2003 年伊拉克战争期间，央视军事记者冀惠彦冒着被炸的危险抢拍下许多独家镜头（见图 2-2-4）。这些镜头不仅在央视多个频道的各档节目中被多次使用，还被美联社采用，发往世界各个国家的画面上都标明了 CCTV Picture 的字样。这是开战以来，西方媒体首次采用由中国记者拍摄的镜头。这次报道的成功也源于他良好的心理素质和崇高的敬业精神。

图 2-2-4　2003 年 3 月 27 日，中央电视台记者冀惠彦在巴格达拍摄的画面，附近腾起的烟就是美军空袭的炸点

2006 年 8 月 11 日，台风“桑美”以每秒 60 米的速度向福建宁德扑来，最大风力达到 17 级，降雨量达 300 毫米以上。宁德电视台一组记者在前往沿海的高速公路上时，采访车被大风刮得剧烈晃动，记者们被困在车上，石头、道路指示牌等杂物不断被狂风卷起，情况危急，但记者蔡余俞仍不忘用摄像机捕捉车窗外的种种景象。在福鼎沙埕港的另一组记者，在风雨中无法站立拍摄，就弯着腰取镜头，无法进行现场直播，就用手机与演播室断断续续地连线，抢在第一时间报道灾情。在福鼎市区采访的女记者黄娟一手握着话筒、一手抓着一棵人行道上的绿化树做现场报道，突然一块硕大的广告牌坠落，距离她仅 1 米。这些记者们正是凭借临危不惧的心理素质，把抗击台风现场情况及时、准确地报道了出来，有力地支持了灾区人民抗击台风。

1981 年 3 月 30 日下午 2 时 25 分，美国总统里根在步出华盛顿希尔顿饭店时遇刺。枪一响，霎时间人声鼎沸，一片混乱。政府官员、新闻记者、旁观群众纷纷本能地躲避，有的趴在地上，有的慌忙寻找掩护体，有的惊叫起来。唯独美国广播公司（ABC）的电视记者汉克·布朗镇定自若，拍下了这一事件的独家画面。枪响后，布朗本能地把镜头对准总统，捕捉到了里根中弹的瞬间画面。接着，他又把摄像机摇向凶手。布朗事后回忆说：“这时我看到他们从人群中踢出一支手枪，我就用镜头追随这支手枪，这支枪在离布雷迪（白宫新闻秘书——编者注）头部不远的地方。我对准这支枪拍摄了一会，很快感到心慌意乱、恶心，于是就把镜头摇回到刺客那边。”在这惊恐的时刻，布朗不断给自己打气：“汉克，只管干你的，别停下，坚持拍下去。”就这样，布朗拍下了里根遇刺时的全部情景。

美国著名电视主持人丹·拉瑟在一次电视采访的现场被芝加哥市长的保镖击中腹部倒地，他的助手都大为光火，可拉瑟却镇定自若，从地上爬了起来，笑着答道：“我没事，没什么了不起。”说着就继续工作去了。电视记者在采访现场最重要的任务是拍摄现场的画面，记者如果由于情绪的波动胆怯退缩，只会丧失稍纵即逝的现场拍摄机会。

良好的心理素质有先天的因素，也是后天锻炼的结果。见多才能识广，百炼方能成钢，电视记者锻炼心理素质的最佳方法也只能是在实战中不断磨炼自己的意志。

第四，强健的体魄。

电视采访的亲历性对电视记者的身体素质提出了特殊的要求。在突发事件中，电视记者必须以最快的速度赶到现场，战争与灾难、危急与惊险都是电视记者必须经历的考验，为拍摄一些事件的过程，电视记者还必须具备“耐久性”，即长时间等候和坚持。而所有这一切都是以电视记者的强健体魄为前提的（见图 2-2-5）。

图 2-2-5 电视记者工作的艰苦性——电视记者在台风中拍摄

一位老电视工作者在回忆录中写道：“记者外出采访总要带上拍摄影片的一系列器材，加上个人的一些必要的生活用品，其重量是可想而知的。在城市、平原农村还方便些，最不方便的是到山区采访。有时为完成任务，在边远、偏僻、交通不便的山区只能自己背负器材行装，长途跋涉。1965 年夏，为报道侗族人民的生产、生活和民族风情，某同志专程到侗族居住的高山区进行采访。那里没有汽车，连牛车、马车也没有。他二话没说，背起摄影器材就顺山路攀行，跋涉了数十里才到达目的地。在采访拍摄中，虽得到侗族群众的协助，但从这个村寨到那个村寨还得背负摄影器材及行装徒步而行。”今天，虽然电视采访的摄像器材轻便了许多，交通也发达多了，但记者在电视采访中还会遇到类似这样艰苦的情况，这需要记者具备强健的体魄。

军事记者冷冶夫在拍摄纪录片《押运兵》时，有一位好心的报社记者给他们摄制组算了一笔账："两部 M3 摄像机，一件 6800 录像机，一件 4800 录像机，三套灯光设备和 50 米防水电缆，外加 16 块 BP60 电池，10 块 NP1 电池和 2 个充电器，一共是 117 公斤，把 117 公斤分成 4 份，摄制组每人平均负重 29.25 公斤。这对于一个拍摄纪录片的摄制组来说已经是很重的了。可是我们在大兴安岭深处某地出发时，每人又增加了 11 公斤的防寒背包，共计 161 公斤。"①

负重只是电视采访中遇到的一种需要强健体魄的情况。有时，电视记者为了等候重要人物，需要在烈日下暴晒多时；有时为了等待漫长的会谈结果，整夜不能休息。近几年，中国电视记者参与了南极北极科学考察采访、雅鲁藏布大峡谷科学考察采访、野生藏羚羊的反偷猎采访等，在这些实际采访中，恶劣的环境、气候，连续工作的疲劳，长途跋涉的艰辛等，都需要电视记者强健的体魄作为后盾。没有良好的身体条件，电视记者就完不成任务。

第五，与时代同步的现代意识。

电视是最具时代影响力的媒介，同时它受时代的影响也十分巨大。电视应该反映时代精神，这就要求电视记者具备充分的现代意识。在不同的时代，现代意识的内涵也不尽相同。当今中国的电视记者所应强调的现代意识包括：

（1）平等意识。

现在强调电视记者的平等意识根源有二。

一是电视的传播特性是深入家庭，与每一个家庭成员进行面对面的人际化的交流传播。这一点使收看电视节目的选择权、控制权完全掌握在观众手中。正像家庭成员之间不可能接受凌驾他人之上的教育和训导一样，电视传播进入家庭的特殊传播模式要求电视记者平等地对待采访对象，同时平等地对待电视机前的每一位观众。

二是电视媒介在市场经济的大潮中的产业化趋向，使得观众与媒介的地位发生了巨大变化。每一位电视观众在电视机前都成为消费者，拥有充分的自主权和选择权。电视记者尤其是中国的电视记者必须改变过去陈旧的"无冕之王"观念和纯粹单一的"喉舌"定位，转为把观众当作朋友来对待。电视是最大众化、平民化的传播媒介。每一个电视记者都必须把采访对象和电视观众视作与自己平等的人，无论他们从事什么职业、处于什么社会地位。

体育记者马国力在一篇业务文章中写道："各类明星们总是站在新闻事件的最突出点。他们的一举一动都会被人们拿来做文章。他们最容易被人崇拜，也最容易受到攻击，往往没有畅所欲言的机会。但是在他们的心理深处往往有着强烈的潜意识：把我们当成人，而不要只看作人们崇拜的偶像和记者成名的跳板！"实际上，所有的名人都渴望在平等的氛围中与人交流，如果记者把他们当作特殊的人，那么，采访首先就在不平等的前提下拉开了心理距离，很难深入人物内心。

① 冷冶夫．《押运兵》——追踪采访的艺术．中国广播电视学刊，1992（2）.

同样，对那些社会地位相对较低的采访对象，甚至那些容易遭到社会歧视的人，记者也要以平等的心态加以对待。记者骨子里的平等意识应该源于记者这种职业所担负的社会责任，记者的民主观念和平等意识应该比大多数人更为强烈，只有这样才能引导社会民主进程。

平等意识和民主观念对于中国记者尤为重要，因为中国的大众传媒曾经长期经历极左时期，传媒对自我的定位一向以“党和政府的喉舌”自居。这一功能肯定会继续保留，但在大力发展市场经济的今天，记者如果始终不能把自己摆到与采访对象和观众平等的位置上来，就很难被采访对象和观众接受。2001 年 7 月 9 日中央电视台科教频道开播的《讲述》栏目，其定位充分说明了传媒和记者平民化的必然趋势。

回首 1993 年，中央电视台的《东方时空・生活空间》将自己定位在“讲述老百姓自己的故事”，这一举动在中国电视界开了“平视生活”的先河，第一次将中国电视记者关注生活的视点从“自上而下”变为了“面对面”的平等交流。它带给我们的启示是：电视记者对观众的平等不仅仅是题材的家常化，也不仅仅是记者在屏幕上话语亲切，而是心态上对观众的尊重，把自己放到和观众平等的位置上去观照生活。而《讲述》栏目以“讲述平凡人生中不平凡的故事”为宗旨，以强烈的故事性、细腻丰富的情感，打造了一档口述体纪录片的日播节目。它展现了普通人精彩的人生故事，给观者以人生启迪，既承接了“平视生活”的平等意识，更从深层次解读平凡人的平凡事，对电视平民化加以深刻诠释，节目也取得了很大的成功。然而很遗憾，这样一个看似简单的意识，至今仍有许多电视记者并不完全具备。

（2）市场意识（竞争意识）。

在市场经济中，电视台之间、电视栏目之间都是竞争关系。作为电视记者，要把自己的采访活动和市场竞争联系起来。

电视媒介的生存和发展都取决于观众的收视状况，可以说，收视率是一个电视台经济效益好坏的最直接的显现。电视记者认识到这一点之后，就应该具备以下起码的市场意识：

第一，电视采访是电视节目生产的第一环节，电视记者的采访必须回答观众最感兴趣的问题，即从电视节目生产的第一步开始就要考虑消费者——观众的需求。最典型的如《新闻联播》，以前领导人活动的相关报道都是画面配解说词，近几年的一个细节变化就是领导人的同期声越来越多，使新闻内容更加生动和丰富，也满足了观众的需求。这种为满足观众需求而改进电视采访报道的类似做法还有很多，它们不仅是提高节目质量的手段，也是提高节目市场价值的有效措施。

第二，任何市场都是变动的，观众的需求也是随时变动的，电视记者要能够敏锐地把握市场变化，不断引导观众需求。了解观众、了解市场是电视记者的职责。我们应当看到，要满足媒介融合时代“融合新闻”报道方式的需要，记者除了基本的技术要求，更需要培养融合报道思维，养成融合操作的工作习惯。新背景下的即时传播、双向传播、跨平台传播等，对记者的新闻敏感、新闻操作理念提出了新要求。这就要求记者应具备“互联网思维”或“维基思维”。

第三，电视记者需要不断提高采访质量，多拍独家报道、个性化报道，明确判断采访活动的市场价值。中央电视台《东方时空》《新闻30分》等栏目在创办之初都是向电视台借的款，但随着节目质量的提高，独家报道、个性化报道的增多，栏目赢得了越来越多的固定观众，从而吸引到了更多的广告商，经济效益不断提升，到后来不仅都能养活栏目自身，还能为电视台创收了。新闻栏目的市场价值直接取决于记者抓取独家报道和个性化报道的能力。

观众意识是市场意识的核心部分，由于电视记者的一切工作都是由于有了观众才存在，电视记者应该把观众意识渗透到全部工作中去，观众是电视采访工作的目的。

电视记者置身于现场报道新闻，充当着观众的引导者和“信息导线”，他的行为就不可能不受到观众视听心理的影响，记者必须认真考虑观众的兴趣，在采访现场的“信息场”中，考虑哪些是观众所关注的目标、观众对记者的期望值有多高等。记者对现场的感知、认识，对信息的选择、加工，无不以观众的视听需求为参照。记者不能不考虑什么样的言语行为能为观众所接受，能给观众传达更多的信息；记者还得考虑哪些非言语行为能让观众觉得可亲可信，否则，传播效果就会受到影响。观众对传播者的印象和期待要求记者了解观众心理，并尽可能据此而调整自己的传播行为，以满足观众的需求。无视观众的要求和欣赏趣味的电视记者不会为观众所接受。

世界上凡是久负盛名的电视栏目无一不重视电视观众。创办于1968年的美国著名电视新闻栏目《60分钟》，其观众来信居全美电视节目之首，每年平均达7万多封，栏目专门由20多人组成观众服务部处理观众来信。

《60分钟》在美国电视史上创下的几个“之最”更能说明观众对于电视记者的意义：

——观众最多，曾创下一次节目4 000万观众的收视纪录；

——观众层次最多，从总统到平民百姓都看；

——广告费最高，曾经每30秒要价19万美元。

第三个“之最”还说明，观众意识直接影响着经济效益。

电视为什么应该“跑在前面”？除了在技术手段上，电视的传播速度比其他传统媒介快之外，更重要的是，电视的影响巨大，如果电视机构能充分调动和发挥广大观众的力量，那么，无论是在搜集新闻线索方面，还是在提高节目质量方面，都会有巨大的收获。对于电视记者来说，电视观众是不可忽略的传播对象和工作目的之所在。

客观地说，目前中国电视新闻从业人员的素质还不尽如人意，形成这一问题的原因有很多，中央电视台主管新闻的负责人曾在一篇文章中指出：“媒介本身特有的优势养成了电视记者的惰性，电视媒介的优势，很大程度上掩盖了从业人员素质不高的弱点。”

电视媒介在中国的现有地位确实给它名下的记者们提供了优越的位置，但是，利用这一位置的便利而形成绝对良好的自我感觉，甚至盛气凌人，长期不思进取，则不利于电视记者队伍素质的提高和电视新闻整体质量的改善。

（3）融合意识。

除了熟知融合新闻理论，掌握基本技能之外，记者要成为真正的“全能记者”，还要注重对自身“融合意识”的培养。

我们所谓的融合意识，主要包括两个方面：一是具备“融合报道思维”，即当新闻事件发生时，能从融合报道的角度出发，策划组织新闻报道，并能熟练利用“融合报道”的操作方式去报道事件；二是作为个体，能满足媒体需要，以团队成员的身份与其他成员分工协作，共同完成报道任务。

“融合报道思维”的培养绝非一日之功，不仅需要扎实的融合新闻理论基础、系统的融合新闻报道训练，更需要长期的融合报道实践。密苏里大学新闻学院的“专题学习与指导”课程多少能给我们一些启迪。国内新闻院校的融合报道思维培养也可以借鉴这种方式，即由具有丰富实践经验的老师指导，让学生就特定主题展开策划。此外，密切关注融合新闻实践的发展，分析经典案例，认真揣摩其成功之处，借鉴其报道思路，在此基础上，尝试对重大新闻进行“融合报道策划”，并与媒体实际操作进行对比，也有助于培养这方面的意识。

而记者作为团队成员参与融合新闻报道，则对其提出了更高的要求。当重大新闻事件发生时，个体“全能记者”往往难以胜任大规模的报道工作，此时，组建跨媒体报道团队便成为首选。作为团队中的一员，记者需要承担一定工作，扎实的业务能力成为基本要求。此外，团队合作意识的培养以及团队成员间的磨合也同等重要。而学校教育的意义，就在于在传授相关理论和技术的同时，使学生充分认识到从业后团队合作的重要性，培养合作意识和互助精神。

二、工作作风

工作作风是记者在执行采访任务过程中所体现的精神风貌和道德品质。电视记者的采访工作有自身的特点，因此，其工作作风也有独特之处。具体有以下几点要求。

（一）协作分工，团结作战

在现今的技术条件下，电视采访工作基本上属于集体工作的范畴。

文字采访，记者带上一支笔；广播采访，记者随身背上录音设备：一个人灵活机动地完成采访任务没有问题。而电视采访在绝大多数情况下需要多人、多工种合作。

最典型的是电视直播报道，可以说，没有集体协作就没有电视直播。

在各种电视采访类型中，不同工种之间的合作直接决定电视新闻节目的水准。这其中包括每一位到现场参加采集画面信息的摄制组成员。电视记者的概念在通常意义上说，就是摄制组的概念，是集体的概念。现场编辑、摄像师和出镜记者的配合，录音师与摄像师的配合以及灯光照明的保证等，都要求电视记者必须具备协同作战的能力和分工负责的工作作风。

请看某部获奖纪录片的摄制组在现场采访的一段经历：

> 一次我们来到一个山坳里的小村子，村里的不少孩子和大人对我们的到来非常好奇，很快围上来看我们拍摄，这时我们的灯光师很自然随和，有意识地和几个孩子谈起来，吸引了他们的注意，而摄像师老王已心领神会地开动了机器，我们的录音师及时调好音量，就用本机话筒录下了两个孩子给我们大大方方演唱的一段很有意思的左权民歌："第一次我到你家，你呀你不在，你爸爸打了我一烟袋……"①

在电视采访中，类似的情况很多。同在一个摄制组中，每一位成员都有为拍摄顺利进行出一分力的机会。并不是只有出镜记者才担负着调节气氛、创造交流语境的职责，好的摄制组应该像上述例子中的摄像师、录音师以及编导一样，具有一定的默契，共同创造机会，完成现场段落的拍摄。

（二）雷厉风行，严谨快捷

电视采访所具有的特殊时态——现在进行时，要求在新闻事件发生的同时，电视记者应该在现场，否则，形象信息稍纵即逝，电视采访缺乏进行时态的画面，就只能依靠其他手段来弥补，而这些也将使电视采访失去应有的优势。因此，电视采访要求记者以最快速度赶到现场（见图2-2-6）。

图2-2-6　2008年汶川地震突发事件采访中，电视记者以最快速度奔赴现场拍摄采访

英国人大卫·乌·萨缪尔森说过：能否装好胶片，在适当的时间和适当的地点，对准适当的方向举起摄影机，这是新闻摄影师能否成功的先决条件。难以重演的新闻是没有机会第二次拍摄的。

贝尔格莱德时间1999年5月7日23时45分，中国驻南联盟大使馆遭北约飞机空袭，

---

① 李宁．摄制组群体声音意识与录音技术论坛．电视研究，1995年海外节目专刊（39）．

当巨大的爆炸声传到中央电视台赴南报道组所在的洲际饭店时，王晓琨等 5 位记者立刻冲出驻地，于 8 日 00 时 05 分赶到现场。他们抓紧时间，抢到了第一手新闻。对于电视记者而言，没有行动上的迅速，也就不存在突发性事件的电视报道。

以电视新闻直播报道而闻名世界的美国 CNN、日本最大的电视机构 NHK 等世界重要的电视台和电视机构，为了保证记者能够随时出动，追击新闻事件，在其总部大楼的楼顶停放着直升机；美国的许多摄像记者在采访重大新闻事件期间，都是摄像机"伴枕而眠"。

同时，电视采访是依靠技术设备的采访，记者在行动中还要做到快而准，这二者缺一不可。

电视采访行动中的粗枝大叶不仅会影响采访的完成质量，有时甚至会由于一点细微的疏忽造成整个采访报道的全盘失败。比如说忘了带一根话筒线，忘了给电池充电，重复使用已经拍有采访素材的带子等小的疏忽，都会带来严重的后果。

一次，中央电视台一位记者去天安门采访某国国家元首访华的欢迎仪式。出发时他带了两块电池。一般来说，一块充好电的电池可以拍 20 分钟，但由于出发前没有检查电池的电量，拍摄中，第一块电池装上后，机器报警，第二块装上，拍了 40 秒以后又不行了。这次来访的外国元首还很重要，结果，这条新闻就只好用 40 秒的画面来进行后期编辑，配上了长长的解说——类似的失误，都是由于记者的工作作风不够严谨造成的。

（三）爱护电视摄录设备

电视采访是有技术基础的采访，技术设备对于电视采访来说必不可少。在新闻现场，没有设备保障的电视记者就失去了采访的基本可能性。因此，无论在多么艰苦的采访环境中，电视记者都必须保护好自己的设备。在这方面，电视界有一些经验之谈，比如说，"像爱护自己的眼睛一样爱护电视设备""脸可以不净，镜头不可以不净""身可湿，摄像机不能湿"等，都体现出电视记者爱护机器设备的强烈意识（见图 2-2-7）。

图 2-2-7　记者在雨中拍摄，给摄像机穿上"雨衣"

在2008年1月南方抗击冰雪的报道中，中央电视台新闻中心时政部记者胡玮在随中央领导视察灾区采访时，为抢拍镜头，在冰冻如镜的路面上仰面摔倒。为保护摄像机，他在摔倒的瞬间，不是腾出手来保护自己，而是尽力将设备转交给同事。摄像机安然无恙，而他本人肩胛、脊椎因外力撞击过猛而错位。尽管如此，他仍强忍剧痛，坚持把活动拍完拍好。

这种爱护电视设备的行为在国内外的电视记者中绝不少见。它不仅仅是爱护公物那么简单，对于电视记者来说，电视设备是他们存在于采访现场的价值保障。

在电视采访中，经常需要长途跋涉。在颠簸的路途中，摄像师需要始终怀抱着摄像机，且“机不离手”，以确保摄像机不被颠坏。

机不离手——不仅仅是出于保护机器的需要，更重要的是因为，摄像机是电视记者的“武器”。在采访中，随时都有可能出现有价值的场景，如果摄像机不在手中，会丧失很多的机会。纪录片大师伊文思在《摄像机和我》中说，在拍摄《雨》时，“我和雨一起生活，为雨而生活，我竭力想象我见到的每一件东西在雨中会是什么样子，映在银幕上又是什么样子……我从不离开摄像机一步——无论是在办公室、洗印间、大街上还是火车上，它总是在我身旁。我和它生活在一起。当我入睡时，它就在我的床前的桌上。这样，如果我一醒来时正在下雨，我就可以在我的床头上拍摄摄影棚窗外的雨景，很多精彩的画面，实际上就是我醒来时在床上拍的”。

在电视记者的修养中很重要的一条是技术素养。电视记者还要懂得如何保养机器设备，尤其对那些容易损坏的设备环节，要倍加注意保养和维护，比如注意对话筒线接口等易坏处的保养等，前辈们的这些优良传统值得所有的电视记者继承和发扬。

（四）勇敢顽强，不怕牺牲

按理说，任何一位新闻记者都应该具备勇于牺牲的精神。由于前面提到的电视采访的“亲历性”，电视采访工作离危险更近（见图2-2-8、图2-2-9）。在很多战争与灾难的电视采访中，电视记者为了获得真实的电视画面，不得不亲身经历战火和危难。各国许多优秀的记者为此付出了鲜血和生命的代价。

苏联卫国战争期间，为了拍摄纪录影片，先后两届电影大学毕业生与他们的前辈一同上了战场。在莫斯科反击战、保卫列宁格勒以及斯大林格勒的会战中，这些刚刚跨出校门的年轻人成长为一流的纪录电影工作者。在苏联，拿摄影机的记者获得斯大林奖金的最多。

2003年4月8日，一辆美军坦克向绝大部分外国记者下榻的巴勒斯坦酒店开火，两名记者被炸身亡，另有3名记者受伤。路透社宣布，其麾下的乌克兰籍摄像师塔拉斯-普罗茨尤克死亡，另外3名记者受伤。西班牙Telecinco电视台摄像师何塞·库索后来也因伤势过重不治身亡。

著名战地记者阿内特在接受央视专访时说：“我们看见了发生在眼前的一切，我们知道发生了什么，见证了事实真相，这是个非常危险的职业，是以我们的生命作为赌注的。

图 2-2-8　伊拉克战争中，记者隐蔽在战壕里，随时都会有生命危险

图 2-2-9　2006 年，台风“格美”在福清登陆，记者在台风中进行现场报道

但是我们这样做，是为了记者的伟大传统——报道真相。在这个通信发达的时代，准确的报道比什么都重要。”

一位忠于职守的摄像师为了拍摄飞机俯冲的镜头，把自己绑在喷气式飞机的舷梯上，每一次向下俯冲都会造成暂时的双目失明。就这样，他一共向下俯冲了六次。1995 年辽宁发大水，锦州有线电视台记者杨晔在拍摄市委书记张鸣岐在大堤上指挥抢险的镜头时，不幸被洪水卷走；2004 年 10 月 25 日，台湾台视记者平宗正在采访飓风新闻时不幸遇难……

当然，记者也应该学会保护自己。美国的电视机构要求自己的记者在发生骚乱的现场采访时，要采取伪装、隐藏等办法，尽量不要公开使用摄像机，以免招致机器被砸、人被殴打等危险。

此外，记者为采访到自己想要的素材，需付出顽强的努力。光有牺牲精神是不够的，在许多重大新闻事件发生之前，记者需要有坚强的毅力和足够的耐力。

伊拉克战争爆发前，2003 年 3 月 20 日凌晨 4 时是美国总统布什 48 小时通牒的最后时刻，为了抢发新闻，各国记者枕戈待旦，甚至彻夜未眠，在美军基地新闻中心内耐心等待（见图 2－2－10）。CNN、BBC 和 NHK 等电视台第一时间通过电视播发了美军发动进攻的消息。之所以能够快速地报道消息，记者的耐心等待和迅速及时的新闻反应能力是关键，坚强的毅力和耐力最终换来了非常关键的新闻。

图 2－2－10　2003 年 3 月 19 日夜，在卡塔尔美军赛利耶基地的中央司令部新闻中心内，为拿到第一手消息，一名日本记者在空地上搭起帐篷

中央电视台 1993 年 7 月 22 日晚在第一套节目中播出了一部反映武警海南总队击毙武装犯罪团伙头目刘进荣的电视纪录片《潜伏行动》后，仅两天就收到各种电话信函 90 多件（次）。为了满足广大观众的要求，中央电视台在 7 月 29 日又重播了一次。第二次播出后，仍有外地观众打电话要求重播，于是又破例在 8 月 11 日第三次安排播出。为什么一部仅有 15 分钟的纪录片，中央电视台能在 20 天内三次播出呢？

请看该片的编导在事后的自我分析，它对理解电视记者工作的勇敢顽强、不畏牺牲、团结协作、严谨快捷等工作作风有一定的示范意义：

……除了电视片本身的真实性、纪实性外，关键这是电视记者冒着生命危险拍摄的。也可以这样说，《潜伏行动》是近年最难拍摄的一部片子。因为拍片的客观条件要求记者必须置生死于不顾，用跟拍、偷拍、抢拍的办法记录下战斗的全过程。

刘进荣是个无恶不作的武装犯罪团伙头目，在他手下有 30 多名持有武器的罪犯。海南公安机关曾缉拿此人 8 年，均没成功，而且还牺牲了几名保安人员。另外，从刘进荣活动的地域来看，五指山腹地的 3 个县都发展了他的耳目，有的甚至在政府机关工作。只要公安机关一有行动，刘进荣准会提前知晓。

为了彻底捣毁这个犯罪团伙，海南省公安厅将任务秘密交给了海南武警总队，同时派出了得力的侦察员配合。接受任务后，武警部队利用刘进荣及其同伙不认识武警干部战士的优势，派人以共同开采金矿和做黄金买卖为名，打入了团伙内部。尽管刘进荣对"新入伙"的人员反复进行了反侦察，我方人员不但没有暴露目标，反而摸到了一些规律性的情报。

行动的日子终于来了。据内部侦察人员报告，刘进荣在五指山地区抢劫游荡了半个多月，最后落脚到了王下乡——他的情妇家里，于是机动小分队紧急集结，更换服装和车牌号码，以宏威房地产开发公司的名义，连夜向王下乡开进。

从早已掌握的情况看，王下乡的老百姓大约饲养了 17 条狗，只要接近王下乡，村子里就会狗吠一片。前线总指挥参谋长张宝光，下令小分队分两组隐蔽在王下乡侧面的一座高山上。摄制组也随同狙击手来到了距离王下乡 350 米至 380 米的一座小山上。

上山前，海南总队电视工作站将 4 名摄像员分成 3 个小组。超 8 摄像机由一号摄像员梁鑫掌握，负责追捕中的拍摄。M7 摄像机由二号摄像员、电视工作站站长任金武掌握，负责狙击手和目标的拍摄。另一台摄像机负责拍摄总队长王和平与前线总指挥张宝光之间的联络，由中校摄像师陈得民和张晓兵掌握。冷冶夫作为中央电视台的军事记者，负责总协调。一场围歼战与一场记录拍摄战斗，同时拉开了序幕。

捕歼小分队在山上所要克服的困难主要是不分白天黑夜的蚊虫叮咬，而摄制组遇到的最大困难则是电池无法充电。第一天摄像员梁鑫用摄像机监视王下乡的活动，可是一天下来，发现电已用去一半，而附近又无法充电（会暴露目标）。于是第二天改为用高倍望远镜监视，直到第三天目标出现，被击毙，都保证了电池的使用。

这场围歼战是十分危险的，虽然拍摄到的录像带只有 200 多分钟，实战画面只有 20 分钟，但这些画面是十分珍贵的。因为当时在山上的小分队加上摄像人员不足 10 人，而王下乡有刘进荣的保镖和枪手 16 人。距离王下乡十几里的金矿上，还有他的同伙十几人。如果这些人知道情况反扑过来，后果很难设想。好在小分队是在出其不意的情况下首先将头目击毙，使其群龙无首。

小分队狙击手的枪法是很准的，只是射击距离太远（350 米以上），超过了狙击手的最佳瞄准距离。所以从画面上看，第一枪没有打中，第二、第三枪打中了。以后的一串串扫射，是其他战士用冲锋枪打的点射，而冲锋枪在 380 米的距离上，能看到人影就不错了。所以在这样远的距离，能命中目标已经是相当不容易了。

片子播出了，武警总部记者站黄明德站长和我们这些编摄人员的心情久久不能平静：拍摄《潜伏行动》不同于艰苦条件下的翻山越岭，更不同于抓赌抓娼，这是一场你死我活的战斗。事后想一想，有这样几条经验可以借鉴：

党委一班人的电视意识。当制订一场围歼战计划的时候，海南总队领导首先留出电视记者的名额。用总队长王和平的话说，我们不仅是要清除一两个恶棍，捣毁几个犯罪团伙，我们还要向全国人民宣传正义、宣传法制。所以在围捕战的前前后后，突击小分队把车上最好的座位留给摄像员、把最好吃的食品留给摄像员，有的战士还帮助摄像人员带电池。就像当年沈阳军区扑灭大兴安岭的大火那样，第一批扑火人员中，必须有电视记者。

电视记者的跟拍意识。可以说这部片子的画面完全是记录下来的。尤其是在作战小分队行动、隐蔽、追踪的前前后后，我们的摄像记者以摄像机为眼睛，用跟拍、抓拍、偷拍、抢拍的方法，完成了整个战斗过程。这种记录式的拍摄，为片子的后期编辑和真实性打下了坚实的基础。

大胆使用多机拍摄。在《潜伏行动》之前，我曾在《押运兵》一片中使用过双机跟拍，收到了较好的效果。这次战斗也运用了斗箕拍摄（三台），使短短十几分钟的追捕战斗编辑得紧张而富有情节，提高了电视片的可视性。

电视记者的军人素质。一台十几公斤重的摄像机扛在肩上，要随同小分队追出去十几里路，没有一个坚强的意志和一个好的身体是不行的。二号摄像员还要多背一个 6800 录像机，这就为行动带来更大不便。另外在山上潜伏 63 个小时，也不是一件容易的事情。还有更重要的一条，就是不怕死。因为战斗一旦打起来，摄像员的危险会更大。而我们的军事记者恰恰克服了这一切。①

电视记者在《潜伏行动》中不仅表现出不怕牺牲的军人作风，也充分展现了团结协作、策划周全、亲历现场等基本的电视采访的工作方式和特点。很多电视采访的情况虽然没有这么危险，但对记者的综合素质和作风的要求是一样的。

（五）廉洁自律

电视在当今传媒的地位中可以说是排头兵，电视记者因此也面临着更多的诱惑。据说，在有偿新闻盛行的那几年，一些新闻发布会给记者发红包时，电视记者的“内容”都要多一些。

---

① 冷治夫．《潜伏行动》背后的行动——跟拍一场追捕战斗的尝试．电视研究，1994（2）．

面对金钱和物质的诱惑，电视记者应该有十分清醒的认识。记者是什么身份？享有什么权利？担负着哪些责任？

德国电影理论大师克拉考尔认为："揭示性的摄影记录要以摄影师在情感上跟被拍摄对象保持距离为先决条件。"记者如果在经济上有求于采访对象，那么，新闻的客观公正还有保障吗？更有甚者，偶有记者被爆拿"封口费"，昧着良心工作，破坏了记者的行业道德和公信力。而反观之，一次《焦点访谈》某记者到基层采访，住宾馆时少交了一晚的房钱，回北京后还特意邮寄了200元过去补交上。这种工作作风，能够有效地保证记者的采访活动具有客观公正的基础，在今天依然是中国电视记者需要学习的。

三、电视记者的思维特点

每一种媒介由于自身特点的不同，对其媒介从业人员的思维方式会提出不同的要求。思维方式的不同会直接影响创作作品的内容和形式。对于电视记者来说，明确电视媒介的特点和优势，同时了解其对自己的规范和限制，在工作中自觉遵循媒介的规律，将会促进电视采访的有效开展。

电视采访的常规思维包括：

（一）形象思维

形象思维是人类思维的基本形式之一。它从动物的直觉思维转化而来，是整个人类思维的母体、源头和起点。文明时代人类思维分化出以概念为细胞的抽象思维和以形象为细胞的具象思维两大形态，它们既相互渗透，又相对独立。

形象这个词英语为 image 或 form，前者有肖像、偶像、影像、映象、表象等多种含义，后者义项包括外貌、形状、形式、形态、结构、组织等。钱学森教授多次指出，形象思维是人类在能动地反映、认识并改造客观世界的实践过程中逐渐形成和发展起来的、受意识控制的一种基本思维形式，它表现在几乎所有重要的创造性活动领域，而并不限于文学艺术。他曾引述英国斯巴克思关于"人能识别语意与笔迹""图像是一种不同于科学归纳思维的复杂、多途径、多回路思维"的说法，指出这便是"形象（直觉）思维"[①]。

电视采访相对于其他媒介的采访的最大不同在于它所采用的主要信息载体——动态画面的原始形态。这对电视记者提出了一个新的要求：电视记者不仅应具备一般的新闻敏感，还应具备形象思维的能力。

我们说，一名电视记者必须具备形象思维的基本素质。而形象思维体现在采访过程中的两个方面：一是善于从现场的形象中发现新闻；二是善于选择和记录各种形象，用形象素材来传情达意。

从根本上说，对形象素材的抓取和运用，都是电视记者超前的编辑意识的体现。在拍

---

① 李欣复．形象思维史稿．济南：山东教育出版社，1998：10.

摄形象素材时，如果没有明确的结构上的考虑和安排，那么所拍的素材在后期编辑中往往会出现用不上或不够用的问题。

形象思维在采访和拍摄过程中具体体现在以下几个方面。

1. 用形象叙事

如果说人们在现实生活中能够凭借双眼去理解事物的发展，那么，电视画面中的形象同样具有丰富的叙事功能。在电视报道中，最有价值的新闻事实应该用形象来传达，这是实现电视报道优势的主体要素。

2007 年 8 月 8 日，中央电视台新闻频道播出了内蒙古自治区成立 60 周年的特别节目，其中的一条现场报道采用的背景是蒙古族的赛马会。电视画面中环境的形象奠定了整个报道的基调和节奏，并且在整个报道中发挥着叙事的主渠道功能。在报道中，出镜记者身着草原服装，站在赛马场亮丽的白色栏杆旁，身后骏马呼啸而过，身旁不时走过的参加庆典的人脸上洋溢着兴奋的表情，热闹喜庆的现场气氛都通过她所处的环境瞬间感染了观众。

中央电视台青年节目《青春追踪》，表现了当代青年的理想和追求，在拍摄女生物学博士吕植的段落时，吕植正在四川大山深处的林区搞研究，记者到一线去采访她。在进山的路上，记者便将险峻的盘山路和泥泞的土路拍摄了下来。经过几天的跋涉，快要到达吕植所住的一排简易房屋时，记者提前开机，走近这所位于林区深处的“宿舍”。当时吕植不在，工人们将记者让进屋内，指着其中一架木板床说，吕植就住在这儿。一直开着的摄像机又将床上的被褥、床头的画和工作图表摇摄了一遍。这些过程中的形象一直在起着叙述的作用。虽然记者还没有见到吕植，但对吕植的叙述已经通过这一系列的形象间接展开，让观众感受到这位女博士生不畏艰难的工作精神和理想追求。

形象在电视报道中，就像语言文字在印刷媒介的报道中所起的作用一样，通过不断延续形成的逻辑清晰地叙事。

2. 用形象论证

形象具有论证性。

形象可作为论据出现在电视画面中，以实现其论证功能。

在 2003 年 8 月 25 日《焦点访谈》播出的《无影工程　何以竣工》中，报道的背景是：1998 年长江洪水后，国家投入大量资金用于长江防洪工程的建设，其中划拨给荆州市长江河道管理局洪湖分局的 300 万元专项资金用于长江界牌河段的除险加固工作。然而审计署驻武汉特派员办事处在审计中发现，这项工程被一帮人用 66 600 元就完成了，其余款项被瓜分。

在采访中，记者分别采访了当初的几位项目负责人、工程监理、时任长江河道管理局负责人、工程所在地的居民等人物。采访对象的形象出现了鲜明的对比，或垂头丧气或义愤填膺，或欲盖弥彰或踌躇满志。通过描述人物对事件的看法，加上采访对象的荧屏形象，不需要记者的过多解释就很好地展现了节目的意义，这篇报道也获得了当年的中国电视新闻奖评论类一等奖。

把形象素材作为论据，十几分钟的电视报道就能够充分地论证记者自己的观点，并将这一观点清晰有力地展现给观众。这是电视实现论证的主要途径。

3. 用形象寓意象征

形象还具有一个文字和声音所不及的表现优势——通过自身的隐含价值，结合片子中氛围和心态的积累以及情感的表现，激发观众的心灵感应，实现特定的寓意和象征功能。

20世纪90年代初，电视纪录片《沙与海》在电视纪实语言的发展上具有前卫意义。该片就很注意运用生活中的形象来寓意抒情。比如沙漠牧民刘泽远家的附近，有两棵孤零零的沙枣树，每年他都要领着儿子去打沙枣。记者在对这一场面的拍摄中注入了深厚的情感，拍得充分、细致、自成段落，有足够的时空让观众体会到刘泽远一家生活的艰辛和生存的不易，就像这两棵沙枣树一样。沙漠中的这两棵沙枣树就有了象征的意味（见图2-2-11）。

图2-2-11　纪录片《沙与海》中的抒情段落

象征和寓意是电视采访独有的手段，它对表现人性、生命、爱情等深层的主题具有特殊的力量。中央电视台《夕阳红》栏目播出的纪实短片《搭伙计》，讲述的是山西涞源县走马店村的两位农村打铁匠的故事：一位叫张英龙，68岁；一位叫李凤杰，72岁。他们一起搭伙干活40年了。一个铺里抡锤，一个罐里分钱。记者记录了两位老人的打铁活动——相互默契得就像一场精彩的舞蹈。在影片的结尾，当两位老人锁上门，各自走上回家的路时，记者精心拍摄了连接两扇门板的一把锁和院子里一棵枝分双杈的老树，镜头拍得很充分。解说词说：两个门板连在一起，靠一把锁子。两棵树干长在一起，是靠同一条根。两位老人能搭那么长的伙计，因为两人都是勤快人、老实人。在这个小型的纪实节目中，记者充分利用了身边现实形象和所要表现的形象之间的关联，从而产生了视觉上的比喻和象征意义。这需要记者的想象力和借物抒情的能力。

除了叙事、论证等一般的传情达意的功能外，形象素材还能通过象征寓意，升华主题。

在两部不同的纪录片中，都出现了农村老大娘的形象，但记者在拍摄这两位老大娘时，对她们的形象判断、选择和用意完全不同。

在纪录片《艺人》里，记者在北方的一个窑洞里拍摄劳动一天之后的一家人，镜头从热炕上缓缓摇过——几个孩子横七竖八地躺着，鼾声不断的男人……最后落幅停在一位老大娘身上，她一个人在油灯下剪纸。

而在纪录片《天下第一山》中，记者站在南天门门口拍摄即将登上顶峰的人，突然，记者发现了一位老大娘，坐在十八盘的台阶上睡觉。记者立即用摄像机抢拍下来，并且在脑中已经形成了解说词。在完成的节目中，出现了这样的段落：

（镜头：登山的人们）

解说词：帝王封禅，百姓烧香。

（镜头：老大娘在十八盘上熟睡）

解说词：噢，还有你这和历代帝王一样平常的老人，究竟在这“天街”上做了一个怎样的梦呢？

（镜头：叠出变换的云彩）

…………

在《艺人》中，记者抓拍老大娘形象是在告诉观众：在北方的农村，这个人丁兴旺的家庭里，劳动了一天的男人和孩子们都睡了，只有勤劳的老大娘还在辛勤劳作——这是基本的叙述功能。而在《天下第一山》中，记者拍摄老大娘的形象是想说明：尽管中国人敬仰泰山已逾千年，但对于泰山来说，它目睹了时代的变化，无论什么人，无论身份贵贱高低，对它来说都是平等的，这其中也包括熟睡于台阶上的老大娘。

我们看到，《天下第一山》中这一形象素材的运用，已经超越了视觉的表象意义，起到了升华主题的作用。

实现电视画面形象的寓意象征功能需要电视记者具有艺术家的心灵和敏感。首先，记者要能够感受到现场形象的特殊寓意，以合适的镜头调度方式加以记录；其次，记者要掌握一定的电视表现方法，即必须是在记录真实生活的过程中自然生发出来的形象及其隐含的象征意义，要做到这一点，需要一定时间的心态累积和释放。

4. 用形象表达情绪、感觉

电视节目的某些段落需要表达某种内心的感觉和情绪，在现场取材过程中，则需要记者对生活中的一些形象元素进行具象化和人格化，用形象去抒发这些感觉。

中央电视台财经频道在2009年春节期间制作了一系列采访短片，农民工对生活状态改善的喜悦之情溢于言表。“生活好了，家里换家电了，工资涨了……”伴随着自然而幸福的笑声，镜头移向冬日里初升的太阳，这就传递出了希望的情绪和对生活乐观的态度，使观众也深深地受到了鼓舞和感动。

诸如太阳、闹市、流水线等空镜头画面看似与生活状态的主题没有多大关系，但它们体现了农民工在城市工作生活中最典型的场景，能够唤醒观众记忆中的共通感觉。此外，这类画面内在表现出的共同主题，就是情感和情绪中的喜悦，它们都比较准确地完成了用形象表达主题的过程。

掌握形象素材的各种功能是电视记者形象思维的具体表现。一名电视记者，在选取画面的时候还不明确画面的用途，也不能判断形象的价值，那只能将成功的决定权交给运气。

好的电视作品，大都是超前编辑意识的结果。前面讲述的诸多成功例子无一不是如此。

电视现场取材的过程，也是电视记者发现、发掘、记录和表现形象素材的过程，更是记者不断构思后期节目编辑的过程。实际上，这几者的有效合一，正是电视记者不断创新的根本手段。

（二）其他几种思维方式

尽管形象思维是电视采访最重要的思维特点，但这并不是说其他思维方式不重要。理性思维、开放性思维以及全息思维都是电视采访中极具特色而又必不可少的思维方式。

1. 理性思维

与形象思维相对应的思维方式是理性思维，具备理性思维对电视记者同样至关重要。

理性思维是相对于形象思维而存在的，它以严谨的文字逻辑为基础，能够对事物的本质做全面而透彻的分析，对复杂的问题进行有效的推理和论证。

一位老电视记者这样评述理性思维的作用："多年前中央电视台几位德高望重的记者也曾走上荧屏……但没能坚持下来，究其原因，我认为是我们的一批前辈记者不是以文字或以写作为业的记者，尽管他们运用镜头蒙太奇很精彩，但用起笔来，大部分人显得还不到位。写作能力应该是走上屏幕的主持人、评论员、记者的一个重要的基本功。"

为什么？因为在镜头前说话是否精彩，关键在于是否说自己的话和以自己的方式说话。而要写作好，电视记者就必须具备良好的理性思维的能力。组织语言、结构文章以及谋篇布局都需要严谨的理性思维。除了写作之外，电视记者在提问中，需要根据采访对象的回答做出即兴判断，迅速组织语言进行追问或转换话题，在这些方面，逻辑思维、理性思维比较好的记者会占优势。电视记者要学会随时随地在现象中抓本质，在偶然中发掘必然；学会抓住主线、发展情节，随时比较、概括，随时提炼主题。此外，对现场信息的取舍也需要理性思维。

目前，电视界还是有相当一部分记者编导不注重理性思维的培养。在《人民日报》举办的一次座谈会上，中央电视台主持人水均益认为："电视记者中有一种不良倾向，即忽视阅读和写作的锻炼、积累，而只注重画面的美与丑。""知识可以武装人的思想，阅读可以使我们的判断力、逻辑思维力和观察能力变得更敏锐。"我们也会发现，从文字记者转行干电视的人往往在驾驭主题、结构全片、解说写作等方面有优势。

电视记者的理性思维还包括辩证思维的内容。电视记者要学会处理好采访中的主客观关系，既不能将自己的主观意志强加给采访对象，也不能完全毫无观点、漫无目的地记录生活。电视记者应调动全部手段保证采访报道的客观，又要通过述评说出主观的见解，将见解也作为一个客观存在。辩证思维的内容还包括懂得把握采访中的具体个别与典型概括的关系，懂得采访中繁与简、详与略的辩证选择。

2. 开放性思维

带机采访和随机结构的取材方式，要求电视记者具备开放性思维的特点。开放性思维，是指在思维中对结果不做常规设想，不确定事件的结果，随时准备接受各种可能。由于电视采访要求记录真实的时空流程，电视记者必须将拍摄中遇到的所有未来视作未知，在采访中要准备接受各种结果。

从心理上准备接受各种结果，即不能先入为主，不能想当然。在中国比较传统的专题片时代，电视记者非常习惯将预定的主题强加给自己的采访对象。拍摄先进人物的事迹时，想当然地为先进人物设计好加班加点、废寝忘食、不顾老婆孩子等情节。如果拍不到，就人为地导演。随着纪实观念的普及，电视采访也越来越注重开放性思维的运用。

在一个军事题材的电视片里，一位普通战士在镜头前接受采访。刚开始，战士按准备好的稿子背，讲得很流利。突然，他想不起稿子，卡在某个地方讲不下去了。于是战士用手挡住镜头连声说："不行，不行！再从头来！再从头来！"而这位执摄像机的记者具有很好的开放性思维，没有关机，继续拍摄，战士脸红了一会儿，清了清嗓子又继续说了下去，这一拍摄的全过程很能反映我们战士的特点：平时很少说话，总是希望自己的讲话合乎政治要求，合乎领导意图——记者在拍摄时对偶发的意外全盘照收，真实地反映了战士的心态，又很有情趣。这种开放性思维能够完整地记录生活的真实情景，是电视纪实的基本创作思维。

纪实节目的情节、人物、对话都来自摄像机到达现场后的时间和空间，只有正在发生的生活才是电视纪实的素材内容。而所有这一切，是不可能事先想好的，这其中也包括采访主题的确定。

3. 全息思维

电视记者还要把握全息思维的特点。

全息思维是指电视记者对现场的各个领域都要留意和关照，对各种不同的信息形态都要保持高度的敏感。

全息思维的要求是电视采访的现场特性决定的。电视采访现场的信息呈现状态为立体、综合的"场"态，而非平面的"线"形。电视记者在采访现场必须注意采集不同形态的信息，包括行为、表情、声音、细节、环境、情绪和氛围等，这要求记者具备整体的时空观念。在采访中，摄像机镜头内外所有的细节都成为可能被记录的对象。此外，全息思维还包括：不同形态信息的综合与整合会产生增值效应，也就是说，不同形态的信息之间不是简单的相加，一个声音配以一个合适的画面会相互增值。

电视采访的优势之一是在采访中可以通过镜头记录和保持信息的鲜活性，但这也给电视记者提出了很高的要求。

著名的意大利女记者奥琳埃娜·法拉奇谈到采访工作时曾说道："每当我经历一次重大事件，或进行一次重要采访时，往往深感苦恼，就像隐藏在历史丛林中的小虫子那样，害怕缺乏足够的眼睛、足够的耳朵、足够的脑子，去看、去听、去理解这些人物。当我说在每次采访中我都会耗费许多心血，这一点也不夸张。"

在电视界，一度有“全感采访”的提法，即利用记者全部的感官，包括触觉、嗅觉、味觉等一般采访时不大常用的感官去进行素材收集。这种提法很有道理。电视记者在采访现场确实要调动全身的感官，才能抓到那些别人没能感受到，或没能表现出来的环境、细节与氛围。美国 NBC 的新闻记者鲁文·弗兰克认为，电视新闻具有“传达体验的能力，而不是仅限于报道有关体验的信息”。这就是说，电视在利用观众的感官上还有潜力可挖。

由雅克·佩兰执导，历时四年拍摄的纪录片《鸟的迁徙》，获得了第 75 届奥斯卡最佳纪录片提名，其中的许多经典镜头都是依靠记录者过人的感受力抓拍到的壮丽景观。作为旁观者的记录者，根本无法控制拍摄对象，四年的时间里无时无刻不是在进行对鸟类的“全息采访”，摄制组也正是凭借着对全方位信息的敏感获得了绝无仅有的精彩画面。

记者的感受力也是采访中信息收集量的保证。从一定意义上来说，在电视采访中，记者的感受能力、全息思维能力越强，采访的机会就越多。

4. 时效性思维

时效性是新闻报道的基本特性之一，新闻的可贵之处就在于它的“新”。从传统媒体时代乃至新闻诞生的那一天开始，抢时效就是新闻工作者最家常便饭的事，新闻媒体报选题、审稿件、做报道也以最基本的时效性为衡量标准。可以说，经历了新闻历史漫长的发展，对于时效性的追求仍旧是新闻行业最本质的特征。

融媒体时代来临后，电视新闻报道从形式独立存在的报道发展为内容整合、形式丰富、成体系、内在联系逐步优化的融合报道。新媒体环境在将报道细分为更具体多样的操作阶段的同时，又以其更为强大的整合速率推动着各个操作阶段的连接。也就是说，融合报道拓展了新闻形成方式的可能性，这一方面使得新闻产品面临更大的时效性挑战，另一方面又给予新闻报道一种更高时效性的可能。

融合报道环境下的新闻工作者不再是绝对意义上的“等候电话”的人，靠体力拼时效的做法同时也随着新媒体平台的搭建被逐渐削减。跨媒体环境下宽广信息渠道的搭建和受众自主性的提高，让新闻工作者的主动性也随之进一步提升。

在传统媒体时代，消息流通并没有如此快捷。在消息单线型传播到记者耳中而记者又赶赴事件现场的过程中，新闻的时效性已经大大削弱，甚至有很多重要的新闻消息碍于贫瘠的传播平台根本传播不出来，时效性更无从谈起。

在新媒体环境下，新闻工作者获得了近乎全方位的信息刺激。这一方面是基于社会传播大环境下的传播特征，另一方面来自个人的社交媒体消息推送。这力避了事件发生后由于闭塞周转，消息不能及时传递到新闻工作者那里的局面，同时也使记者不用事事出马求证，有效提高了新闻信息获取环节中的时效性。

来看一个小例子：2008 年 3 月美国大选之际，美国 ABC 以大选关键人物作为新闻话题，直接通过推特（Twitter）对候选人麦凯恩进行了采访，问题都经由推特发出，通过在线互动获取答案，从而非常及时地获悉了麦凯恩的个人意见和政治议评，并现场转播给了所有推特用户，免去了约定采访时间、布置采访环境、赶赴采访等更为烦琐的环节，更快地获取了信息。这种方式还能给一些采访对象更好的心理暗示（没有正对的录音笔和镜头，采访对象不易紧张，能畅所欲言，在这个案例中，更有利于采访对象塑造自己开放、乐观而随和的公众形象，所以往往能带给记者更多意外惊喜)。

【课堂讨论】

1. 电视记者应该具备哪些素质？你认为哪一项素质最为重要？

2. 讨论电视记者的平等意识、市场意识以及观众意识。

3. 如果现在你是一名电视记者，你将如何对待采访中遇到的红包、礼品、免费招待等不正之风？

【思考题】

1. 为什么说电视记者是一个集体的概念？在电视采访中，五种分工的职责是什么？重点在哪里？

2. 你是否同意以现场编辑为核心的电视采访机制？为什么？

3. 电视记者需要哪些技术素养？

4. 良好的政治素质会给一名电视记者带来哪些优势？

5. 有条件的话，收录中国的电视新闻栏目和西方国家（美国、英国或日本）的电视新闻栏目，进行比较分析。

6. 电视记者的形象思维特点体现在哪些具体方面？

7. 为什么电视记者还需具备理性思维、开放性思维、全息思维和时效性思维的能力？

【作业】

有条件的新闻院系以 5 人为单位组成摄制组，分成现场编辑、出镜记者、摄像师、录音师和灯光师，进行现场采访实习，轮换体验电视记者不同分工的职责。

第三章
寻找采访线索

电视采访的主体是记者，客体是采访现场。

电视采访就是主体对客体采取的一系列行为。电视记者在采访现场以采集新闻素材为目的的一切言行都属于采访活动。

电视采访的工作方式，不仅与电视技术和报道技巧有关，更重要的是，它反映着电视记者的电视观念、新闻意识、纪实精神等基本素质的水准。

无论从事哪种类型的采访工作，记者所需做的第一件事都是寻找采访线索。寻找采访线索依靠记者自身的新闻敏感。

首先，一名记者必须了解获取采访线索的各种渠道。

第一节　寻找采访线索的渠道

采访线索是指在新闻采访工作中，对记者的报道具有提示性帮助的信号、讯息和征兆等。采访线索有的是事件的始发阶段，有的是隐藏新闻价值的由头。

寻找采访线索，意味着新闻需要发现；发掘新闻价值，意味着仅仅发现线索是不够的。从线索到新闻的产生需要电视记者不断发挥主观能动性，发现和发掘线索中的新闻价值。

电视采访必须经过严格的选材，这是因为媒介有责任做以下事情：

(1) 使尽可能多的人了解他们有共同兴趣的东西；

(2) 准确地体现传播者的意图；

(3) 解决无数新近发生的事实与有限的播出时间的矛盾；

(4) 参与竞争、扩大市场份额。

当然，更重要的原因是，并不是所有的采访线索都具备新闻价值。

电视记者发现采访线索的渠道通常包括以下几种。

一、记者自己从生活中发现

其一，记者个体的发动和构思（reporter inception）。见下一节——“增强新闻敏感与形象敏感”。

其二，集体激发和构思（group inception）。

记者们在采访策划会上或私下聊天时，可以各抒己见、互相启发灵感，获得好的采访选题。电视采访是集体行为，每个人、每个工作岗位和环节都有自己独特的视角，发动集体的智慧会获得意想不到的采访线索，尤其是在采访现场，电视记者之间的互相激发是比较行之有效和必要的办法。

二、从政府各主管部门获得线索

由于政府制定发布国家政策，直接影响每一位老百姓生活的各个方面，因此政府就成为重要的信息发源地。在中国，媒体还肩负党和政府“喉舌”的重任，对于电视记者来说，加强与政府各有关部门的联系就更为重要。

第一，每一项新政策的出台都是重要的新闻线索。

像中国的《物权法》《侵权责任法》等重要法律法规的制定实施，银行利率、人民币汇率的调整等金融政策的变化，高校自主招生政策、手机实行单向收费等各种信息都必须从政府有关部门获得。这些都要求记者与政府部门建立长期的良好关系、保持随时的信息沟通。2004 年 4 月 5 日，《新闻调查》播出了报道《命运的琴弦》。节目介绍了时下高校实施自主招生政策的一些情况，采访到著名二胡演奏家宋飞。在讨论自主招生的公平性、合理性的同时，宋飞揭露了自己任教的中国音乐学院器乐系春季招生过程中的一些不公正行为，引起了广大观众对这一政策的关注。

第二，重大的政治事件需要传达政府的声音。

当国家发生重大政治事件时，政府的声音就成为报道的重要内容。外国政府政权更迭，世界各国对我国台港澳、西藏、新疆等敏感地区的政策变化，记者对政府新闻发言人的采访等都是重要的引人注目的新闻。

第三，主管部门直接提供新闻事件的线索。

像公安部门、工商部门、质检部门、环保部门等都是电视记者随时可能得到宝贵线索的地方。通过配合打假、追捕罪犯等行动，电视记者就可以做出精彩的报道。

2009 年 12 月 16 日，《焦点访谈》播出了《清除违规视听网站》的一期节目。节目策划背景一方面是国家有关部门正在大力开展的网络扫黄行动；另一方面是记者从广电总局获悉，相关部门持续清理违规视听节目网站，已关闭 700 多家，其中包括近 30 家 BT 网站，对网民的使用行为形成了影响，引起了社会的广泛关注。

三、从其他媒介中寻找线索

从其他媒介中发现选题是一种常规的寻找选题的方式。尽管新闻媒介都应该尽量采访第一手的新闻，但是，在当今的媒体大战中，任何一种媒介获取新闻线索的渠道都不应该局限于一己，这是因为在当今的信息时代，任何一种媒介都有自己的信息来源优势，在竞争的压力下，都会不自觉地从其他媒介中汲取对自己有益的成分。不懂得取长补短的媒体，必然要在竞争中处于劣势，或遭淘汰。电视的运作成本高，又追求时效，更需要从其他媒介寻找线索、发展线索，但需注意以下几点：

第一，不能原样照搬其他媒介的内容，而应该在报道角度和深度上有所发展。

1998 年，《新闻 30 分》的记者从《农民日报》上看到一条消息——《一种负担两本账》，报道内容为：安徽固镇张桥村存在两本账，一本专为对付上级检查，以掩盖农民负担的真实情况，另一本专为对付村民，用以乱收费、乱罚款。根据这一线索，《新闻 30 分》的记者到当地实地采访，了解到之所以存在两本账，根本原因是村务不公开，缺乏监督机制。在电视报道中，记者对报纸媒介的主题做了进一步的深化，不仅报道了两本账的现象，还就此进行了深入的分析，采访了村支书为何不公开村务，把矛头指向了两本账的背后。这条题为《安徽固镇：村民盼望村务公开》的新闻播出时，还配发了一分钟的编后语。新闻播出后引起了较大的反响，当事人受到惩罚，国务院下发了《关于在全国范围内推行村务公开的通知》。可见，其他媒介报道过的题材，电视还有再挖掘的余地。

第二，要将报道形式电视化，发挥电视的优势。

与电视相比，其他媒介的报道在形象化上总有不足。在很多情况下，观众看到报纸报道后，更想看电视的报道，亲眼见人见事。掌握这一点，电视采访报道的选题可以借鉴网络、报纸、电台、通讯社已经发过的消息。

例如，中央电视台财经频道《经济信息联播》中的资本市场扫描板块，运用了大量的图表、字幕等手段，将新近的资本市场动态和当日的实时情况清晰明了地展现给观众，尽管很多数字受众也可以从其他媒体上查询得知，但是这方面的信息电视化可以将资本市场的现状及近期规律展示得一目了然，图表、字幕等综合手段配以专业深刻的分析讲解，收到了很好的传播效果。电视报道在这些方面还有很多潜力可挖。

四、观众上访、来信、来电、E-mail 等提供采访线索

电视是依靠观众而存在的媒体，离开了观众，新闻就失去了传播对象。观众不仅是新闻的受众，也是新闻线索的提供者。实际上，社会生活像海洋一样纷繁芜杂，而一个电视台的新闻记者不过百十号人，仅靠他们的力量会失去很多的新闻线索。

首先，观众身边的新闻丰富多彩，取之不尽。

其次，观众所关心的新闻可以通过来信来电等方式让编辑记者知道，使栏目更贴近观众。当然，一个新闻栏目要想获得观众的信任，并使观众愿意为栏目提供新闻线索，需要栏目的记者编辑付出巨大的努力。

像《焦点访谈》一类的节目中很多批评性报道的线索都来自观众。比较典型的是，2009 年 8 月 14 日上午，海口的余先生在高坡村寻找租住房的时候，发现了一件奇怪的事。他看到几个男子在往一辆面包车上搬运口袋，而这些口袋还不时传出响动。当时余先生没

敢贸然靠近，而是继续跟踪，并给《直播海南》打了电话。通过栏目的曝光和协助，这几个人的犯罪窝点被查处，不法行为受到了惩治。正是因为余先生这样热心的观众，出了一条好新闻，一个好节目，并且救出了几十条生命。

从 2002 年 12 月上旬以来，《焦点访谈》不断接到观众来信来电，反映 12 月 2 日上午，山西临汾尧都区的阳泉沟煤矿发生了一起很严重的瓦斯爆炸事件。事故发生后，当地一些人没有如实向社会公布死亡人数，并且既不让新闻单位介入，也不让死者家属相互接触，其中也许存在严重的瞒报。《焦点访谈》节目组决定调查此事。记者曲长缨依据上访人的线索，两次探访事故现场，调查死亡矿工的家乡，经过行程三个省、历时半个多月的多方取证、艰苦调查，一个个被掩盖的逝去生命浮出水面。2003 年 1 月 12 日，《追踪矿难瞒报真相》正式播出，引起了社会上非常广泛的关注，取得了巨大成功。

最后，从信息来源的角度看，在媒介融合时代，电视新闻报道可以使用的消息来源和数据来源得到极大丰富，前者受益于社交媒体的蓬勃发展，后者受益于互联网开放易得的数据和便捷的分析工具。

凤凰卫视知名记者、2003 年在伊拉克战争中作为巴格达地区唯一的一名华人女记者进行现场报道的闾丘露薇认为：对于自己那样的新闻人来说，微博的好处在于，首先增加了消息来源，不管是速度还是广度；其次，多了一个传播的渠道。

确实，微博等社交媒体，作为一种更多元的传播信息的通道，已经越来越成为新闻工作者的一个巨大的新闻素材库和舆论观察窗口。这种新工具的便捷和强大体现在两个方面。一方面，这类新媒体融合媒体环境平台上业已留存和不断更新的海量言论、资讯，本身就可以成为深度报道的新闻素材。另一方面，其瞬息万变、覆盖面广的特点，又有利于新闻工作者及时捕捉新闻由头、挖掘具有深刻的民意背景的选题，做出贴近时代脉搏的有深度的新闻报道。

社交媒体可以提供很多新闻背后的素材，而这些背后的素材中很大一部分原先是不可能以新闻的方式出现的。微博提供了更多的消息来源，它们来自记者的第一手资料，来自当事人，来自旁观者。在社交媒体等新的信息平台出现以前，新闻工作者取得新闻的来源很大一部分是同质的，比如对事件当事人的追访、有关部门的新闻发布会等等。而现在，社交媒体为深度挖掘更多的素材提供了更多的补充。而当事件发生之后，一些当事人也利用微博来作为自己的发声平台，比如唐骏学历造假事件，当事人很快通过微博来做出自己的回应，而且这些回应会成为媒体进一步跟踪的来源。利用新媒体，从海量的声音里面挑出有价值的东西，利用记者的专业素养和能力去进行求证、整理、跟踪，这非常有利于报道向更广的素材整合、更深刻的因果分析、更客观平衡的叙述等等深度报道所追求的目标前进。

有了无所不包的互联网，以及全球范围内的信息公开运动，我们得以发掘出海量的数据信息，而大部分信息，包括政府、消费者团体、慈善机构、科研院所以及商业公司在内的机构发布的信息，在以往是难以获得的。比如我们能访问特定地区的政府和科研机构网站，轻松获得该地区的详细历史气候、人口、卫生等等信息；又比如我们可以轻易获取任何一家上市公司的历年财报和产品数据等等。

除了信息的公开，在海量信息中揭示出有新闻价值和深度的部分，则需要记者具有问题意识。举个例子，面对“为什么快餐店不能刷信用卡?”这样在问答类网站出现的问题，记者可能需要先了解银行向餐饮行业收取的刷卡手续费率、分配比例，以及相关政策走向、各国的具体情况等等，这都需要通过数据搜索和挖掘，以便呈现出翔实、深入、周全的数据信息。

从公开的数据信息中，通过方便易用的分析工具，记者就能发掘出某一新闻事件或者话题的不同时间和空间信息的内在联系，使报道具有更多的知识内容，这在以往是不可想象的。

五、巡回采访

在不少国家，电视新闻部设有巡回采访车，不停地在城市的大街小巷中巡行，并用呼叫器与采访组随时保持联系，遇到突发事件，可以让离现场最近的采访车前去抢新闻。这种情况在我国虽然不多见，但也已出现，一些城市电视台的社会新闻栏目就设有专门的巡回采访车。

六、后续新闻线索

电视记者还可以在新闻现场发现新的采访线索或根据已经播发的新闻做追踪式报道，这些内容我们将在后面的章节中做详细介绍。

第二节　增强新闻敏感与形象敏感

从某种意义上说，新闻敏感、采访线索和新闻价值，这三个概念对于电视记者而言是结合在一起，密不可分的。

一名记者的新闻敏感体现在他发现采访线索的能力上，而发现采访线索又需要记者对采访线索的新闻价值做出迅速的判断。

电视记者仅有一般媒介记者的新闻敏感是远远不够的，由于电视通过具体的形象来传播信息，因此，电视记者必须具备特有的形象敏感。

电视记者发现采访线索的过程，也是利用新闻敏感和形象敏感观察生活、思考生活、解释生活的过程。

一、新闻敏感与采访线索

新闻敏感是指记者及时发现新闻线索以及对人物、事件等新闻事实的新闻价值含量进行迅速判断的感知能力。

新闻敏感是记者随时随地发现新闻线索的特殊能力，也是记者的职业特征。记者对新闻的敏感就像饥饿的人对食物的敏感一样——无论是闻到食物的香味，还是听到有关食物的对话，饥饿的人总能比一般人更敏锐地感觉到食物的存在。优秀的记者能从日常生活中“闻”到新闻线索。这也就是西方新闻界所说的“新闻鼻”“新闻嗅觉”。

美国哈伯德广播公司董事长斯坦利·哈伯德认为，一名电视记者之所以合格，并不是因为他曾经在大学里读过新闻专业，也不是因为他过去曾在某个地方做过记者，而在于新闻敏感。他强调，由于制作电视节目的时间有限，电视记者若求成功，必须具备真正的新闻敏感。

无论科技怎样发展，媒体如何更新，新闻敏感都将是所有的新闻工作者必须具备的基本素质。正所谓“巧妇难为无米之炊”，而新闻生产中的“米”就是记者采集的素材。传播技术的发展、传媒生态的蜕变使得受众需求不断变化，这也对记者的素材采集工作提出了更高的要求。我们可以将融合报道对于记者素材采集工作的要求概括为两点，即采集渠道的多样化和采集方式的多媒体化。

传播手段的日新月异有目共睹，新的传播方式和终端平台不断涌现，这使得记者不能再墨守成规，单纯依靠“跑”来完成素材采集的任务。除了“跑新闻”这一古老的方式之外，记者更应该关注新兴传播方式，将新闻的触角伸向身边存在的几乎所有传播渠道和接收终端，以达以逸“代”劳、以巧补拙之功。

就传播方式而言，除了电视、报纸和网站外，以新浪微博为代表的社交媒体正成为媒体记者们关注的新宠，其为其他媒体设置议程的作用日益显现。无论是“钱云会案”，还是“方韩之争”，微博不仅成为各方争论的主战场，也成为事实发布和观点表达的最为迅捷的平台。对于等米下锅的各路记者而言，学会使用微博，利用微博发现新闻线索，第一时间获取最新进展很可能成为“必修课”。

就传播平台而言，移动互联网的发展使得智能手机和便携平板电脑迅速普及，并崛起成为重要的新闻接收终端。苹果的 IOS 系统和谷歌的安卓（Android）系统平分秋色。双核处理器加上不断升级的操作系统，使智能手机真正跨入“智能时代”。移动终端功能的改善推动了以移动终端为平台的新闻产品的发展。新浪、网易、搜狐等门户网站都推出了基于智能手机或者平板电脑的客户端，内容滚动更新并实现实时推送。传统媒体也不甘落后，纷纷推出自己的移动互联网终端应用。而平板电脑和智能手机的普及更使得微博等社交网络服务（SNS）迅速发展，使得“随时随地发现新鲜事”真正成为可能。

在新闻竞争日趋激烈的当下，记者掌握最新的传播平台，以满足自己随时随地的信息需求就显得尤为重要。记者可以通过智能手机实时跟进微博上新闻事件的最新进展，或者利用平板电脑关注各大网站的即时新闻，以发现新闻线索，或为报道搜集背景资料。因此，对于记者来说，智能手机、平板电脑等最新的移动终端并不是奢侈品，而是必需品。

记者直接利用在最新的传播平台上发现的新闻线索及搜集到的相关资料作为新闻素材，充实到自己的报道中去，能使既有的报道形式更加完整，内在逻辑也得以延续，最关键的是，节约了记者亲力亲为的时间，这些素材就是现成的有效资源。

那么这里说的新闻素材到底是什么？素材是指自媒体或者其他媒体对于某件事情或者某条新闻已经有过调查、整合的较详细信息，或者是融媒体中已经产生的那些与自己报道主题相关联的多媒体资料。

例如，当记者在做关于“名人之间的口水战”的报道时，既需要在最短时间内搜集到并提供读者感兴趣的相关者的资料，又需要避免直接从网络百科里复制无效信息，这时候，记者可以通过其他媒体对这些人做过的独家报道、网络论坛里对这些人的舆论意见、社交媒体里部分用户自发担任“公民记者”发布的言论及掌握的资料，甚至国外媒体的资讯来获取素材。这些素材一则具有独特性，往往能震撼受众；二则减免了记者事必躬亲去层层递交申请获取采访许可、准备采访事宜的冗长时间，因为一些媒体、个人已经做过同样的事。更有甚者，类似于突发事故现场，目击者传出的图片视频素材将具有完全的时效性，因为记者几乎不可能赶往现场亲自获取这些转瞬即逝的素材。

这实质上是新闻工作者通过更加广阔的新媒体信息平台实现了“到不能到之地，历不能历之事”，获取第一手的素材资料，并且运用到自己的融合报道中去，再以形式丰富的跨媒体报道呈现出来，即信息在新媒体之间有效转移。一般来说，最先知道突发事件消息的人一定是在现场的人，而不是任何新闻机构，我们便可以利用这一点，基于新媒体平台共享这些当事人发出的信息资源，将其用到报道中。

另外，新闻工作者可以通过舆论观察获得话题，即新闻的由头，进而组织展开采访。

在传统报道环境下，记者获取新闻由头的渠道相对单一（多为线性获取，如电话热线、线人报告等），新闻由头在传播到记者耳中前经历时间也相对较长，信息辗转、丢失较多，清晰度降低。许多记者在获取需报道主题后仍不能清楚地开展工作，准确进行有效行动更是下一步的事了。从这个角度讲，不管是由头传递的时间还是新闻工作者的反应时间都具较长时滞，新闻时效性受到了极大影响。

而新媒体环境下的融合报道则具有明显的不同之处。

案例

李开复：“再见，谷歌”

2009年9月4日，李开复在其微博上发了一条简短的状态：“再见，谷歌”。这是一条信息量丰富且亟待深入挖掘的爆炸性消息，之前甚至没有任何预兆。微博上的新闻人敏锐把握到这条消息背后的市场，即刻组织专题组跟进及挖掘了这条消息，成功抢到一个有吸引力的报道主题。专题组尔后密切关注李开复自己在微博上更新的消息，并进行专题更新，以李开复的言论为导向决定新闻报道的走向。李开复离开谷歌创办创新工场的消息就这样被近乎完整地报道出来并且产生了轰动效应。可以说，这次报道由一条状态引发，紧随后续状态跟进，几乎不存在时滞、不确定性和信息本体的丢失、曲解，高质亦高效，成为典范。

新闻敏感并非天生，它需要后天的培养，作为电视记者，首先必须熟知新闻价值等新闻学的基本原理和规律。只有了解新闻学的原理和规律，才能迅速而准确地判断某一事实和线索是否有一定的报道意义，并预见新闻事实在报道中将起到的作用。

新闻价值是指一个事实所包含的足以构成新闻的各种特殊素质的总和。它一共有五个公认的要素：及时性（timeliness）、接近性（proximity）、显著性（prominence）、重要性（significance）、人情味（human interest）。

依据这五个新闻价值的要素，电视记者可以对一条采访线索进行新闻价值的判断，也可以根据这五个要素去主动地寻找线索、发掘线索背后隐藏的新闻价值。

电视记者要善于利用新闻敏感，从生活中发现新闻线索。

个人生活经验和阅历的积累是新闻敏感的重要组成部分，它使电视记者善于从身边的各种现象中，直接发现线索。

2007 年，英国天空电视台播发了两期专题报道，披露英国每年向中国倾卸大量垃圾废物，已对中国一些地方的环境造成了严重污染。记者何丽·威廉姆斯偶然在中国的垃圾堆里看到了英国最有名的超市特易购的塑料袋、常见的牛奶瓶和食物包装袋。在 2006 年 11 月的第一次采访中，何丽在垃圾堆里扒拉出一个写有收信地址的信封。何丽按照信封上的地址，找到了信封的主人。男主人彼得从何丽的采访中得知，自己严格分类处理的垃圾，竟然漂洋过海到了中国，并且正在以一种对环境极为有害的方式被处理，他对此感到既惊讶又生气。这些报道发出时正值世界开始高度重视环保主题，在英国和中国都产生了强烈反响。

新闻敏感经常会成为记者的职业习惯，使其对生活中一般人不注意的现象给予特别的关注，这也是发现采访线索的重要途径。

1998 年秋，东航一架客运飞机因起落架放不下而迫降上海虹桥机场。当时飞机在机场上空盘旋，机场及上海市委领导在下面紧急部署，为了救援而隔开了一条机场通往市内医院的道路。上海东方电视台的两位记者在外出执行任务的归途中，看到机场路堵车，对新闻事件的特殊敏感使他们判断：一定是机场出了事。于是这两位记者立即一边用电话联系，一边掉头就赶往机场，参加突发新闻的抢拍，并拍摄到了不少珍贵的画面。

任何一名合格的记者都应该具备独立发现采访线索的能力，也就是说，记者不能光靠其他媒体或光靠编辑部提供线索。随时从自己身边的凡人小事中发现别人感知不到的新闻线索是新闻敏感最为直接的体现。

二、形象敏感与采访线索

所谓形象敏感，是指电视记者认识和评价形象的价值、寓意，并运用形象概括现场的能力。

在采访现场，电视记者除要迅速判断现场诸要素的新闻价值之外，还必须在现场找到能够表现和负载新闻价值的形象来加以体现。缺乏饱含信息量的形象（画面形象和声音形象），电视采访是失败的。

形象本身就是新闻的来源之一，电视采访区别于其他媒介的一点也在于它更多地依靠形象传播信息。

电视记者的形象敏感与其艺术修养的高低密不可分。电视采访的过程是发现和直觉的过程，也是体验、表现和想象的过程。

形象敏感需要专门的训练。正如美国人德里克·多伊芬格在《看的艺术》一书中所说："在你的生活中，那些熟悉而普通的事物绝少引起你的注意。而它们的力度恰恰蕴藏在这种普通与熟悉之中。当你能够以一种激发起人们的感情的方式拍摄它们时，观赏者们会因为这些东西的无比平凡而加倍地动情，谁都会感到出乎意料。这些东西犹如一个文静的小孩，走过大街消失在他的小木屋里，谁都不会在意，直到有一天你走过他的木屋，听到从里面传出了巴赫的协奏曲时，你才会注意到他。谁曾想到这小孩还有这一手呢？"

电视记者要时刻意识到电视媒介的自身优势，善于从形象中发现采访线索。那些由形象带来的采访线索，相对而言，更加有利于电视手段的记录和表现。因此，电视记者要善于发现由形象带来的新闻线索、题材。

有时，记者对形象素材的价值判断能力来自记者的生活阅历以及对生活的理解。一名电视记者在拍摄讲述一个残疾人家庭生活的节目《生活空间·姗姗六岁半》时遇到了这样的情况：由于家庭中的爸爸妈妈都是聋哑人，而女儿姗姗却是正常人，因此，父母和女儿姗姗之间的对话全靠无声的手语。摄像师在拍摄家庭中的这些日常对话时，常常拍了女儿姗姗的比画之后，却不知道该什么时候将镜头转向爸爸，等摄像机迅速摇向姗姗的爸爸时，聋哑的爸爸却不知何时早已停手了，记录手语对话经常出现失败。在这里，对手语的不了解造成了记者对形象的判断完全失去了依据。

记者对采访对象的生活或阅历过于陌生，会给拍摄带来困难。记者自身的生活阅历会直接影响记者对不同的采访对象的理解，从而影响记者在现场所拍素材的质量，进而影响片子的主题深度。因此，年龄和经验对于电视记者来说是财富。

任何有视力的人都会不自觉地对周遭的世界进行形象的搜寻。鲁道夫·阿恩海姆认为："这现成的世界不过是知觉中那些最典型的过程得以施展的现场，人们的目光在注意机制的指导下对这个世界进行扫描。"[①] 而电视记者的这种"扫描"工作具有明确的目的性，它是在新闻价值、审美价值的指导下进行的以传播为目的的搜寻。

电视记者应迅速而准确地判断画面和声音形象的新闻价值及所负载的内涵意义。在很多情况下，电视记者对形象进行价值判断的同时，就是发现新闻线索的过程。

在第二章里，我们详细介绍了电视采访的现场构成要素，它们包括典型人物、事件情节、氛围心态和环境细节等。电视记者的新闻敏感和形象敏感还体现于对采访现场的诸多事实、要素做出即时的判断、选择和记录。

---

① 阿恩海姆．视觉思维．北京：光明日报出版社，1987：57.

以 2008 年抗震救灾的电视报道为例：

一名电视记者在接到这一采访任务时，首先需要进行的工作就是根据零散的、模糊的新闻线索选择采访地点，如前方传来的“某某地方灾情最严重”“某某地方出现英雄人物”等简单的消息——通过各种渠道获得这些线索也是检验电视记者新闻敏感的第一步。

到达采访现场后，电视记者必须对现场构成的诸要素进行即时的选择、判断和记录，哪些内容需要用镜头加以记录？哪些内容需要用镜头加以重点表现？哪些形象素材最具新闻价值？这些判断都是在极短的时间内完成的，这是检验电视记者新闻敏感的第二步。

在 2008 年抗震救灾的电视报道中涌现出的一些精彩画面，充分说明了它们的拍摄者优良的新闻素质：

(1) 丧失亲人后仍然奋斗在抗震救灾一线的女民警蒋敏累倒（见图 3-2-1）；

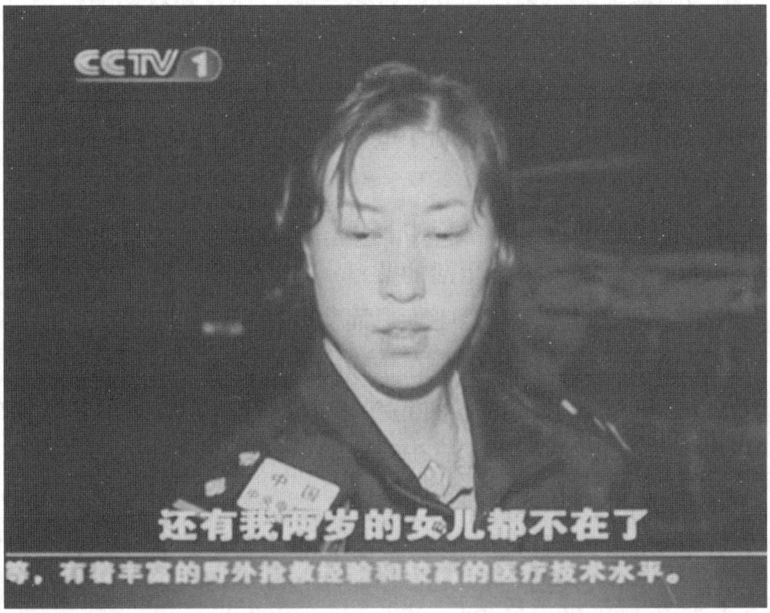

图 3-2-1 珍贵的镜头——抗震救灾一线女民警蒋敏接受采访

(2) 敬礼娃娃；

(3) 地震后几天，成都街头献血点前排起长队；

(4) 女孩宋欣宜被救，总理让路；

(5) 总书记讲话遇到余震面不改色……

这些镜头之所以珍贵，是因为拍摄这些画面，不仅需要记者及时赶到新闻现场，还要在到达之时就开机记录。电视记者对新闻事实的选择和记录，其主要内容是形象素材。因此，电视记者的新闻敏感也就体现于记者对形象素材所含新闻价值的选择和判断中。

拍摄于 1984 年 10 月国庆节的一幅题为“小平您好”的照片获得了 1984 年最佳新闻照片奖和 1984 年全国好新闻作品特等奖，这幅照片在今天也很有名。在庆祝中华人民共和国成立 35 周年阅兵式上，走过主席台的大学生们自发地打出了“小平您好”的横幅。

但是，为什么参加国庆采访的200多名摄影记者却只有三四个人拍下了这珍贵的历史镜头呢？简单分析一下：1984年，人们的观念还不够开放，当时，有的新闻记者对参加游行队伍的大学生们五颜六色的着装和不统一的步伐还颇有看法，甚至游行后，有关部门还曾追查“小平您好”的横幅是怎么偷带进队伍的——可见，对形象的认识不是孤立的，它需要记者对形象所负载的信息价值有所判断，这也是形象思维的要求之一。

某电视记者拍摄一个关于京城乞讨现象的节目，但很长时间以来一直没能拍到对乞丐们的镜前采访。原因是乞丐一见记者的镜头就跑，采访不到。唯一一个接受采访的乞丐在镜头前很不配合，他一边拍打着话筒一边吼道：“我一天要了100万，1 000万，你管得着吗?”记者认为这组采访的同期声是失败的，不能用。

实际上，这就是记者的新闻敏感和形象敏感不够的表现。见记者就跑和拍打话筒吼叫本身就是形象内容，正表露了一些乞丐的真实心态。按理说乞丐是社会中的弱者，本应希望得到人们的同情，为什么要么怕接受采访，要么对着镜头吼出那样“此地无银三百两”的话来呢？观众会由形象而生发思考。电视记者在采访中经常会遇到这样的情况，如果记者拍不到，或者拍到了精彩的画面自己却还不知道它的价值、不会运用，是比较可惜的。

电视记者还要对声音形象保持同样的价值判断。电视记者对声音形象的敏感和价值判断能力是值得拿出章节专门加以强调的，这是因为电视记者对声音不重视的情况比较普遍。

电视记者对采访现场的形象要格外敏感，新闻线索往往就隐藏在现场的各种形象之中。

1989年6月1日中午，河北电视台的一位记者采拍完省会儿童欢度“六一”的新闻片，在驱车返回单位的途中，看到街上影院赫然高挂的“庆祝六一儿童节”大条幅下，电影预告牌上却是渲染凶杀、色情、武打等内容，而且标上了“儿童不宜”的字样。一些孩子头顶烈日徘徊在售票窗口。记者敏锐地抓住了这一形象，扛着摄像机跑遍了市内各大儿童影院，《儿童节不见儿童片》的电视新闻诞生了。该片荣获1989年度全国优秀电视新闻一等奖。

2007年的冬天，一位央视记者在每天上班的路上发现有些树冒出了新芽，觉得奇怪，到办公室查询相关资料发现那一天是北京历史上同期气温最高的一天，该记者将这一信息配以路边树木发芽的画面在早间新闻播出，抢在国家气象局的官方统计之前，得到了观众的认可，取得了非常好的传播效果。

对于电视记者而言，从采访现场看到的情景中即刻做出价值判断并赋予形象以意义，这正是电视记者的新闻敏感和形象敏感共同的要求。

第三节　发展新闻线索

电视记者的新闻敏感不仅仅体现在善于发现新闻线索上，对于那些优秀的电视记者来说，善于发展新闻线索是更高的要求。此外，发展新闻线索也是继续发现更多更新的新闻线索的过程。

在电视采访中，无论前期的策划如何周密，都不可能和实际中的情况完全一致。

一般来说，电视采访从前期的准备到最后的现场实拍之间都要有一些调整，这是由以下原因决定的。

首先，现场的情况与文字资料上的介绍、事先的想象都会有出入。

其次，电视采访要落实到画面上，采访中的事件和主题都需要寻找具体的形象来负载需要传播的信息，这一过程在电视采访中不能事先预定，而只能在现场完成，这是电视采访与其他媒介采访的不同。

列宁说："河水的流动就是泡沫在上面，深流在下面。然而就连泡沫也是本质的表现！"① 列宁认为，表象的东西是本质的一个规定，本质的一个方面，本质的一个环节。本质具有某种表象。表象是本质在自身中的表现。因此，事物的表象与本质并不是截然分开的，本质是事物的某一表象与某一抽象规定的概念的吻合。深一层的本质，必有深一层的表象，及其与细小概念的吻合。如分子是由原子构成的，原子则由原子核和不断绕其旋转的电子组成，原子核里又有质子和中子……要深入感知事物的内部结构层次的情况，就要用解剖、透视等各种直接观测或间接观测的方法，借助各种科学仪器，从现象上证明其存在，这就离不开按层次深入的形象感受了。在电视采访中，记者在现场看到的大多只是事物的表象，要想得到真相，记者需要采用"解剖""透视"等手段。具体到实践中，则需要电视记者从最初的新闻线索中发现新问题，发展线索，一步步接近新闻事实。

美国哥伦比亚大学的新闻学教授麦尔文·曼切尔教授认为，记者在采集事实的过程中就如同一个勘探者，他要挖掘、钻探事实真相这个矿藏。记者的工作就是寻找隐藏在表层之下的真相。以报道丑闻著称的美国记者林肯·斯蒂芬斯说，记者的任务是"让光线和空气透过来"。报道是一个通过观察、推理和核实而进行的采集事实的过程。这些事实组织在一个新闻报道之中，就可以给读者和听众一个关于某事件的完整的说明。曼切尔教授还将报道分为三层：

第一层是客观的报道。它只是严格地照抄、照搬原始记录、发言、记者招待会等材料。第一层事实采集如同新闻工作的露天采矿。记者并没有把矿井挖到事件的深层去，而是满足于使用表面的材料。

在第二层报道中，记者则不再满足于只做记录，他们要核实材料，增补事实，并且把自己的知识也作为报道的事实来源。这些记者的工作，都超出仅仅传达消息来源控制和提供的情报的范围。他们或者核实情况，或者提供遗漏的事实，或者解释复杂的事物，或者廓清模糊的思想。

就像挖矿一样，记者代表受众不仅仅满足于知道发生了什么，还想知道这些事为什么发生、它们意味着什么、结果又是什么，在获取这些不能直接得到的事实时，记者的采访

---

① 列宁．哲学笔记．北京：人民出版社，1974：134.

报道就进入了第三层。这种报道也称为“解释性报道”。①

电视采访的现场特性之一是稍纵即逝、随时变化，它决定了电视记者在采访现场必须保持高度的新闻敏感，随时调整自己的采访重点甚至采访主题。对现场变化采取相应的应变措施，是深入挖掘线索所含新闻价值的必由途径，也是检验一名电视记者水准的有效标准。

世界上的万事万物都在不断的运动和变化当中，对于电视记者来说，新闻就来自这些发展变化。记者要善于了解变化、善于分析变化。这些变化和发展隐含着丰富的新闻价值。此外，每一条采访线索背后都可能还隐藏着更多的新闻，一名优秀的记者凭借自己的新闻敏感，可以做到化腐朽为神奇，将一条普通的线索发展为一条重要的新闻。

以下面两条报道为例：

2004年，沿海主要加工业省份都出现了不同程度的招工困难，央视《新闻30分》以“各地出现民工荒”为由头，通过记者在几个工厂和劳动人才服务中心的采访，报道了基本情况，虽然也点到企业几年不提高民工工资的原因，但终归没有引起太大影响。

另一篇报道则是2004年8月20日《新闻30分》的同题报道，以“新生代民工不当沉默羔羊，民工荒背后有双市场的手”为主题。报道语言生动，立意深刻，不仅报道了信息的基本面，更是指出基本面背后市场价格的调节作用，从经济规律、年轻一代民工的文化水平和思想观念来揭示，有深度，也能引起观众的思考。

我们可以看到，在新闻采访现场，很多的新闻线索只是由头而已，它们就像冰山露在海面的一角，水下的真相就要靠记者在现场去积极地发现了。

新闻事件有多个视角，找到电视新闻的切入点一般要在现场完成。

一个电视摄制组到广西博白县民政局采访，原定计划是反映当地两年前个别领导在社会福利有奖募捐活动中收受贿赂被查处的事情。然而，当记者到达博白县时，发现当年受贿事件的主角、博白县民政局副局长朱辉爵竟然不在他本该在的地方——博白县看守所，他早在一年前就办理了取保候审手续，现在“不知了去向”。

采访线索与原定计划发生了重大变化。此时该地的司法和执法问题成了更有新闻价值的采访内容。

于是，记者采访了负责此案的博白县法院刑事审判庭庭长周越。此人居然在镜头前大放厥词，说什么法律“只防君子不防小人，对小人也没有办法”“法律是这样说，但我们同志他们（派出所）也没用”。当被记者问到朱辉爵的下落时，此人反问道：“你是在问我吗？”

意外的现场变化成了这则报道的转折点——根据现场情况及时应变，结果采访报道的不只是受贿案，还进一步揭露了司法的腐败。

发展采访线索的本质是记者根据生活自身的逻辑发展主题，它更能体现电视记者的新闻敏感特殊性。

---

① 曼切尔．新闻报道与写作．北京：中国广播电视出版社，1981：120.

【课堂讨论】

如何增强新闻敏感和形象敏感？

【思考题】

1. 获得新闻采访线索的渠道有哪些？新闻敏感对新闻线索的获得有何重要性？
2. 对从其他媒介上找到的线索，在电视采访时要做哪些调整？

【作业】

1. 以所在校园为范围，采用本章中介绍的各种方法寻找新闻线索，教师组织班级讨论，最后点评。

2. 学生先在校园里寻找一条新闻线索，以此为起点，进行发展新闻线索的练习。最后比较最初的新闻和经过深入调查之后发展的新闻之间的区别。由老师进行课堂讲评。

附　录

以下是一份由中国人民大学新闻学院与美国丹佛大学传播学院教师合作研究完成的报告《报道者与被报道者：中美电视新闻之比较》的一部分，从中美两家电视台的新闻栏目的选题和采访线索的来源等方面做了比较研究，它或许能从一个侧面提醒中国的电视记者今后的发展方向。

（1）比较内容：收录同一时段新闻节目。分别为中国中央电视台（CCTV）《新闻联播》与美国广播公司（ABC）《今晚世界新闻》（World News Tonight）自 1998 年 5 月 6 日至 5 月 12 日共 7 天播出的节目，这两个栏目的时间长度、重要性等具有对等性。

（2）经过数据统计和样本分析，得出的结论中与电视采访有关的内容如下：

ABC 的第一报道主体是重要问题。

CCTV 的第一报道主体是显著人物。

谁是最重要的被报道主体是衡量新闻价值观的一项重要标准，研究者从《新闻联播》的 183 条新闻样本和《今晚世界新闻》的 89 条新闻样本中选取了 5 个主要的报道方面进行数据统计，结果如下：

《新闻联播》与《今晚世界新闻》被报道主体对比分析

被报道主体		栏目		总体
		新闻联播	今晚世界新闻	
显著性	数量	89	19	108
	所占百分比	48.6%	21.3%	39.7%
重要性	数量	47	37	84
	所占百分比	25.7%	41.6%	30.9%
冲突性	数量	1	3	4
	所占百分比	5%	3.4%	1.5%
人情味	数量	1	5	6
	所占百分比	0.5%	5.6%	2.2%
影响面	数量	10	2	12
	所占百分比	5.5%	2.2%	4.4%
总体	数量	183	89	272
	所占百分比	100%	100%	100%

显著性：指政界、商界、娱乐圈等领域的知名人士。
重要性：与大众或社会利益密切相关并对大众或社会产生重大影响的问题（如犯罪、税收、外交等）。
冲突性：天灾人祸所带来的问题、灾难、争议或论辩。
人情味：以普通人的经历、动物、孩子为报道对象，常以特写形式出现。
影响面：涉及大量人员、大量资金的事件。

两档节目对知名人士的关注程度和对重要问题的关注程度正好相反——

《新闻联播》对知名人士的关注程度（48.6%）比《今晚世界新闻》对知名人士的关注程度（21.3%）高一倍；

《新闻联播》对重要问题的关注程度（25.7%）差不多是《今晚世界新闻》对重要问题的关注程度（41.6%）的一半。

此外，报告还得出两个新闻栏目在第一新闻来源方面的不同：ABC的第一新闻来源是专家，而CCTV的第一新闻来源是官员。

统计结果显示，政府官员是《新闻联播》最主要的新闻来源，占88.9%；普通市民是《今晚世界新闻》最主要的新闻来源，占43.6%。

据分析，造成这一不同的原因是，《新闻联播》的第一报道主体是知名人士（显著性），所以时政新闻是它的重头戏；《今晚世界新闻》的第一报道主体是与大众密切相关的问题（重要性），所以社会新闻成为其主要内容。

第一报道主体的不同又是由两家电视台的性质、功能和观念的不同造成的。以ABC为例，它是一家私营商业电视机构，广告是最重要的经济来源。《今晚世界新闻》长30分钟，在播出过程中通常有5次左右的广告的插播。广告量与广告价格都直接与节目的收视率有关。所以，商业电视不得不追求高质量节目——高收视率——高广告收益——高质量节目的循环模式。其中，符合观众需求的高质量节目是循环的关键。观众多意味着收视率高，意味着可以继续发展和提高节目的广告收入。因此，ABC非常注重《今晚世界新闻》中新闻价值诸要素中的“接近性”，它的很多采访报道与普通观众的生活十分贴近，如青少年犯罪问题、女性与艾滋病、政府如何花纳税人的钱、汽油价格问题、青少年吸烟等等。在报道政府如何花纳税人的钱时，主播还特别强调“这是你的钱”，加强观众“受到重视和自我发现”的意识。《今晚世界新闻》的“重要问题”就是以观众为中心的“重要问题”。在目前中国的电视新闻节目中，记者编辑的观众意识也在逐步加强。尤其是像中央电视台《新闻30分》《晚间新闻》《现在播报》这些近几年新开播的新闻栏目，观众意识比较强。这也是中国市场经济大趋势中的必然。随着中国经济改革、政治体制改革的进一步深入，电视台将越来越向企业化、商业化发展。在这一前提下，加强新闻记者的市场意识、观众意识、竞争意识等，都将是不可阻挡的必然趋势。①

---

① 以上材料主要摘录自中国人民大学新闻学院教师钟新和美国丹佛大学传播学院玛格丽特·汤姆森副教授合作的研究报告《报道者与被报道者：中美电视新闻之比较》，收入本书时做了一定的改动和述评。《新闻学论集》编辑部．新闻学论集：第17辑．北京：北京出版社，1998：73.

第四章

电视采访的整体策划

电视采访是一个系统工程，它需要参加现场拍摄的记者对采访进行精心策划。可以说，策划是电视采访特点所提出的特殊准备要求。

所谓策划，是指记者对自己的采访行为进行优化和选择，以保证以最佳方式取得第一手材料的事前准备活动。策划是解决电视采访中主客观矛盾的需要。

从本质上说，策划也是电视采访所必需的超前编辑意识的直接要求和体现。

电视采访的结果一般以电视节目的形式播出，现场获取的素材将直接作为节目内容播出，这就要求电视记者在采访时不能光想着采访，还必须考虑后期的片子结构、报道形式乃至节目风格等编辑因素，电视记者在采访过程中必备的这些编辑意识也是整体策划的要求。

作为一名电视记者，策划和编辑意识都必不可少。实际上，随着电视新闻事业的发展，任何一名电视新闻工作者都应该努力向“通才型”发展，成为一名各项技术、各个工种都“拿得起来”的记者。

电视记者的编辑意识包括几个基本的方面：首先，电视记者在拍摄形象素材时，要充分考虑它们在后期编辑时的运用；其次，电视记者在新闻采访中要为后期节目的新闻价值的深化和体现做好形式上的准备。

早在《后汉书·隗嚣传》中就有“是以功名终申，策画复得”的记载。这里的策画，就是策划之意。中华民族有做事计划周密的优良传统，古语云：“凡事预则立，不预则废。”此处的“预”也有策划之意。策划一词在市场营销领域用得比较普遍，在市场营销界，策划是指“通过全新的理念和思路，对生产力各要素重组整合，使之产生 1+1>2 甚至原子裂变式的市场效应或经济效益”[①]。策划也是一种对现有生产要素的“整合”，这是市场营销界中策划概念的精髓。20 世纪 90 年代初，中国电视新闻界开始接受“策划”的概念。相当长的一段时间里，电视理论界不愿意承认新闻中的策划，但现在看来，在实践中，经过周密策划的电视采访获得成功而又不违背新闻规律的例子很多。相反，倒是缺少策划的采访经常失败。由此可见，对“策划”明确提出并加以研究只有好处，没有坏处。尽管争议之声一直不断，但到今天，越来越多的电视新闻工作者已自觉接受了这一概念和做法。

---

① 薛景应．谋事在人．海口：海南出版社，1998：3.

第一节　整体策划的意义

策划对于电视采访来说不是一个可有可无的环节，无论采访的复杂程度如何，良好的策划都会使一次电视采访进行得更为顺利。从实际效果来看，策划对于电视采访来说，可以说是特殊而必要的准备过程。

一、策划的必要性

电视采访必须有一定的策划，这是因为：

第一，策划是获得采访机会的需要。

在有些情况下，记者难以接近采访对象，或者采访对象太忙，无暇接受采访。这时，记者如能获准采访就是成功，尤其是一些政治人物或者比较重大的场合，大多数记者只能远远旁观。记者如何把握好机会接近采访对象并获得采访许可，需要精心策划。

2007 年 10 月 27 日《经济半小时》播出了一期《倾听巴菲特》特别节目，记者付豫对美国著名投资家、企业家巴菲特的专访收到了很好的效果。但在那之前付豫与巴菲特并没有过沟通，听说他来中国以后，就直接冲了过去，结果四处碰壁。后来辗转通过他在大连的投资公司总部的董事长、以色列人艾坦做了一些工作，通过艾坦引见后才几经周折争取到采访机会。

节目播出以后反响很不错，于是付豫制作了一张英语版的光盘给巴菲特寄过去。巴菲特收到光盘很高兴，还回信赞扬了节目。又过了一段时间，巴菲特召开 2008 年度股东大会，主动邀请付豫参加，并且说年会开始之前会给她一段短暂的采访时间。由于记者自身的礼貌、周到和精心策划，又一次珍贵的采访机会来了（见图 4－1－1）。

第二，电视采访是一个协同作战、分工合作的过程，没有事前的周密策划，面对复杂的现场，各工种之间很难配合默契，不能顺利完成原始画面的采集工作。

第三，电视记者介入现场如果缺少合理的策划，很容易破坏现场必要的原始信息。

电视采访是集体工作，以摄制组形式出现的电视记者介入现场时需要讲究方式方法，可以想象，摄制组成员作为陌生人突然出现在采访现场，这个地方的气氛必然与平时大为不同。是否讲究电视采访对现场的介入方式是采访成败的关键之一。

第四，电视记者在现场组织信息时，必须有一定的目的性。没有策划，记者就不能在一些可预知的新闻现场迅速找到拍摄的对象和细节。

1998 年 3 月，北京电视台《点点工作室》栏目组的记者根据新闻热线采访一名 9 岁的女孩韩向霞，这个女孩由于母亲和外公争夺抚养权而被迫放弃了学业。母亲和外公都只把她当作获取抚养金的筹码，而不愿真正地照顾抚养她。母亲还经常虐待打骂韩向霞。当记

图 4-1-1　2008 年，伯克希尔哈撒韦公司年度股东大会中，付豫专访巴菲特

者带着韩向霞一起去采访她的妈妈时，小向霞突然提出一个要求：见妈妈时不下汽车，因为她害怕。记者此时马上预见到，小向霞见到妈妈时的表情一定会传达出丰富的信息。于是，摄像记者在拍摄这一段现场采访时，做了以下安排：

摄像师选择能拍到小向霞面部表情的位置提前开机。

小向霞走在前面去见她的妈妈。

果然，小向霞见到自己的亲生母亲时的第一反应是——掉头就往回跑，而且眼泪“刷”地流了下来。记者在抓拍到这一画面之后，才开始采访小向霞的母亲。在这一段电视采访中，我们可以设想，如果记者没有事前预计和策划，这样瞬间的画面就只能白白流失了。所以说，在电视采访中，记者到达现场，并不意味着一定能以最佳方式记录现场。

第五，完成节目样式的需要。

电视采访的最后成果是电视节目，由于电视节目有自身的要求和规律，更重要的是，电视节目有样式的限制，因此电视记者在前期采访时必须对后期完成的节目样式进行预先构想，这也是在电视采访前进行策划的重要原因。

2009 年武广高铁正式启用，为了能够充分向观众展示高铁给人们出行带来的影响，央视财经频道的记者进行了周密的策划。

记者首先在正式启用的前两天，在武汉火车站的售票处拍摄了大量乘客排队买票的场景，并且亲自体验了购票的过程；同时通过有关部门拿到了高铁运行的车况、路况和运行时间等基本信息。

此外，记者还采访了乘客、首发列车的乘务员、火车站的工作人员等与之相关的人物，利用不同的身份、角度和语言叙述了高铁对他们生活、工作产生的影响。

在列车上，记者还通过对车内外情况的介绍，让观众可以通过感官直接对乘坐高铁有一定的了解；配以图表、字幕等手段介绍了中国高铁的运营现状和未来几年内的规划，让观众有全方位的了解。

在最后播出的新闻中，不同时间、地点的采访，各种直观的画面以及新闻背景的延伸等，统统呈现在观众面前，其效果比起其他媒介的报道更为形象生动。

显而易见的是，如果没有采访前周密完整的策划构思，就不会有这么多的细节，让整个新闻具有很好的全面性和整体性。可见，电视采访和节目的完成是一个整体，采访前必须策划先行。

中国电视新闻奖《“太空新旅：天宫课堂”直播特别节目》直播报道的策划工作始于2012 年下旬。历时半年多的筹备，2013 年 5 月，由记者、摄像、编辑组成的太空授课报道团队开始了直播节目的实施，直播点分设在中国人民大学附属中学、航天城、浙江春晖中学、江西阳明学校等 4 处（见图 4－1－2）。经过数十场次的演练，各工种间反复磨合、通力协作，对公共信号内小片、对比实验、PPT 课件动画播放等环节精雕细琢，对演练中出现的各类问题逐一分析解决，制定详细的应急预案，确保了特别节目的精良制作与安全播出，完美呈现了天地对话以及精彩绝伦的小球、陀螺、水球等多个项目的太空授课内容。根据特别节目的设计，报道团队邀请科普专家在演播室现场演示物理实验，增强节目的趣味性与科普性；同时设计了人大附中、航天城的直播预热连线，介绍太空授课前航天城、人大附中地面课堂的各项准备工作情况，为即将开讲的太空授课埋下悬念。策划还邀请了两所外地学校浙江春晖中学、江西阳明学校参与太空授课地面课堂听讲情况的景观镜头与直播报道，为特别节目进行预热，并及时呈现了收看太空授课的孩子们的反馈。

图 4－1－2　太空授课

二、策划的运作机制

严格地讲，不仅电视采访的内容需要策划，由于采访与后期的节目制作是密不可分的一体，电视采访的策划也必然要将后期的节目完成样式、包装等内容考虑进去。与此同时，在媒介融合的现实环境下，采访活动具备了拓展流程、扩大影响的更多可能性。以采访报道为中心，开展丰富的跨屏传播与线上线下互动成为策划中不可忽视的重要环节。

（一）以编辑部为核心的采访策划

在学习电视采访的过程中，不能不考虑编辑部的存在，尤其是当代电视新闻的方向越来越向以编辑部为核心的报道运作机制发展。电视记者不是单兵作战的个体，而是由编辑部统一指挥调度的采制新闻的系统和集体。作为一名电视记者，无论从事哪一类报道，都要遵照集体合作的工作方式。电视新闻的系统化、协同化采访方式将更加明显。

宏观策划，就是根据一个时期的政治、经济等形势，制定这一时期的报道方针、目标、重点以及为实现这一方针、目标、重点进行的重大选题部署和采访安排等。

大编辑部意识是电视采访宏观策划的一大发展。

2008 年北京奥运会是一件全世界瞩目的大事。中央电视台对奥运会的报道，从申办成功之后就提到了很高的层面，并且提前几年就已经开始宏观策划，从北京和各分赛区的基础建设、中华文化传播、奥运生活传递、志愿服务精神、中国及各国选手备战等方面开始了筹备。而到 2006 年，奥运的报道计划就已经精确到了每一周甚至每一天每一档节目的选题，包括利用各种有利资源和节目方式在不同情况下操作。负责专项报道的记者早就与组委会、北京市官员、各运动队、志愿者等各方面都建立了良好的关系，为每一个方面可能出现的新闻亮点进行了详细的节目策划。同时还准备了往届奥运会的历史画面、其他体育赛事中的精彩镜头等，为报道做好了各种各样的资料准备。

以编辑部为核心的策划内容还包括由编辑部对采访活动进行统一调度。我们可以看看 2008 年“5·12”大地震中中央电视台调动报道力量的反应速度，这其中统一的策划和调度是至关重要的：

5 月 12 日 14 时 28 分，地震发生。

15 时整，中央电视台新闻频道播出第一条与灾情相关的新闻。

15 时 20 分，综合频道与新闻频道正式启动直播，主播海霞率先出现在直播台上，其余主持人也已经排好班进入预备状态。

15 时，第一批记者已经在机场等候，随后跟随温总理抵达四川，最早接触到了灾区的现场情况。

19 时，第二批记者也在寻求去往四川的方式。央视部分军事部记者以及时政记者在几小时后，也乘坐军用飞机赶往四川。

19 时 35 分，《新闻联播》就播出了《温家宝总理赶赴四川灾区　在专机上发表重要讲话》的新闻，此时距温家宝总理乘坐的专机降落成都仅仅十余分钟。

…………

1998 年张家口地震时，只有《焦点访谈》一个栏目及时派出了记者，在地震当晚播发《张家口发生强烈地震》，视角相对比较狭窄，能力也有限。而汶川地震的报道，首先是整个电视台的应急反应，把新闻的时效性和重要性提到了一个新的高度；其次是在范围非常大的震区全面铺开报道，报道从视角、线索到新闻内容都有了质和量的提高，在很多方面都打破了中国电视直播史上的纪录，并且获得了“这一次媒体跑到了谣言和恐慌前面”的高度评价。

央视能完成如此大规模的直播报道，获得如此大的成功，没有编辑部的统一调度安排，仅靠单个的记者和摄制组是不可能的。不仅如此，在现代的新闻运作中，采访的内容也同样不能离开编辑部的策划而独立存在。

电视采访的策划具有整体性，对每一个可能考虑到的环节都应做详细的策划。在有的大型电视节目的采访中，摄制组实际上就是一个编辑部，它应当充分履行编辑部整体策划的全部职能。

请看八集电视纪录片《中华之剑》的编导阐述，这是一篇典型的电视片策划文案。

案例

《中华之剑》编导阐述

概况

迄今为止，世界上还没有一个国家一次用 300 分钟以上的电视节目时间向公众展示自己所面临的毒品问题。

《中华之剑》是新中国成立以来第一部大规模反映我国禁毒领域工作的电视纪录片，它由国家禁毒委员会、公安部和中央电视台联合制作。

这是正视现实的勇气，一次了不起的勇气，这一举动本身就会引起人们的关注。

它涉及面广，蕴涵丰富。积压了多年的人物命运、深沉情感和烈士们的英魂要我们去挖掘弘扬，这一领域鲜为人知的重大问题和辉煌战果要我们去揭示宣传。它具备了制作一部好纪录片的重要基础，这是每一名热爱电视事业的工作者所渴望的。

我们拍摄的主要地区是毒品泛滥的重灾区，大部分又是最艰苦的边境地区和少数民族聚居的贫困区；部分实拍的场面还有一定的危险性；我们还将与常年在缉毒一线出生入死的干警们共同体验那些沐雨栉风、风餐露宿的过程。在那里，我们每个人都将是一名真正的战斗员。

最重要的是，我们每一名成员都要发挥自己的创作激情去全力完成前期拍摄素材的任务，而且不能有大的失误。我们要求两个字——“出色”。

摄像

本片具备两大特点：生活面新鲜，动感性强。但是，我们所表现的对象、问题、事件和事迹以及那些可能紧张激烈的现场虽然陌生，却并不深奥，因此，不需要让观众再以第三者（譬如主持人和摄制组）为中介和引导来与表现对象交流，而应该让观众直接在现场。

我们应该用一个普通观众的视点，接近真实生活本身，以观众最亲近的感觉和角度进入现场，这是实现这一想法的基础。

捕捉特征、细部，注意对现场氛围的记录，是镜头表现力强的关键。

现场氛围的准确体现应被看作现场真实空间的一部分。

本片将拍摄许多照片、墓地、遗物、资料，它们是重要的历史佐证。我们应当把它们看作是鲜活而有生命的。

拍摄大纲是主要导引和线索，它不仅要靠摄像师在现场实现，更要靠摄像师积极主动地去发现、挖掘。

录音

声音是形象的一部分，与摄像同等重要。

本片抓拍较多，录音应与摄像密切配合，防止拍与录错位。

在处理本片那些不能上镜头的侦察员和因其他原因需隐去形象者，录音的完整尤为重要，它是观众对形象想象的唯一依据。

灯光

以现场为主的纪录片应更接近生活原始状态，它应以自然光为主。但对诸如生活在地狱般精神世界的吸毒者来说，光线的运用就能给人以特殊的视觉感受。

场记

现场文字工作量最大的是场记。在文本上记录每天拍摄的主要内容、拍摄地点、姓名及其他背景材料，并在编号的素材带上记上简约的拍摄内容，为后期编辑索引之用。

负责各类资料的搜集，归类保存。

摄制组

在现场，摄制组每一名成员都应该有积极参与创作的精神，每一个人的发现和见解都可能为本片添光加彩。

纪录片与故事片不同，拍到一半，就会让人有重复感，开始时的新鲜与兴奋消失，同时因体力消耗而感到倦怠疲劳。但这正是创作需要深化的时候，也是体现我们意志的时候，超越它，要靠我们相互的勉励。

我们强调团结，一个紧密无间的集体是成功的摇篮。团结的基础是同甘共苦的敬业精神，互敬互让互爱的精神。

艺术，对人生是一种满足，对社会是一种责任。热爱艺术的人，什么痛苦和委屈都应该可以忍受。①

---

① 杨伟光．中央电视台年鉴（1996年）．北京：人民出版社，1996.

《中华之剑》的编导阐述也是对一次大型电视采访的策划文案，从中我们可以看到，作为电视采访的组织者，应该具备通盘考虑全局的能力，懂得摄像、录音、灯光等各个环节的基本规律；要有一定的预见性，将很多拍摄中可能碰到的具体问题事先阐述清楚，统一摄制组成员的认识，从而保证最后由不同记者采集回来的素材风格和质量统一。

（二）以融媒体互动为核心的策划

以电视内容生产模式逐渐增强的用户逻辑与全网思维为标志，电视采访活动已经不再是传统播放渠道完全主导的内容生产传播活动。这就要求电视采访活动的策划依据题材的特性整合多渠道的传播特性，从整体设计出发，融合网络传播、线下互动逻辑，增强跨平台传播的属性。

电视采访策划在设计之初就要为后续的线下推广预留契合点，并且依托内容用户的反馈使内容本身增值，以实现更好的宣传效果。融媒体互动对于电视采访的各环节设计而言，不是简单的互联网连接，而是贯穿整个采访流程的创新设计。

中央电视台播出的《厉害了我的国》（《辉煌中国》）系列报道就是一个典型的以增强融媒体互动为出发点的策划。

2017年春节期间《新闻联播》推出系列特别报道《厉害了我的国》，以普通人的第一人称视角，讲述身边变化，抒发家国情怀，见证民足，反映国治。节目于1月25日推出征集观众自拍的宣传片，为普通人抒发身边的自豪感和获得感搭建平台。观众投稿积极，短短两天之后，节目就在27日除夕夜《新闻联播》中首播，到正月初五一共播出6期节目，其中两期作为《新闻联播》头条播出。节目播出后，引起国人共鸣，戳中观众泪点，在社会上引起热烈反响。《厉害了我的国》系列报道对传统的成就报道模式实现了两个颠覆：

第一，实现了真正意义上的新闻第一人称视角表达。节目全部采用普通人拿着手机自拍杆对准身边景、身边事、身边人自拍自述的方式，晒出普通人工作和生活中的各种变化，以及一个个小目标的实现，最终呈现和传递出的是“我为祖国自豪，祖国为我骄傲”的情感。6期节目共选用46个普通人的自拍自述，不再是记者拿着相机、摄像机对准普通人，而是将镜头全部交到了普通人手中，怎么拍怎么说全部由群众自主完成，群众的表达权得到充分释放。

第二，实现了报道与现实的无缝连接。节目没有一句来自记者或者编辑的解说词配音，只是原汁原味地将来自世界各地、各行各业的普通人自拍集纳呈现，所述内容包罗万象、丰富多彩。尽管普通人用手机自拍杆自拍的镜头没有那么精致，表达也相对碎片化，没有那么流畅完美，有的讲述甚至还带有地方口音，但相对于接受记者采访来说，主人公心情更放松，神态更自然，观众感到如同身边亲友在对自己讲述，增强了收视的亲切感和认同感。网友“苹果”评论说：《厉害了我的国》用真实打败了套路，新闻的真人秀原来是这样啊，厉害了，我的《新闻联播》。网友“陌上骏马”说：央视《新闻联播》越来越好看了，越来越和大众接轨了，地方台也要加油了！

节目播出后，央视新闻、人民日报客户端、新浪网、凤凰网、文汇报微博、京华时报微博、界面、新民晚报网站、看看新闻等多家媒体平台也进行了转载、转发。截至 2017 年 2 月 1 日上午 11 时，“厉害了我的国”在百度搜索中，出现条目近 2 亿。

系列报道成功地实现了大屏带热小屏。《厉害了我的国》通过电视大屏播出后，成为春节期间手机小屏讨论的热点话题，彰显了传统主流媒体的舆论引领作用。新浪舆情分析，“厉害了我的国”在 1 月 27 日节目播出后成为网络热词，截至 2 月 2 日下午 6 时，“厉害了我的国”仅在央视新闻微博上的话题阅读量就达到 3 700 万。“厉害了我的国”还带动“新闻联播”成为热搜词，清博大数据显示，“新闻联播”热搜数值从除夕之前的不到 50，一下飙升到 1 月 28 日的将近 400，热度上升到平时的 8 倍。

过年或回家或坚守岗位，所见所闻，特别适合人们用以抒发家国情怀。以前的春节报道都偏重于家庭团圆的亲情报道，但此次《新闻联播》的春节报道从两条线入手，一条依然是“家”的情感表达，另一条就是“国”的凝聚力传达，《厉害了我的国》正是第二条线的集中体现。节目从征集民众自拍自述开始，再到播出，激发了广大民众通过微博、微信、论坛等方式，抒发作为中国人的获得感、成就感和自豪感，为鸡年春节注入了一股浓烈的爱国情愫，在春节期间有效传播了爱国敬业的价值观。大数据显示，网友对《厉害了我的国》的正面评价占到 50.79%，中性评价占 43.99%，负面评价只占 5.22%。

特别是“厉害了我的国”这一标题来自网络热词，因而更容易令青少年观众瞩目。而且，新闻的拍摄者也大都是爱好自拍的青年人，从某种角度来说，是青年人“自己”看“自己”，不存在所谓的代沟和距离，从而轻松地锁住了青少年受众群体，让爱国敬业的价值观在青少年中得到了更好的传播。

依据此次尝试获得的宝贵经验，中央电视台通过丰富的线下互动策划延续了报道的热度和话题的聚合力。

案例

《厉害了我的国》主题宣传推广活动策划方案

本片运用“内容众筹”的制作方式和大规模融媒体联动的传播方式，展开为期半年的“厉害了我的国”系列主题活动，包括配合纪录片面向公众进行视频征集、视频展播及与一些合作平台共同展开线上线下的宣传推广活动。

一、视频征集及展播活动

纪录片将运用“内容众筹”的制作方式，向全社会公开征集以“厉害了我的国”为主题的短视频。除了在央视网、CCTV 客户端、央视新闻等台内现有平台进行征集外，财经频道还与人民网、新华网、中国经济网等央媒网站，以及新浪、腾讯、今日头条、秒拍、优酷、土豆、梨视频、中国移动新媒体（咪咕）等专业网站合作，设立视频征集展播专题页面，打造一场“厉害了我的国”全民视频海选活动，并同步展播优秀作品。具体安排如下：

"厉害了我的国"logo票选活动

从4月10日开始，财经频道通过自有新媒体渠道面向网友进行了"厉害了我的国"logo的投票活动，随后对活动logo进行了商标注册申请。

"全民开拍啦"网络直播说明会

为了让这部主旋律纪录片的推广更适合网络传播规律，特别是要让"内容众筹"概念得到广泛有效的传播，5月20日，财经频道探索利用网络直播的形式，举行了一场名为"全民开拍啦"的网络直播说明会。在说明会现场，财经频道主持人和纪录片总导演与网友进行实时互动，通过多种形式现场解读内容众筹纪录片的概念，力求吸引到有能力、有热情、有理想的网友参与并共同传播"内容众筹"的概念。为了契合"全民开拍啦"的活动主题，这场网络直播，实现了在央视财经两微一端、人民日报新媒体等24家直播平台上进行直播，营造了全网"厉害了我的国"的局面，所有平台累计观看量近400万次。在部分以"95后"青少年群体为主体用户的直播网站上，该场直播的观看量更是进入了当天直播排行榜的前五名。在同类题材的传统电视节目传播中，特别是对于一部主旋律题材纪录片的开机仪式而言，本次直播的观看量和用户留言数，都超出了平台预期，显示了用户极高的参与度。

7月22日：举办网络直播，进行展播视频月度评选。

8月20日：举办网络直播，对展播的视频进行总决选。

8月底或9月初：举办纪录片《辉煌中国》正式名称公布及开播仪式线上线下直播活动。

10月1日：在国庆节举行一场线上线下大型直播活动，作为整个"厉害了我的国"主题活动的收官之作。

视频展播

从6月22日开始在财经频道《第一时间》《环球财经连线》《经济信息联播》等各档资讯节目中，推出系列节目，将"厉害了我的国"分解成包括"厉害了我的家乡""厉害了我的工厂""厉害了我的国货""厉害了我的学校"等在内的若干主题，边征集、边发布。从普通百姓的视角，展现近五年中国经济发展的巨大成就，并安排在征集活动平台同步播出。

二、宣传推广

为了进一步扩大此次活动的宣传范围，财经频道多渠道拓展宣传矩阵，除充分利用台内现有资源平台外，还将地方台、央企及重点商业平台的融媒体资源都纳入此次活动的宣传矩阵中，全方位推广"厉害了我的国"系列主题活动。现阶段正在配合视频征集活动展开宣传推广。

三、主题活动

为了达到现象级的传播效果，在纪录片开播前真正形成舆论声势，财经频道在做好纪录片传统推广工作的同时，还联合多家合作平台，开展一系列线上线下的主题活动。具体如下：

(1) 与共青团中央合作，配合纪录片主体内容，联合制作推出主题游戏和独立动画作品，并在校园组织相关落地活动，提高年轻群体对纪录片内容的关注度。

(2) 与腾讯（微信）、新浪（微博）、今日头条等网站合作进行网络推广，通过设立“厉害了我的国”热搜话题、发起主题活动，与网友形成长期的互动关系。

(3) 联合淘宝、京东、苏宁等电商代表企业，共同发起“厉害了我的国”主题活动，包括在快递盒上印上“厉害了我的国”logo，同时还将设置主题AR红包、线下店面的主题海报等，形成线上线下可视的主题推广规模。

(4) 联合摩拜等共享单车平台，发起“厉害了我的国”主题活动，通过平台发布弹屏广告、征集随手拍视频、设置主题红包车等活动，打造系列主题推广活动。同时还将在共享单车车身喷涂“厉害了我的国”主题logo，在全国范围内形成一道流动的风景线。

(5) 联合运动App“悦跑圈”，设计主题接力跑，让网友以团队或个人的形式参与，在地图上跑出“厉害了我的国”字样，利用软件的社交属性，进行“厉害了我的国”主题推广。

(6) 联合中影和万达院线，安排专场播出90分钟影院剪辑版纪录片，并在院线贴片广告中播放纪录片相关宣传片。此外还将制作网络大电影版纪录片进行全网推送。

(7) 联合高德地图、百度地图、腾讯地图等地图App，在纪录片正式开播当天，举行线上线下同步的“厉害了我的国”点亮活动。

（三）由记者完成的采访策划

在电视采访的策划中，还有一部分内容需要记者亲自完成。这些策划内容相对微观，即运用对比思维、求异思维、逆向思维等思维方式对整个采访个案的切入点、表现角度、表现手法等进行策划。微观方面的策划通常需要记者（摄制组）独立完成。具体到电视采访中包括以下几个方面的内容。

1. 加强预见

策划的主要内容要加强预见，将现场可能遇到的各种情况尽可能地考虑到，尤其是采访的困难。在很多情况下，策划的主要任务是想出如何在困难的情况下拍到第一手的原始画面。

2005年11月中旬，中央电视台经济频道的《生活》栏目记者在采访了IT168评测中心之后，发现了国内某品牌的笔记本出现了涉嫌造假处理器（CPU）的事件。之后栏目组前往深圳调查，在深圳的七天时间内，记者们乔装打扮为笔记本厂商，在市场中迂回近5天的时间，在深圳卖场发现为数不少的工程样品处理器和改造处理器，并使用摄影机和小型采访机记录了大量素材（见图4-1-3），记者根据这些素材采访了相关厂商和英特尔公司，造成了轰动的效果。

2011年获得中国新闻奖的电视专题节目《地沟油，你去了哪里》抓住群众最为关心的餐桌大事——地沟油问题，追根溯源。记者从京郊养猪户炼制地沟油说起，到暗访加工现场整个过程，一直到最后对地沟油的销售和运输等环节进行了淋漓尽致的跟踪采访。可

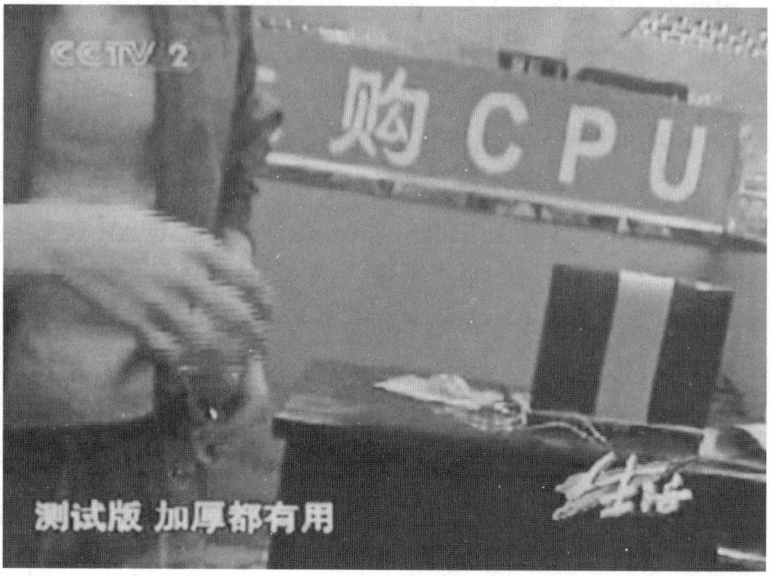

图 4-1-3　记者在采访过程中，拍摄到商家出售处理 CPU 的画面

以说，地沟油关系老百姓餐桌食品安全，加上记者对整个环节完整呈现，给观众留下了非常深刻的印象。

电视采访为了获得现场画面，经常需要在策划中绞尽脑汁地想出拍摄的最佳方案。这些策划内容千变万化，根据每一次采访题材和对象的不同而需要相应的对策，目的是取得真实的第一手材料。

2. 具体的技术设备要求人员构成、资金保障等人、财、物方面的准备

电视采访的设备多、人员多，耗费的资金也较多，所以记者应该对这些看似后勤的部分做好统筹规划，它们正像兵法中所言的“粮草先行”，没有人、财、物的充分准备，很多规模较大的电视采访将受到直接的影响（见图 4-1-4）。

3. 对现场提问，现场播报、述评要有充分的准备

在预约采访中，电视记者把握现场的能力取决于准备的情况。如果记者将在现场提问，那么，问题的准备是采访策划中必需的。

2009 年 7 月 25 日，凤凰卫视《凤凰空间站》播出了李安专访，记者张世欣采访李安导演取得了很大的成功。李安的个性比较羞涩，但是记者用一个话题切入让他侃侃而谈。记者在手记中谈道：“我采访李安导演，应该是颁影响世界华人大奖的时候，当时李安导演正在介绍他的电影《色戒》。当然我在采访他之前做了一些功课，知道《色戒》当中很重要的一个场景是打麻将，所以采访李安导演就从这个场景切入，开始跟他讨论为什么用打麻将来拍摄这个电影，代表什么。李安导演本身是艺术家，所以谈到他电影创作的这些话题时，反而很高兴，所以当时聊得蛮开心。”

4. 确定摄制组对采访现场的介入方式

为保证采访的客观公正，摄制组对现场的干预不能到使之完全违背真实生活状态的程

图 4-1-4　2015 年，“幸福中国　德行天下大型公益活动”启动仪式新闻发布会在国务院新闻办新闻发布厅举行

度，因此，合理的介入方式需要事前制定。

在采访之前，摄制组要明确记者现场采访时是否出镜，是否出现记者的声音，或者光出声音不出图像。只有明确这些，才能便于摄像师、录音师做好事先的准备，并在现场工作时配合出镜记者进行合理的言行记录。

现场的介入方式的问题是电视采访中一个比较复杂也很有电视特点的问题，对此我们将在下一章做专门论述。

第二节　策划现场的介入方式

电视采访中存在一个普遍的难题：主客观问题。即电视记者一定要出现在新闻发生的现场，否则不能记录到原始动态画面。然而，一旦有电视记者出现在新闻现场，现场就必然发生改变，原始的生活状态已经有所不同。所以说，记者在现场的出现，本身就是一种介入，记者介入必然构成现场的一部分。

中央电视台《生活空间》栏目组的一些编导，把在拍摄过程中尽量不干扰被摄对象，同时又尽可能无所不在地关注现场情景的一种状态视为理想的状态，必要时采取提问或对话方式去激发采访对象。有一位记者认为：

已经出场的摄像机不可能真正隐身。偷拍是一种办法，但它提供的东西有限，我们从偷拍得到的知识是一种特定或定向的典型窥视。这远远不能满足随机应变“无所不在”的需要。所以，我们只能在承认并且正视“摄像机就是在现场”的前提下寻求解决问题的途径。①

实际上，这是一个辩证的问题：一方面，电视记者在现场应尽量减少对现场的人为影响，讲究介入方式，尽可能不干预现场；另一方面，记者又要时时介入，利用提问、行为、姿态、表情等手段发掘现场的有用信息，利用记者介入调查原因，了解线索，搜集不同见解。电视采访中记者的介入是主客观的辩证统一过程。

电视采访是记者与现场之间的互动过程。一方面，记者的现场活动会影响采访对象的情绪以及现场气氛等因素；另一方面，记者的现场表现也会直接构成现场的一部分。在这一对主客观相互交融、辩证统一的主体与客体之间，主体——记者是主动的。记者要讲究对现场的介入方法，目的有三：

首先，尽可能减少对观众的干扰，摄取现场原始信息形态。

其次，形成采访风格和节目风格。

最后，保证新闻节目的客观和公正，避免记者过于主观的行为对采访对象、采访现场的扭曲。

要把握现场介入的方法，电视记者需从了解参与和观察的基本概念入手。

一、参与和观察

参与和观察是电视记者存在于采访现场的两种方式。

什么是现场观察？

电视记者的现场观察实质上是指“发现”。除了发现现场各种视觉和听觉等形象的表面形态和特征之外，合格的观察还应洞悉这些形象要素的内在含义和相互间的联系。也就是不仅要“见形”，还需“见义”。既要发现有价值的现场形象，也要运用深入的理性思维、逻辑推理、联想能力等对形象内涵的和外延的意义加以判断，进一步采取相应的方法进行记录。

美国心理学家鲁道夫·阿恩海姆在《艺术与视知觉》中谈道：

> 由于我们总是习惯于从科学的角度和经济的角度去思考一切和看待一切，所以，我们总是要以事物的大小、重量和其他尺度去解释它们，而不是以它们外表所具有的能动力来解释它们。这些习惯上的有用和无用、敌意和友好的标准，只能阻碍我们对事物的表现性的感知，甚至使我们在这方面不如一个儿童或一个原始人。如果一所房屋或一把椅子适合于我们的需要，我们便不再关心它们的外表是否适合于我们的生活方式。在人与人之间的交往关系中，我们同样也是习惯于按照人们的社会地位、经济

① 孙克文．焦点外的时空．北京：三联书店，1997：257.

收入、年龄、职务、民族或种族去衡量一切——而用这样一些范畴去解释人时，就会完全忽视人的内在本质的外部表现形式。①

在现实生活中，影响记者进行现场观察的因素很多，其一是习惯性的视角，其二是世俗化的判断标准，但这些也只是诸多因素中的两项而已。由于电视采访更多地借助于形象素材，这一特性要求电视记者的现场观察与艺术家对生活的观察类同。很多时候，电视记者在采访现场只有依靠心灵感悟，才能发现和记录那些一般人所不易察觉的内在本质。

在采访现场，电视记者还要注意积极参与。所谓现场参与，是指电视记者在现场采访中不是简单地用眼发现而已，现场一切有价值的形象都要以人的“参与”为前提进行“物化”记录。电视展示的真实时空使记者参与成为可能，也正是记者在采访时的人本化参与，赋予了电视采访以极大的自由度和创造性。

在电视采访中，“参与”有双重含义：

其一，心理的参与。

用心灵去体会和感悟采访现场的人和事，这是参与的第一阶段。心理参与的目的是发现现场的“亮点”。

其二，行动的参与。

用语言去激发情感、用行动去碰撞生活、用镜头去记录所见所感。当现场的信息过于稀疏，或者氛围过于平淡时，电视记者为了表现人物内心情感、人物关系以及矛盾等，以自己的提问、动作等对现场人物进行激发，这就是行动的参与。

一般来说，以心理参与为主的电视采访会形成比较客观冷静的旁观式的节目纪实风格，以行动参与为主的电视采访会形成主观性较强的互动式节目纪实风格。

参与的观察是将心理参与与行动参与加以结合的电视记者介入现场的方式，它既能保持心理参与式采访方式的冷静和客观，也能避免由于过于旁观而形成的信息冗长和枯燥感。

二、电视记者的镜头存在方式

电视记者的镜头存在方式是指画面中呈现出的记者与被摄对象之间的关系状态。

通常，电视记者在现场的镜头存在方式有以下三种：旁观式、声音参与式和出镜参与式。这三种不同的镜头存在方式不仅决定采访时的素材质量，还直接影响最后完成片的风格和样式。因此，电视记者的镜头存在方式，是每一名电视记者在拍摄之前都应该考虑的。

（一）旁观式

在电视采访中尽量不在镜头中出现摄制组成员的形象和声音，同时在节目的编辑中努

① 阿恩海姆．艺术与视知觉．北京：中国社会科学出版社，1984.

力消除摄制组在采访现场的存在痕迹，这就是所谓旁观式的镜头存在方式。

2013年，湖南卫视开播了一档大型亲子户外真人秀栏目——《爸爸去哪儿》（见图4-2-1），很多地方采用的就是旁观式的记录手段。记者躲在摄像机画面之外，不发出自己的声音。这样的记录效果使得当事人并不知道正在发生的全部，而电视观众作为旁观者能比绝大多数参与者知道更多的信息。

图4-2-1　旁观式现场介入——《爸爸去哪儿》

旁观式的现场介入方式是电视记者介入现场的重要方式之一，它具有以下特点：

首先，旁观式的拍摄能比较完整地保留采访现场原生态的生活状态，由于记者干预减少到极点，采访对象能充分展现其日常的面貌，从而使采访风格更加冷静而客观。

其次，记者躲在镜头后，可以充分突出采访对象。

最后，日常生活的平淡使旁观式采访增加了难度，一些纪录片通常需要比较长的拍摄周期才能记录下足够的素材。

在西方，人们把采用旁观式拍摄的纪录片称作“直接电影”（direct cinema），取的也是直接记录生活原始形态，不加干扰的“直接”之意。

（二）声音参与式

声音参与是电视记者比较常用的一种镜头存在方式。

电视记者在现场的拍摄镜头中只出现声音，在某些关键时刻用提问或对话方式与采访对象交流，但始终隐藏记者的形象。这种现场的介入方式就是声音参与式的记者镜头存在方式（见图 4－2－2）。

图 4－2－2 以声音参与为主的记者镜头存在方式——央视记者采访尹家绪

采用声音参与式有以下一些好处：

首先，由于隐去了记者的形象，采访所拍摄的素材能够保持突出采访对象的优势，避免记者的形象喧宾夺主，这一点与旁观式介入方式一致。

其次，记者的声音作为一种较为温和的激发现场信息的手段，可以与采访对象形成充分的互动，避免现场节奏过于缓慢和信息冗长的现象发生。

声音参与式也存在一些问题，观众明明知道现场有记者的存在，但“只闻其声，不见其人”，在很多题材中这种情况并不利于节目的构成与意义表达。

（三）出镜参与式

电视记者在采访现场将全部身体、言行呈现在镜头中的现场介入方式就是出镜参与式，也叫出镜采访（见图 4－2－3）。现在的新闻采访中，出镜采访十分普遍，其原因和特点将在本书的第八章中详细介绍。

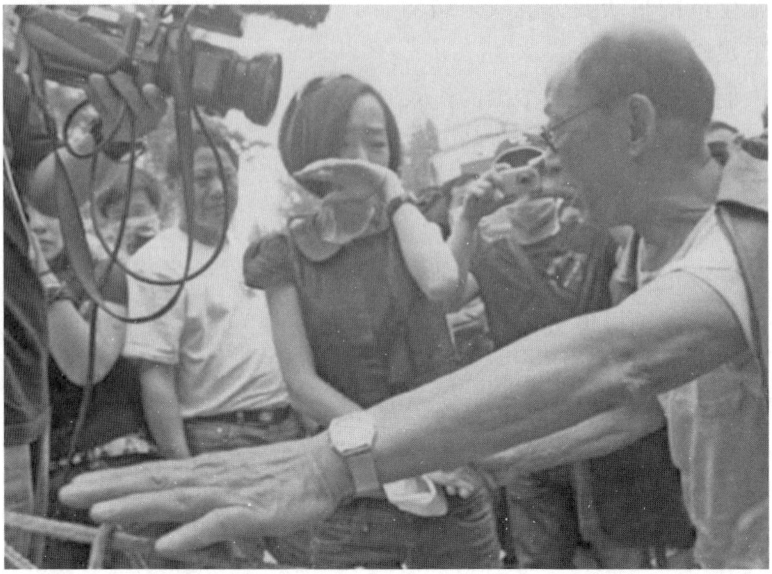

图 4－2－3　出镜参与式的记者镜头存在方式——2008 年汶川地震报道中，
凤凰卫视记者陈鲁豫出镜采访时不禁落泪

三、消除干扰现场的因素

电视记者与文字记者采访的不同，一是人员较多，二是有比较引人注目的机器设备存在，而这些正是干扰现场的因素。人员多会对现场形成压迫感，机器设备的陌生会加重采访对象的心理压力。其中比较突出的影响有：

（1）现场小而摄制组人员众多；

（2）话筒运用不当，对采访对象形成干扰；

（3）记者个性张扬，言谈举止分寸失当；

（4）灯光刺眼等。

记者在现场应该着意消除上述影响。

在有的采访现场，不一定摄制组全体成员都需要在场。尤其是记者与采访对象进行心理交流时，在场的人越少越好。必须在场的其他人也应注意尽量减少自己存在的“痕迹”。

话筒干扰采访对象与记者的交流视线，它横在二人之间，不利于情感和心理的充分交流。在一对一的采访中，一般来说，采用无线话筒的效果要比手持有线话筒的效果好；而在使用钓竿话筒时，应注意将话筒的位置固定于采访对象目光所不及的地方，录音师的位置一般处于提问记者的后方，而且话筒应从记者的侧后方伸出，以减小话筒对双方交流视线的干扰。

现场尽量不要进行人工布光，如果确实需要，也要注意光线均匀柔和。在做人物专访时，应避免灯光直射人脸。

在正式录制开始前后，摄制组的所有成员都应注意保持采访所需的气氛。如果采访需要欢快热闹的氛围，那么每一个摄制组成员在录制开始前都有义务使气氛变轻松；而如果采访需要肃穆或感动等效果，则应注意保持安静，共同创造良好的采访氛围。

第三节　体现新闻价值

电视新闻采访绝不是前后期截然分离的工作，如果记者在采访时不能对后期的报道形式做出充分的策划和考虑，一条新闻就难以体现其真正的价值。

因此，电视记者要具备明确的编辑意识，在采访过程中为后期的节目编辑做好各项准备，积极主动地发现和发掘新闻价值。

一、通过对比体现新闻价值

一个事物的价值，往往是通过其与另一个参照物的比较加以体现的，新闻价值的体现也不例外。

对比是较常用的体现新闻价值的方法。

在电视经济报道中，为了说明企业经营的成绩或者探讨经营失败的原因，仅从企业内部举例，说服力往往不够。

这几年获奖的电视经济报道大都注重对比手法的运用。比如，两家相邻的企业，生产的产品差不多、规模大小差不多、发展基础差不多，但经过改革，其中一家经营有方，不仅扭亏为盈，还创造了可观的利润，而另一家由于改革措施不当，继续亏损——记者就这一反差现象进行调查采访，就能够比较清楚地说明问题的本质，将新闻价值比较完整地体现出来。

运用对比手法时，记者要先确认报道中用来对比的双方是否具备可比性。如果不可比，将不具说服力。

还有一类对比是利用事件发展中前后时间点的对比，即对同一个事物或同一个事件在不同时间的变化进行对比。

荣获 1997 年中国电视新闻一等奖的《山东临沭牛腿沟“排污三天三个样”》中，记者选取了环保检查团到牛腿沟检查前后的三个不同时间点，从牛腿沟中取了三次水样，在摄像机镜头前加以对比，结果令观众瞠目结舌。

第一瓶水：取自检查团来之前的某一天，水色偏黑，明显污染严重。

第二瓶水：取自检查团来的当天，水色澄净。

第三瓶水：取自检查团离开的第二天，水色比第一瓶还要污浊。

三瓶水的形象对比强有力地说明了该地排污企业不认真治理污染，而只顾应付检查的实际情况，也说明了检查工作的表面化、走过场。

对比的种类很多，电视报道中的对比要更多地依靠镜头摄取的画面形象。

对比手法的运用必须开始于采访阶段，像上面那条新闻，如果前期没有拍到三瓶水的取样过程，一切的编辑构思都将无法实现。

二、通过新闻背景体现新闻价值

新闻背景是指新闻发生时所处的综合环境。新闻背景大的方面包括政治气候、经济形势等时代背景，小的方面包括单个新闻所代表的一类问题和现象。

采访中新闻背景的运用，从某种意义上说，是另一种对比。它将一个孤立的新闻事实放到一类现象中去加以观察和评判，能够深化记者的理解，从而更好地体现新闻价值。

对于电视采访来说，新闻背景的运用更为重要，这是因为由于节目时间长度的限制，电视报道总是采用“以点代面”的采访方式，展示给观众的形象只能是一些典型的事件或人物。这些典型虽然具有一定的代表性，但并不能完全展现“面”上的情况，也不能很好地通过事件本身表达其意义。而通过背景的补充和衬托，单个事件或少数个案的新闻价值及其实施意义会体现得更加彻底。

2009 年 6 月 28 日，中央电视台播发了一条新闻：国务院常务会议讨论并原则通过《横琴总体发展规划》，决定将横琴岛纳入珠海经济特区范围，对口岸设置和通关制度实行分线管理。全国人大常委会授权澳门特别行政区对设在横琴岛的澳门大学新校区实施管辖，横琴岛澳门大学新校区与横琴岛其他区域实行隔离式管理。新闻最后补充道：“这意味着，横琴岛一部分将成为实施‘一国两制’的新区域。同时，一旦港珠澳大桥通车，横琴岛将成为连通粤港澳三地的战略要地。”

单独看一个岛的经济特区模式并不新鲜，其意义也不很显著，但结合到“一国两制”政策延伸的大背景下，这个事件的意义、信息深度以及给受众的启发就非常深远了。

三、挖掘事件内幕，深化新闻价值

很多的新闻线索，在记者采访过程中会发生出人意料的变化，通过对新闻事件的调查，记者有可能发现更多的内情。这些幕后的信息是深化新闻价值的最佳入口。

2005 年，关于清华大学美术学院教授陈丹青辞职一事，中央电视台的《新闻调查》和凤凰卫视的《名人面对面》都制作了相关节目，我们可以对比来看。

《名人面对面》主要介绍了陈丹青本人的履历背景以及个人访谈中所展现的性格特点等；《新闻调查》则从辞职事件的背景入手，采访了与陈丹青有关的人物，包括学生、美术学院老师和教育部门官员等。两个片子都通过人物简介等背景资料来引入事件，而有区别的是：《名人面对面》只是单纯地展现陈丹青对“反”的理解以及个人对辞职的感受和看法；而在《新闻调查》中，记者柴静了解到陈丹青连续四年没有招收到研究生，通过探访落榜生听到了他对英语考试的批评意见，通过这些背景资料来展现辞职事件发生的根本性的，或者说是更深层次的社会原因，对比来看，也就能够使新闻价值更加显著。

新闻价值的体现，在电视采访中也是一个需要前期采访和后期编辑综合考虑的问题。但在采访过程中，电视记者所具备的超前编辑意识，通过整体策划，将对素材采集的效率和新闻价值的深化起到决定性的作用。

第四节　策划基本要求

一、策划要以调查研究作为基础

电视采访不是凭空想象，而是在充分占有事实材料的基础上进行的去粗存精、去伪存真、由表及里、由浅及深、由近及远的思考、判断、选择，它为新闻报道提供灵魂和方向。

二、策划必须尊重新闻规律

策划不能无中生有地制造新闻事件。多年以前，某电视台为了调查社会上人们是否乐于助人的真实情况，派一名记者假扮成盲人在街头行走，假装遇到许多困难，然后用隐藏的摄像机拍下人们对这位假盲人的态度——这种从开始就对观众、对行人不真诚的采访策划，即使真的拍到了什么，也是违背新闻规律的，不值得提倡。

三、策划方案要有可操作性和可行性

策划方案的制定不能闭门造车，它应该由经验比较丰富的记者来完成。只有经历过各种现场的记者才能在策划时比较准确地预测策划方案是否可行，避免现场条件的限制以及情况变化带来的“停摆”。特别需要注意的是，策划前期要充分考虑到报道的多媒体发布。

多媒体发布的根本指导思想是“阶段化”和“分众化”。“阶段化”即根据新闻发生不同阶段的报道要求和受众的信息需求，统筹各个媒体和部门，实现时间序列上的传播“最优组合”。而“分众化”则是从受众需求特点及平台传播特点出发，打造差异化、个性化内容，实现内容和平台上的“最优组合”。

多媒体发布的另一要点，便是不同媒体间的“联动”和“互相借力”。在时间的“阶段化”和基于受众、平台的“分众化”的基础上，传播者需要整合系统的平台资源和内容资源，在新闻传播周期内，同类内容彼此链接，不同平台互相促进，营造“彼未伏，此又起”的传播景观。

四、策划要具有灵活性和可变性，要有应变的多个方案

为了应变现场，策划要充分考虑各种可能遇到的问题甚至麻烦，制定几套方案，以便在一套方案行不通时依然有后备方案可以用。否则，一群记者在现场“停工待料”，会造成更大的损失。

新闻采访策划的重点在于行动方案、风格样式、应变装备等，而具体情节、人物行为、对话则完全靠现场的抓取和选择。

此外，在一些重要的预知新闻事件的采访前，电视记者应该对拍摄现场进行事前的勘测，做好充分的技术准备，确定好机位，设计合理的运动路线。电视记者还要在拍摄前做好设备的检查，带好所有拍摄所必需的各种设备，防止因“小”而失“大”。

五、策划要体现融媒体的宣传思维

媒介融合的现实环境不仅影响了电视采访的内容呈现方式，也深刻地改变了既有的报道策划思路。这其中，尤以短视频和移动直播最具代表性。在策划环节，需要综合考量报道视频的传播形态以及受众收视习惯，体现跨屏思维。

中央电视台 2015 年 12 月 28 日至 2016 年 1 月 3 日《晚间新闻》中播出的特别报道——《深改的力量》，就体现出了融媒体的策划思路。

这组特别报道从民生、环保、司法体制、经济、对外开放和反腐六方面全景解读“深改”，在三个方面做出了创新：

其一，节目以基层党员和群众讲述深改带来的身边变化为主体，在政策终端洞察变革的细节。而同期，《人民日报》、新华社、学习小组等媒体和中央电视台现有栏目的有关深改的报道，均以时政要闻、评论、记者调研、图文解读等形式为主。节目对普通人的讲述，运用了最专业的人物面部高清拍摄，统一背景、灯光和色调，让各行各业的普通人面对摄像机侃侃而谈。节目在北京、上海、贵州、河北、陕西等地，先后拍摄了超过 150 位普通人，对全面深化改革也进行了一次很好的宣传造势。

其二，节目运用虚拟演播室技术，通过主持人调动多种视听元素，将相对“硬”的全面深改政策脉络梳理清楚，最大限度地可视化，简洁明了。平均每期八分半的节目，人物采访和虚拟演播室相互切换，节奏明快，画面运用精良，使节目取得了较好的收视效果。

其三，节目在进行电视屏和手机屏双屏互动上，进行了探索和尝试。在电视屏播出之前，推出了针对新媒体的节目宣传片 Rap《深改小组两岁啦》，该片在新媒体上的点击量累计超过 7 000 万，开创了政策类节目宣传推广的新模式。节目在电视屏播出的时候，“央视新闻”客户端也同步推出“深改的力量”专栏，网友对节目纷纷点赞留言，环保、反腐这两期节目的点击量甚至超过了 10 万。

【课堂讨论】

以最近发生的一个重大新闻事件为案例，组织课堂小组讨论如何进行这次重大事件的电视报道。

【思考题】

1. 为什么电视采访必须有严密的策划？
2. 电视采访的基本内容包括哪些方面？
3. 电视记者如何介入采访现场？三种方式各有什么特点？
4. 在采访现场，电视记者如何把握参与和观察两者的关系？
5. 在电视采访中，如何通过策划体现新闻价值？
6. 在电视采访中，以编辑部为核心的策划有哪些好处？有哪些形式？

【作业】

选取所在校园的一次较大的新闻事件，做模拟的电视采访报道的策划方案。

第五章

现场取材的方式与内容

记者是电视采访的主体，而电视采访的客体则是现场。

什么是现场?

现场是指新闻事件发生的真实时间和真实空间。

现场是电视采访的核心，是电视记者采访的直接客体。

电视采访所面对的现场有以下两种情况：

(1) 新闻事件正在发生的地方；

(2) 由于记者的采访而出现的现场。

第一种情况比较好理解，第二种情况多见于人物专访、现象类新闻等采访中，也就是说，这些事件和场面，如果记者不出现就不会发生，如专访国家元首等。

现场是主客观相互交融的存在。首先，只有电视记者到现场，现场才有意义。一个新闻事件的现场，如果没有记者和摄像机的存在，那么这个现场对于电视采访来说就是没有意义的。其次，像氛围、心态、细节这样一些现场的重要构成要素都有很强的动态性，都因记者的提问、交流的过程而活跃。可以说，现场的报道价值依赖于记者的采访活动而实现（见图 5-0-1)。

1995 年 4 月 14 日，某地方台黄金时间新闻栏目中播出一条消息：为了活跃群众文化生活，该市有关部门组织了一次风筝会。会上，群众高高兴兴放风筝，活动取得圆满成功，但是画面中始终没有出现解说中谈到的现场画面。而在第二天中央电视台的《新闻 30 分》栏目里，同样的新闻事件，记者却报道说，这次放风筝的活动没有取得预期的效果，许多群众只是因为得知会上将派发风筝才去的，因此不少人领完风筝就走了。在这条新闻中，电视画面上出现了群众领完风筝即离去的现场画面。这两则电视新闻，孰真孰假不用明说，但有一点毋庸置疑——第二条消息是记者从现场采访到的，是有现场的新闻。否则，记者不可能拍到细节如此真实的情况。

缺失现场的电视新闻不是真正意义上的电视新闻。在此，我们还可以回顾一下在技术不够发达的年代的一些电视报道。

1987 年 5 月，我国大兴安岭发生持续多日的特大火灾。中央电视台驻沈阳军区记者站的成员几乎全体出动，赶赴火场。但由于交通和技术设备的落后，电视台不能及时得到现场图像，只能在每天下午 5 时，由火灾现场记者用军用电话向中央台值班编辑传送当天的

图 5-0-1　2015 年 8 月，天津港爆炸，记者现场报道

现场最新情况。《新闻联播》连续多日播出既无现场图像，又无同期声的口播新闻。以下是 1987 年 5 月 12 日晚《新闻联播》的一条口播新闻稿：

本台驻沈阳军区记者于亚军今天下午 5 点从沈阳军区作战部获悉：塔河地区的火势已缓解，但仍有危险。在塔河北侧，部队和民工挖开了 19 公里长的防火道。今天大兴安岭风力 5 到 6 级，上午 8 点到 9 点下了一场小雪，但火势没有缓解……

这样一条电视新闻，只是一条“口播新闻”，由于不具有视点的“亲历性”而失去了电视优势，它不是真正意义上的电视新闻。

现如今，尽管电视直播技术已经高度发达，但是有时候为了时效性，重大突发新闻即使没有现场画面的支持也要抢在第一时间发布。“5·12”地震报道中，15 时整，中央电视台得到消息后的第一条新闻就是主播海霞以 60 多字的新闻稿配字幕的形式播发的：“本台消息，四川汶川发生地震后，胡锦涛总书记立即作出重要指示，要求尽快抢救伤员，保障人民生命安全。温家宝总理正赶赴灾区，指导救灾工作。”这是在没有能力拿到现场画面的情况下的最好选择，而从 22 时开始，接下来十几天的特别节目中就都是结合大量的现场报道对地震情况和抗震救灾工作进行的全方位的报道。

现场的重要性就在于它是新闻发生的真实时空，负载着生活的真实，因而也是历史的真实，它让所有在场的记者不自觉地肩负起了记录历史的神圣使命（见图 5-0-2）。

电视采访的素材是在现场完成的，电视采访的全部特性也都来自它的现场性。如何处

图5-0-2　记者实地采访天津港爆炸

理现场是判断一个电视摄制组水平的标准。电视采访中的现场具有以下几个特性：

（1）稍纵即逝，不可逆转。

美国的本·克莱门茨形容现场时说：有时候它只存在片刻，稍纵即逝；有时候它藏在极普通的外表下面，貌不惊人，难以辨认。

事实上这隐藏着的视觉美点才是真正神奇有趣的东西。生活中有价值的瞬间都需要人的慧眼去发现。

采访现场是时空交汇点，具备所有以时间为存在基础的事物的特性。现场呈动态发展，不做停留，同时也不可逆转。

（2）不断变化，随时发展。

现场是随时变化的。在电视采访中，无论记者多么神机妙算，都无法完全预料现场的真实情况。

电视记者面对现场时，经常会有多种变化不断出现，令人目不暇接。随时发展的情节和出人意料的变化也正是电视采访的魅力所在。

（3）现场信息的全方位性和记录现场的选择性。

在电视采访的现场，各种不同类型的信息全方位地同时出现在镜头前，比较准确的描述是：信息呈“场”态。

信息呈“场”态，是电视传播的一大特点。它指的是在传播过程中，传播内容的全部信息元素，诸如环境氛围、人物表情等形象的、文字的、声音的等多种符号同时作用于观众，避免信息在传播过程中的丢失或畸变，使传播内容得到多方位、多角度、多侧面和尽可能全面的还原。

然而，生活中真实的现场与记者实际拍摄下的现场还是有很大的差距。即使同时采用数十台摄像机，记者在记录现场的过程中还是要按个人判断，对不同的形象内容加以取舍。记者记录的现场时空不等同于现场的真实时空。所以说，如果说真实时空的现场是客观的，那么，记者所记录的现场就带有了记者的主观性。

以上三个特性给电视采访工作带来了难度和挑战。

采访现场由人物、事件情节、氛围心态、环境细节等诸多要素构成，了解和熟悉这些要素的特点及其在电视采访中的重要作用，是搞好采访工作的观念基础。

无论是电视新闻还是纪录片，凡属非虚构类电视节目的采访，其现场取材的基本观念都是一致的，这就是“纪实”。

在中国电视界强调纪实很有必要。由于中国电视经历了长时间的解说加音乐的专题片时期，在电视采访中，传统观念的烙印仍经常显露于荧屏。

电视采访是以现场为核心的纪实，一则电视报道的主体素材应该在现场完成，并以现场的图像信息为主。

带机采访是电视采访的重要特征，电视记者的采访活动以摄像机为核心展开。离开摄像机，电视采访所获得的素材就失去了电视特色。

从方法论上来说，以摄像机为中心的电视现场取材方式，其基本要点是向未知取材、随机结构和记录过程。在这三者当中，最核心的观念是以开放性的思维方式记录真实生活。

第一节　向未知取材

现场稍纵即逝、不可逆转等特性要求电视采访必须采用前进式的、面向未知的动态进程现场取材。否则，那些从未知到已知的影像信息会由于摄像机的遗漏而永远地消失在历史的长河中。文字采访可以等待事件进程有了结果才写稿，而电视采访则不同：事件一结束，采访也就失去了可以摄录的内容。

比如，电视记者拍摄航天飞机升空，没有人会预知结果如何，从理论上来说，成功和失败的概率各是50%。电视记者要想记录，就不能空手等待已知的发生，而是在发射之时就提前开机拍摄，因为航天飞机升空成功或突然发生爆炸都是新闻。

所以说，向未知取材、动态地记录镜头前正在发生的事件是电视记者别无他法的选择。电视记者要对现场的信息进行即时判断、选择和记录。电视纪实的魅力也在于记者与观众一起去探知未来，这正是电视媒介呈现出独特的真实感的原因。

2001年9月11日，法国摄像师祖斯·劳迪特、格狄安·劳迪特正扛着摄像机随纽约一支消防队拍摄。他们兄弟二人跟踪拍摄这支消防队已经好几个月了，他们计划制作一部有关纽约消防队的电视纪录片。8时46分，消防队员到达现场，他们正在用仪器做检查，突然听见飞机低空飞临的声音，祖斯迅速地随着声音将摄像机镜头抬高，这无意中的拍摄，记录到的是一个改变了世界与历史的经典镜头：一架大型喷气式客机正对着世贸中心双子大楼的北翼撞去，一团巨大的火球顿时从大楼撞击处喷出，浓烟弥漫在曼哈顿上空（见图 5－1－1）。

图 5－1－1　祖斯拍到的“9·11”恐怖袭击画面

这段画面的拍摄也显示出向未知取材、开机进现场、有预见性地提前开机以及面对面直接交流对话等富有电视采访特点的方式，体现了记者的新闻敏感。

前面提到的大型电视纪录片《中华之剑》主题的形成有较长的案头工作和前期采访策划作为基础，为数众多的记者对宏观情况进行了深入的调查，理解和明确了拍摄的目标。

但在具体拍摄过程中，一切都只能是在摄像机到达现场后向正在进行的生活取材，去选择生活自身的流程，利用人物自身的行为个性，利用各种偶发事件，在现场进行形象素材的取舍。比如《失乐园》这一集，宏观上要表现毒品肆虐之深，危害之广，围绕着它去生活中寻找事例、人物和情节。记者开机，随着干警到了云南保山市河图乡的张久林家，一进家门，一副破败的景象呈现在镜头前，张久林的父亲绝望地指着身边痴呆的儿子向记者诉说。他说儿子张久林曾是一个强壮、聪明的小伙子，由于吸毒致残，刚结婚的媳妇回了娘家……张久林在采访时一直表情木然，老母亲倚在门旁，欲哭无泪……

摄像机真实地记录下了一切。在云南畹町市弄弄村，记者随公安干警走进一间破棚子，棚子四壁空空，一堆破棉絮里坐着几个又痴又聋的孩子，他们的父亲由于吸毒已经身亡，母亲为丈夫的吸毒哭瞎了一只眼睛。1994 年 8 月，摄像机镜头记录下三四个因吸毒而濒临死亡的人的挣扎。在临沧运输总站院内，一名吸毒者手中捏着针管刚刚死去，一旁的干警介绍说：“我们县今年因吸毒死亡的人，这是第 35 个了。”这些画面事先无法预知，其场面、情绪、语言都是生活中随机而来的，是随摄像机到达现场之后才出现在镜头中并被摄像机记录下来的，它们因此而生动、鲜活。

向未知取材，摄像师必须掌握好最佳的开机和关机的时机，以确保记录到新闻现场的重要的真实的动态画面。对于摄像师来说，“不失时机”地记录稍纵即逝的现场动态画面是最大的难题，也是对摄像师新闻素质的极大考验。

阿尔信特·隆德在《快速摄影》中指出，我们要顺手抓住所有那些也许会出乎意料地出现在我们眼前的并在某些方面使我们感兴趣的东西。

一般来说，开机时机的把握主要有以下一些需要注意的情况：

其一，等待开机时间。

在很多新闻事件的拍摄现场，电视记者无法预知将会发生什么，因此，要拍到有价值的电视画面就需要耐心等待时机。

2009 年 6 月 1 日，法航客机失事之后，为了第一时间报道最新消息，诸多媒体的记者都聚集在巴西里约热内卢机场，有的连续工作 24 个小时以上。在奥运圣火传递的报道中，记者甚至要提前几个小时等候，采访拍摄新闻中需要的镜头。图 5－1－2 显示的是 2015 年 11 月 7 日，诸多媒体在新加坡香格里拉酒店等待拍摄“习马会”的珍贵画面。

为了拍到需要的素材，电视采访中的等待是必需的。

图 5－1－2　诸多媒体在等待习近平、马英九“世纪之握”的珍贵画面

其二，在突发事件中，要开机进现场。

由于现场稍纵即逝的特性，即便电视记者采用前进式的取材方式，在那些突发事件面前，还是会常感力不从心。比如那些突发的爆炸、刺杀、车祸、空难及其他意外、事故等，这些事件会在瞬间发生，也在瞬间消逝。对于电视记者来说，要想拍到类似《京通高速公路发生严重交通事故》的现场画面，需要依靠一定的运气。

但电视记者能够把握的一点是迅速赶往事发现场。总的来说，突发事件的现场，在短时间内还会保留一些采访线索和可以记录的形象信息，比如当事人、目击者等。现场的一些事件可能仍在延续，比如救护、逃生等。

拍摄突发事件时，电视记者要开着摄像机进入现场。在突发事件中，每一秒都是宝贵的，记者进入现场碰到的任何画面都可能随时消失，记者有必要把每一个可能节省时间的办法都用上。

一名电视记者在赶往外事活动的采访途中，突然遭遇一匹惊马。记者面对这一突发性事件，在还不清楚事情原委的情况下，就已经开机了，将事件发展的过程记录为与观众一同探求未知的形象素材。这名记者用敏锐的嗅觉、熟练的技能及职业的责任感抓拍到了《警民奋力拦惊马》（获 1985 年度全国电视新闻一等奖）的全过程：狂奔不止的惊马、奋力跃上马车的交警、骑摩托追赶惊马的警察、奋力跳上马背的青年、紧紧拉住缰绳的手……由于提前开机，这一切画面都被电视记者摄入镜头中。

可见，如果电视记者的新闻素质十分优秀，有些突发事件还是可以被记录下来的。

其三，遇到重大或突发情况要下意识地不关机。

电视记者随时会遇到突发性事件，也会有机会采访一些重要的人物和事件，那么，电视记者经常会遇到的情况就是：现场画面十分珍贵，而且稍纵即逝，这就要求摄像师一直开机采访，不能随便关机。

2008 年 5 月 17 日，胡锦涛总书记到震中汶川县察看受灾情况，指导抗震救灾工作。就在总书记讲话的过程中，又发生了一次比较强烈的余震，随行记者没有慌乱，保持开机，记录下总书记不顾危险，在余震中坚持现场指导工作的镜头，新闻《胡锦涛冒着余震深入汶川县指导抗震救灾工作》获得了热烈的反响。

北京电视台拍摄的纪录片《中国母亲》系列中，《一个农村母亲和她的三个孩子》一集主要讲述一位山区母亲含辛茹苦培养三个孩子上大学的故事。影片中的一个段落是拍摄小女儿从学校回家，买了点酒菜和母亲、记者一块吃晚饭、聊天。正聊得起劲时，突然停电了。这时，摄像师头脑非常清醒，并没有因此而停机。摄像机继续记录着记者和母女俩在黑暗中持续的对话，声音占据了整个画面，一直到母亲划亮一根火柴，点亮油灯，画面上重新出现他们的身影，摄像机也没停止。摄像师懂得这种意外的情境具有的特殊的生活情趣，画面生动、鲜活、真实、自然。

其四，要有一定的预见性，把握事件发展脉络，等待高潮的出现。

电视记者在一定的时候需要依靠直觉对现场进行判断，预见事件的发展方向和即将出现的场面。没有预见能力，很多精彩的突发瞬间就会白白地从镜头前流失掉。

获 1996 年度中国电视新闻一等奖的《朱卡嘉没有走》是一条长 1 分 28 秒的短新闻。获奖的重要原因之一是它成功地记录了激动人心的一幕：

在宁波凤凰剧场举行的一台专题晚会上，最后一个节目是为纪念为杭甬高速公路建设献出生命的朱卡嘉而创作的独幕舞剧——《路魂》。舞台上，当男主人公的母亲抱着在工地上牺牲的儿子悲痛欲绝时，坐在台下的朱卡嘉的母亲禁不住潸然泪下。演出一结束，激动的观众就把朱卡嘉的母亲簇拥到了台上，没想到男主人公的扮演者情不自禁地跪倒在朱卡嘉母亲的面前，台上台下的情绪一下子达到了高潮。朱卡嘉的母亲即兴说道："我的儿子朱卡嘉虽然为杭甬高速公路献出了生命，但我做母亲的没有懊悔。"

拍摄这条新闻的电视记者对场上场下情绪的发展有一定的预感，紧紧地关注着中心人物，所以能不失时机地完整地记录下上述的全过程，而这样一个新闻现场，并不是所有的记者都能够抓拍到的。摄像师在新闻现场必须具有一定的预见性，及时把握事件流程和关键人物的变化，这也是在任何类型的采访中记者都须掌握的。而对于电视记者来说，不仅要预见到，还要拍摄到，并在体力上坚持到最后——相对来说，这更不容易。

第二节　随机结构

随机结构是指在电视采访过程中，记者要以生活和事件自身的发展逻辑来结构素材、发展情节、调整主题。

以电视新闻《撤离，提前了半小时》（获 1991 年度全国电视新闻一等奖）为例：

解说词：8 月 26 日，记者获悉救灾部队当天 19 点撤离澧县，18 点 45 分记者赶到部队驻地云市中学。

（前来送别群众的同期声）

群众甲：你们来迟了，部队已经走了十多分钟了……

群众乙：……

群众丙：……

解说词：告别这些主动为部队送行的群众。我们掉转车头，以每小时 100 多公里的速度追赶部队，这组镜头是我们在临澧县修梅镇拍摄的，这时已是 19 点 30 分了。记者截住前面的指挥车，采访了广州军区某高炮旅旅长、澧县救灾部队副指挥江明坤中校。

（江中校同期声）

我们到这里参加澧县抗洪救灾已经一个月了，在这一个月中，我们和当地党政机关和灾区人民结下了深厚友谊。今天我们走，本来指挥部安排我们 7 点出发，但我们考虑当地党政机关工作很忙，来的人会很多，所以 6 点半就出发了。我们是党领导下的人民子弟兵，一方有难，八方支援，我们人民子弟兵参加抗洪抢险也是理所当然的……为了不打扰政府和人民群众的正常工作和生活，决定提前撤离。

…………

拍摄这条新闻的记者原来打算去现场拍摄的内容是送别的场面：军地双方领导讲话、地方领导向部队赠送锦旗之类的感谢品、群众依依送别……但是，记者到现场一看，部队已经提前撤离。情况出现了意想不到的变化。

其实，这时候，真正的新闻事件才刚刚开始发生——因为它是无法预料的。记者到了现场，仍然开机拍摄，采访群众。接下来的事情就是发展新闻线索、调整采访主题了。两位记者以100公里的时速追赶部队，一路上喇叭长鸣，不断超越军车，并一路及时开机拍摄，这些画面使这条新闻具备了浓厚的电视特点：有现场、有气氛、有过程、有悬念，能吸引人看下去。这时，记者最初的采访主题——“军民送别鱼水情深”已经发展为“人民军队一心为民着想，不给老百姓添麻烦”，如此一来，这条新闻的内涵更深，超越了预定的传播效果。

很多电视采访中还会出现预定采访主题全盘改变的情况，它同样使电视报道的特点和优势得以充分体现。

例如，一名电视记者接受上级任务，去北京郊外采访一条集体婚礼的“关系稿”。预定主题是对林业部门100对新人以植树作为结婚仪式的一次动态消息报道。记者到现场后，发现植树结婚本身没有多大的新闻价值，于是放弃了预定的主题。在现场，记者无意中发现了另外一些自发前来种植各种纪念树的人群，有的为孩子周岁种树，有的为朋友生日种树……记者询问了有关管理人员后得知，这几年自发前来植树的人逐年递增，于是将采访主题更改为：自发植树成为新风尚。记者采访了一对新人、几个朋友、一家三口，从种植纪念树表达爱情、友情、亲情三方面进行了以点代面的说明，最后还采访了林业部长。部长说，全民植树要从单位组织向个人自发转变，种植纪念树是一种有效的方式。主题的变化使一条平淡无奇的“关系稿”成了一条真正的新闻。

在采访中，电视记者一定不要一门心思地拍一个固定的内容。无论是新闻还是纪录片都是如此。《生活空间》的制片人曾讲述过这样一件事：山东省某村即将通电，从此，山东省将彻底消灭“无电村”，这是一条很有报道价值的新闻。那一天，地区台、省台乃至中央台都派记者到现场采访。《生活空间》的制片人在审看一线拍回来的素材时，感觉内容十分生硬，是一些程式化的画面，当时就向那位一线记者询问原因。记者谈起当时的场面：很多记者在拍摄之前给村民们布置任务，叫老乡打扫村子，找出合适的人家拍摄第一次拉亮电灯的场面，还建议村支书买鞭炮，在合闸时好有喜庆的鞭炮声。因为村子穷，村支书没钱买，只在家中寻出一挂存放了多年的鞭炮……可以想象，经过这样的布置，到通电那天，所有电视记者拍出的内容当然相差无几。

这时，制片人给记者提了一问：当你进村后，大家在布置任务时，你为什么不开机记录？这不就是很富有生活气息的内容吗？一方面可以记录村子通电的过程，另一方面也能表现一下中国的记者是如何拍新闻的，主题可能更加深刻。

这位制片人的设想很不错，电视采访的现场取材绝不能先入为主，不能对正在发生的真正的生活内容视而不见，而只按自己头脑里的框框拍摄素材。

在电视纪录片的采访中，记者要善于发现矛盾，追寻矛盾的原委。而在揭示矛盾产生的过程中，会自然形成真实生动的情节。而同时，矛盾的揭示还会深化采访的内涵，使采访进入生活的更深层面。

天津电视台计划采访一位常年资助凉山贫困学生的爱心人士张俊兰，本来计划的是面对面的访谈，但没想到访谈一开始，张俊兰接到了一条短信，就有些着急，她把电话拨了过去，话筒那边传来一个女孩哭泣的声音："张妈妈，外公拿烧火棍打我，他说我读书不赚钱，他让我出去打工。"

张俊兰的眼睛湿润了："孩子，千万不能放弃。在布拖县，能够读到高中的孩子少，而女孩就更少。你有这样难得的学习机会，无论多难，都要坚持住。出去打工很苦，小孩子打工根本没有前途。你是女孩，一定要注意处处把持住自己，千万不能灰心，这是妈妈说给你的话。如果家里不方便学习，我想办法联系学校住宿，看看需要多少费用。这段时间，外公再打你，你就告诉他张妈妈已经知道了，她会让县上的干部找你。"一番语重心长的温暖的话语，让女孩的哭声停了。

摄像机一直没有关机，记录下了这个电话的全过程，采访也就围绕这个电话展开了，最后播出的节目也是以电话内容为主，自然而真挚地展现了张俊兰的情怀。

随机结构的核心是：按照生活自身的逻辑结构情节，调整报道主题，记者不能先入为主，不能以自己的想象代替生活的真实。

《生活空间》的记者从河北一家报纸上看到一则图片报道：《农家女成了模特》。报道的内容是河北轻工业学院办了一个模特班，学员大都来自农村，一位名叫吕娜的农村姑娘是这组图片报道的主要人物。记者觉得这一题材不错，可以继续作为一部纪录短片的拍摄主题，便与该校的老师联系，决定以吕娜为主线，报道这个班的事迹。谁知记者刚开始拍摄，就发现现场气氛不对，很多女孩不愿配合，背对摄像机，告诉记者不要拍了，并一再表明报道的"点"要找对——要拍就应该拍老师。很明显，由于报纸的图片报道突出了吕娜，其他女孩心里不平衡。吕娜被孤立在一旁，尤其是其中一位与吕娜同乡并担任团支书的女孩，情绪更大。

此时，拍摄工作已经无法继续，而摆在记者面前的有三种选择：一是拍不成了，打道回府；二是说服老师和其他女孩，继续按原主题拍摄；三是现在就开机，拍摄迎面而来的生活、女孩们的心态和眼下的矛盾。

这位训练有素的记者采用了第三个方案，摄像机早已开动，详细地记录着当时的氛围。记者问吕娜："同学们不让拍了，你有什么想法？"吕娜说："同学们说的也有道理，还是拍老师吧。"记者又问："你心里不难过吗？"吕娜说："有点儿。"说着，眼泪就落了下来，她还表示，反正现在社会上的人都是为自己着想。

谁知这句话让团支书听见了，她马上开始"说理"，并且质问吕娜，老师的竭力规劝反而引起双方流下委屈的眼泪……这一切被记者清醒地记录下来，成为该片新主题的素材。

在这一事件中，每个女孩都有自己的表现，每个人心里也都有自己的潜台词。记者把握了整个事件过程中人物的语言、行为、关系及整体的氛围，所以节目不但内容真实、可视性强，而且还引发了许多发人深省的问题：农家女孩要适应现代化的生活，除了环境改变外，还要改变自己的心态，应有大度的胸襟、正常的竞争意识和集体主义精神，以及人怎样对待机遇和公平，等等。

同时，观众也会从她们的表现中得出自己的看法，并内省自己类似的弱点。记者在这一报道中做到了从正在发生的事件中抓取素材，跟随生活的流程从容地改变主题，体现了记者良好的专业素质。

即便是很多预知新闻事件的报道题材，在记者到达现场后，主题仍可根据需要做适当的调整，或报道角度还有随机结构的空间，每位记者都应尽量从预知的主题和事件中发掘新的切入点，努力使它们呈现出未知和即兴的外在形态。

第三节　记录过程

在电视采访的现场，事件和情节往往是新闻构成的主体。记者面对缺少具体事件的采访现场，将难以实现电视特色。

对于电视采访来说，正在发生的事件意味着稍纵即逝的形象信息，因此，作为事件和情节的载体，具有故事性、戏剧性的人物关系和事物关系成为电视采访的记录重点，它们包括原因、矛盾、发展和结果等要素，而所有这一切都落实到了摄像机对镜头前的过程的记录上。

事件和情节是以流动的过程展现在摄像机前的，对于电视采访来说，事件和情节由过程与关键环节组成。

一、过程与关键环节

过程是指事情发生、发展的真实的生活流程，是电视报道中情节和故事的载体。真实过程的记录构成电视采访必不可少的特性。

过程，按其通常的意义，是指一系列活动的展开或一系列措施的实行。它有时是指一种“活动”在克服一个个障碍或阻力或经过短暂停顿之后的继续，有时又指一种活力、一种光线或一种流体从某一固定点释放、射出或流出之后的历程，有时还指从一个点到另一个点、从一个阶段到另一个阶段之间的变化。①

动态画面的记录要有过程，对于电视来说，从未知到已知的过程比其他媒介更为重要，离开了过程，内容就失去了时空的载体。所以，电视采访中最重要的过程是指被拍摄的人和事物在镜头前真实时空中的发展历程。它可以是持续相当长时间的一段生活，比如

---

① 滕守尧．艺术社会学描述．上海：上海人民出版社，1987：170.

像纪录片《高三》那样客观记录一个学生一年内的典型人物生活；也可以是短时间内镜头前发生的故事，例如北京电视台《警察的一天》记录警察在一天内工作的细节过程。

在采访中，还有一类过程是电视所独有的，这就是电视记者现场采访的过程。在很多追踪式或无法预知的突击拍摄中，由于采访的过程自身负载了很多重要信息，因此，记者自身的工作过程也成为必要的记录对象。

2007 年，江苏卫视、凤凰卫视、台湾 TVBS 联合制作了直播节目《生命 20 小时——两岸拯救陈霞行动》，联手报道了跨海 3 000 公里的骨髓抽取、运送、移植的爱心接力全过程。无论是台湾青年捐赠骨髓的仁爱之举、送髓志愿者的责任之心，还是社会各界的关爱之情、海峡两岸电视工作者的竭诚奉献，都在本次新闻直播中得到了淋漓尽致的体现。

直播完整地记录了事件的全过程：22 岁的白血病患者陈霞在苏州的病房等待生命的希望；台湾花莲抽髓手术进行；运送骨髓的飞机从台湾经香港飞抵上海，中间遇到暴雨导致晚点；汽车将骨髓从上海运送至苏州大学医院；骨髓成功输入到陈霞体内，手术成功。其中，凤凰卫视记者吴小莉全程护送骨髓运输，经历了如飞机遇强气流、汽车高速飞驰驶过苏州市区等不可预见的事件，使得记者采访的过程本身也成为整个直播报道中不可缺少的一部分，强烈地吸引着观众的视线。

过程是流动的，而过程的发展总有“点”式的要素，它们是事件发展的关键环节。关键环节是包含在过程中的，但它是过程的价值所在。

对于电视采访来说，关键环节具有重要信息的负载力、内涵意义的表现力和内心情感的表现力。

在电视新闻《长海医院为一幼儿取出误食金戒指》中——

> 画面从医生下胃镜开始，直至戒指从幼儿肚子里被钳出，记者的镜头紧紧跟踪。
> （以上都是过程）
> 当戒指被取出的瞬间，镜头推上去寻找那枚戒指，焦点刚开始是虚的，慢慢调实了。观众这时才看清了取出的戒指，期待的心理得以放松。
> （最后的瞬间是事件的关键环节）

在纪录片《龙脊》中，梦想走出山寨、到乡民族中学念书的潘军权，暑假来到一个废弃的金矿淘金。许多天过去了，记者的摄像机记录下了他淘金的过程。但潘军权能不能淘到金子、能不能挣到家里无法提供的走向外面世界的这几十块钱呢？故事发展的关键环节终于出现了，在离开金矿的最后一天，潘军权决定再淘最后一筛矿渣——奇迹发生了，就是这最后一筛，一小块金子出现在镜头里。同伴和潘军权一同欢呼起来：“可以去读书了！”在整个事情发展的过程中，金子的出现是具有戏剧性的转折点，是事件发展的关键环节。

关键环节是电视记者记录的要点，它们有的是事件的结果，有的是事件的高潮，有的是事件的转折点，但它们对记录一个完整的事件十分重要，在电视报道中，尤其是在新闻片的拍摄中必不可少。缺少了关键环节，事件就是残缺的，或者是逻辑断裂的。比如，航天飞机升空爆炸的瞬间情景、王濛取得冬奥会冠军后跪向教练感恩的动作、比赛场上赵宏博向申雪跪地求婚的经典片段等（见图 5-3-1）。

图 5-3-1　记录新闻的关键环节——2007 年花样滑冰大奖赛比赛结束后，赵宏博向申雪求婚

关键环节在过程之中，在过程的铺垫和余韵中才会具有最大的视觉价值；在高潮点之后，也应该有一些动态的过程，让观众有回味的时空。

二、过程的意义

黑格尔说过："有些人总爱忘记这一点，只看结果，不看过程。他们总喜欢把真实视为一种制成品，却没有意识到，'真实'不是别的，而是一种缓慢的成熟过程，或是一系列必然的但又可以自行纠正的谬误，或是一系列不断自行补充和自行扩展的历程。"

在电视采访中，如果"只看结果，不看过程"，同样会歪曲"真实"的记录。

电视采访中，相对完整的过程具有以下功能：

（1）过程承载故事和情节。

任何一种媒介，要想叙事清楚流畅，都要求过程记录的完整。如果过程缺失或断裂，故事就很难叙述清楚。

（2）过程使节目富含人文信息。

完整的过程展示使电视采访具备更多的人物特性和事件的承载能力，这也是电视采访的人文特性的重要组成部分。电视画面的时空真实性要求摄像机记录现场事件的过程。当过程成为电视采访的内容时，采访本身才有了人本特性，在延时状态中，人本的因素得以充分体现。

在电视记录的过程里，即便是沉默也同样富含不可忽略的重要信息。

2015 年女排世界杯最后一轮比赛中，中国女排战胜了东道主日本队获得冠军，这是中国女排时隔 11 年获得的第 4 个世界杯冠军，也是在 2004 年雅典奥运会之后获得的第 1 个世界冠军。在赛后的采访过程中，中国女排总教练郎平不禁哽咽。电视新闻全程记录了采访过程，非常生动地表现了郎平在带领中国女排获得世界冠军后的状态，过程要比语言的具体内容更能负载新闻事件的意义，这段采访收到了很好的效果（见图 5 - 3 - 2）。

图 5 - 3 - 2　2015 年女排夺冠，郎平在接受采访时哽咽

在相当长的时期里，中国的电视记者过多地注重对“结果”的拍摄，而不重视“过程”。许多时候，记者虽然也在事件发生的现场，也伴随着生活流程在寻找素材，但记者感兴趣的只是事件的高潮和结果部分，而对事件正在进行，一切尚处于未知的行进阶段却不善于去发掘其中的纪实美感，一定要等到知道结果才开机。其实，许多的信息，如人的行为、人与人之间的关系、人的心态，在行为过程之间，在追求某个结果的过程中，会显露得更为丰富和细腻。所以记者在尚不知结果，处于探索、了解的过程时就应开机拍摄。

比如，一位外国高级官员刚刚出席完一个重要会议，从会场出来，假设现在有两种拍法。

第一种：只拍结果，等到这位官员走到摄像机前才开机和提问。

第二种：拍摄过程，记者从这位官员还没出门就开机，记录官员从会场走出到走近摄像机的全过程。

比较一下，我们会发现，在记录过程的镜头中多了很多信息，比如，那位官员走出会场时的表情，走近摄像机的姿态、神情、动作以及他与其他与会代表的交谈神情，他是否乐于回答记者的提问等，这一切都饱含信息：会谈气氛到底如何呢？——观众也会自己进行判断。

对现场素材的选取应该有这样的观念，过程即内容，而不是只有高潮点才是内容，不是结论式的内容。纪实节目如果把结论当作内容，把高潮点当作内容，那么节目是静止的、干瘪的、说教的。如果记者能在捕捉高潮点之前就有预见性，做到高潮到来之前就记录下其发生发展的过程，素材的结构就会使节目具有纪实的美感和全方位的信息，并给观众以欣赏的愉悦和思考的余地。

有些事件的采访过程本身也具有独特的审美价值。大型电视纪录片《中华之门》的拍摄人员就充分利用了采访过程。记者始终记录他们赶赴各个边防哨所的全过程，以及摄制组人员在路上所经历的人和事。比如，记者在云南冒着风雪在独龙河谷跋涉攀登，后来终于因雪雾风暴太大，不得不原路返回。虽然这一集并没有拍到“结果”，甚至没有到达采访拍摄的目的地，但是，这整个艰难跋涉的过程已经具备了丰富的审美价值，而且也使观众对那些摄制组没能采访到的边防战士们更加肃然起敬。

三、对过程的记录

对过程的记录要求电视记者在接受采访任务时就开始结构素材，动态地接近事件的中心和高潮点，在事件发展过程中坚守岗位，不能随意离开现场和失去对事件中心人物的关注。中国的电视记者由于拍摄的会议新闻和请柬新闻过多，已经习惯于对一个新闻事件只用几个固定类型的画面去表现，而不记录整个事件的过程。这一弊病的危害是，记者会漏掉现场许多重要的具有新闻价值的环节和丰富的人文信息。

在电视采访过程中，如果被摄主体十分重要，那么他的一言一行都可能负载丰富的意义，具有较高的记录价值。这时记者需采取全程跟踪拍摄。

全程跟踪式的拍摄，是指不仅记者时刻紧跟被摄主体，摄像机镜头也要时刻对准其人其物，随时记录眼前发生的一切。

比如美国总统访问中国，由于被摄主体的特殊身份以及中美关系的微妙局势，这位总统在中国公众场合的任何言行都可能具有非同一般的新闻价值。或许他在街头与行人打招呼、在幼儿园抱一抱孩子、在长城上兴高采烈、在吃烤鸭时赞不绝口等这样一些小事，都透露着重要的信息，会给后期编辑提供多种可能性。在这种情况下，如果记者不采取全程跟踪拍摄，就可能随时错过宝贵的现场画面和同期声。而对于电视采访来说，镜头的遗漏是无法弥补的。

在纪录片的拍摄中，事件发展过程自身就会形成故事，负载主题意义。

在纪录片《泰福祥日记》中，记者选取了张家口地区的一家国营老字号——泰福祥商场实行承包前后的转折时期进行跟踪拍摄。记者刚到现场时，商场正在进行个人投资买断商品、有偿租用国有资产经营的招标工作。商场原来的经理刘玉娥想承包商场，然而几十万元的银行贷款和疲软的市场让她心里没底，记者的拍摄就从这里开始了，紧紧地围绕刘玉娥在这一转折时期的言行展开跟踪记录。

镜头忠实地记录着生活中真实的一幕又一幕：精明能干的刘玉娥和承包伙伴精打细算，壮着胆交了承包的标书。但紧接着，听到这一风声的商场里乱了起来——员工们议论纷纷，矛盾越来越多。

故事在画面中继续着：竞标成功的刘玉娥又为签不签承包合同大伤脑筋，慢慢地，她了解到承包后商场的冬季取暖费、水电超支费等都要自己掏腰包，许多事先没有想到的费用一项一项增多起来……下定决心的刘玉娥终于向银行贷款50万元承包了泰福祥。第二天一早，“新开业”的泰福祥里，承包后的经理刘玉娥向全体员工训话：绝对不允许上班时间聊私事、上厕所得掐着表、发现偷懒绝对说走人就走人，绝不讲客气……上班只有一条：多卖钱。刘玉娥又忙着与丈夫到库房清点存货、张罗着换锁、叮嘱会计……风风火火的一天下来，泰福祥的营业额十分理想，但刘玉娥又开始担心这只是春节期间的暂时情况（见图5-3-3）。

图5-3-3　纪录片《泰福祥日记》

在《泰福祥日记》中，生活像一幅画卷自然地舒展在镜头前，没有记者的人为干预，它自身就充满了情节紧张、引人入胜的故事。电视记者所要做的是用镜头跟紧被拍摄的主体。一桩桩事件的发生看似偶然，但对于现场的记录者——电视记者来说，它们也有其必然性。因为，如果不发生这样的事情，也必然会发生别的事情。好的选材、典型人物，在镜头里总会留下让观众注目的痕迹，承载着时代的内容。

全程跟踪拍摄是故事情节完整性的保证，也是记录事件发展过程中各个细节的基本方法。

第四节　结构场信息

电视采访的现场信息以“场”呈现，这一方面给电视报道带来了无可比拟的优势，另一方面也要求电视记者在采访时必须记录和营造富含信息量的现场氛围。

场信息结构的提法借用了物理学的概念，它可以清晰地表明信息场区别于以往的纪实拍摄的线形结构。以前，电视记者在现场的处理方法通常是以全景、中景、近景、特写，一个镜头一个镜头地拍摄，后期编辑时再缀接起来，加上解说，形成意义。而“场”的概念是一个场面事件中行为动态的相互关系、形象、声音、环境、氛围、心态等所累积出的一个可供观众观察和体验的时空。

电视采访需要通过以画面为主的形象素材合理而准确地结构这些“场”态信息。

其中，氛围、心态的记录与积累是关键。

现场的氛围和心态是指事件在镜头前积累起来的一种状态，是情节发展、人物言行、人际关系等在记录过程中演化而成的紧张程度，是现场人物心态的外化形式。

氛围和心态不能在画面上直接看到，但记者通过对现场过程和关键环节的准确把握和记录，能使观众体会和感受到。

多宾在《电视艺术诗学》中谈道，气氛使人物所发生的事情得到概括或浓缩……气氛完全跟内在的主题相适应，气氛仿佛补述出言语和动作所没有表达出的东西。

氛围和心态是看不见的，但它是形象的外延，是场信息的重要内容，时空统一和行为影像过程的连续积累出环境氛围，使片子容易进入心态层次。

请看电视新闻《台湾同胞回青岛探亲》中的一段父子重逢的画面——台胞宋兆培时隔38年后才又见到自己94岁的父亲：

（同期声）
父亲：我也不敢认……
宋兆培：这是我爹？
（短时间的哭泣、沉默）
记者：多少年了？
宋兆培：38年了。
记者：您老九十几？
父亲：94岁了……
记者：身体还好？……

其实，当我们把这段电视采访的画面转写成文字的时候，已经感到很吃力，那些文字所无法描述的东西正是电视画面所独有的优势。这段电视采访中，无法从电视画面转写成文字的部分，正是镜头所记录的现场氛围与心态、语气、语调。父子两人38年的相互思念，重逢瞬间的千言万语、悲喜交加，只有电视画面才能完整地记录下来。

再来看电视新闻《戈尔巴乔夫和里根在华盛顿签署削减中导武器协议》中的场景。

在画面中，苏联领导人戈尔巴乔夫一扫在冰岛会晤时给人们留下的“憨厚朴实”的农民形象。他时而面带微笑，时而向群众挥手致意。在里根发表讲话时，他突然插上一句：“这句话您已经重复过几次了。”说着便以一种人人都能理解的微笑面向与会的观众，引得大家哄堂大笑。里根则竭力掩饰着自己的尴尬，也随着大家笑了起来。在签字桌上，两人都以世界一流政治家的风度签了字。当戈尔巴乔夫放下手中的签字笔，主动伸手和里根握手时，里根却没有伸手，他把自己的签字笔插进口袋里，并示意戈尔巴乔夫也这样做。这些细节表明：美苏两国领导人在谈判中内紧外松，争锋斗智，而这些正是美苏武器谈判本质的真实体现。这种微妙的手势、动作、表情和眼神是很难用文字或声音表达的。只有用心判断这些言谈举止，才能从画面过程的记录中感受到国际政治风云中的剑拔弩张。正因为记者对这一场面的记录是完整的、连贯的，动态中的前因后果积累了一种只可意会、不可言传的氛围，让观众充分感受到了人物的心态。

可见，氛围信息对于丰富电视新闻的信息层次是何等重要。氛围和心态的累积与表现会增强作品的可感性，使观众在直观把握形象的同时，也感受到形象内含的情感和思想。

在电视纪录片中，氛围和心态是更为重要的构成要素。《生活空间》播出的纪录短片《许姐的夏天》中，记者通过较长时间的跟踪拍摄，在镜头前累积起特殊的氛围。许姐是一名下岗女工，和大多数下岗工人一样，她没有一技之长，于是许姐参加了许多培训班，拿到了一大堆合格证。然而，许姐带着这些合格证找工作时还是处处碰壁。这一天，许姐来到一个星级宾馆的游泳俱乐部，想谋得一份救护员的工作，但被婉言拒绝了。记者记录了许姐求职被拒的全过程，接着又拍摄了她转过身，面对着宾馆后面一座精美的花园，其中假山绿树相互掩映，红亭碧水相映成趣。隔着玻璃长窗的许姐看得出了神，她情不自禁地对镜头说道："你看这种工作多好啊，修理修理这个地方啊，如果我一个人要在这里边每天工作，我觉得也挺惬意的。其实这种工作我也特喜欢。以后我也想弄一证，学会种花什么的，种草……"

这时，画面中最感人的不再是简单的画面或人物言行——安静的宾馆走廊、渴望和失望交织的许姐、与现实生活存在虚幻般差异的美景镜头……这一切累积起来的氛围和人物心态，构成了片子的独特氛围（见图 5－4－1）。

氛围和心态在镜头中起着结构全片、创造节奏、抒发情感的重要作用。

在纪录片《望长城》中，记者采访了内蒙古、山西、陕西交界的十三边小村。在黄昏中，他与牧羊人来到一所学校，这所学校只有一位老师，一个学生。记者用声音、时间的统一记录了老师给学生教学的一个完整段落。老师念一句，学生念一句，直到整段课文念完。此时，镜头又从映着灯光的窗子缓缓拉出，形成了一种独特的环境氛围。

在许多纪录片中，记者很注重用长时间的特写，将人物在特定氛围中的心态表现出来。在纪录片《沙与海》结束时，记者与主人公刘泽远的小儿子和大女儿谈话，镜头长时间地用近景对准他们，无论周围有什么声响也不摇开。人物面部表情的变化、沉默不语的神态以及对周围事态的反应等非言语信息在长时间的镜头前从容地展现出来，让观众去领悟主人公们的内心世界。

长镜头在纪实中的地位和作用已人所共知，但要达到积累氛围、记录心态的深度，还需要努力探索。

现代纪实手法要求记者在现场以沉稳的心态记录生活。记者安安静静地记录一个完整的段落，不加干扰，结构场信息。虽然记者不出镜，但参与了与采访对象的平等交流，会引发一些颇有个性的谈话，从而在更深层次上参与了与现场的交流。场信息由现场许多微

图 5-4-1　纪录片《许姐的夏天》

妙的细节构成，除了现场记者应该通过谈话创造氛围之外，摄像机镜头也要及时而敏锐地抓拍这些现场的细节。

氛围和心态虽然是客观存在，但它们能否被记录下来与记者的介入方式有密切的联系。氛围和心态在电视纪实中的自然流露是电视采访技巧成熟阶段的体现，需要记者的采访延续一定的时间长度，还需要记者对现场情绪进行适当的把握和激发。

电视采访的现场是以信息场态构成的综合体，现场要素包括人物、事件和情节、氛围和心态、环境与细节等，还有值得专门强调和注意的同期声，下面几章会分别谈到。

第五节　表现典型人物

新闻事件的核心是人，电视记者在采访时要始终关注现场的人物。采访对象在现场的言语行为、面部表情、情感态度以及人物关系等都是电视采访的中心内容。

纪录片大师伊文思说过，每当他真实地表现一个工人的面部表情或神经紧张的姿态时，他才感到真正说出了自己对这个题材所要说的话。

为什么？因为人是意义传达的主要载体。

现场对于电视记者来说意味着镜头经常面对人物。

电视记者到达现场，首先需要寻找和选择的就是典型人物：谁是新闻事件的主人公？谁是目击者？在一大群的现场人物中，谁最重要？谁最具新闻价值？由于采访时间的限制，记者不可能采访每一个现场人物，因此，对典型人物的选择是记者进入现场的第一步。

在电视新闻《南浦大桥成为上海人民心中的丰碑》（获 1991 年度全国电视新闻一等奖）中，记者在密集的参观人群中抓拍到了一位盲人游客。这位盲人虽然眼睛看不见，但他用自己的双脚步测大桥的宽度，用双手度量大桥钢缆的粗细。记者在采访现场中抓取的这一特色人物，使这条电视新闻具有了感人的形象。

在 2009 年国庆 60 周年的现场报道中，记者找到了一位参加过国庆 50 周年庆典演出的大学生进行采访，请他讲述参加国庆活动的感受、对十年来生活变化的感受、两次参加演出的不同感想等。由于采访对象身份相对特殊，他们的谈话具有代表性，新闻价值含量较高。现场每一个具有新闻价值的人物都应当是电视记者目光的注视点，他们是现场的第一要素。

在电视采访中，人物在镜头前的行动举止构成情节内容，直接或间接地表现出人物个性、展现人物的内心情感。在一些篇幅较长的电视片中，现场人物的行为还承载着事件发展的过程。

在纪录片《BOBY 老师，您好》中，包老师的妻子在镜头前讲述丈夫拿家里的钱办业余英语学校而自己的孩子却穿不上新衣服时，她抹泪、站起、转身走到窗前，沉默着久久伫立……这一连串的人物动作都清楚地展现着人物情绪。

在纪录片《龙脊》中，因打架而被老师罚扫厕所的潘能高在厕所前和小伙伴猜起了拳，接下来的人物行为告诉我们，原来，谁输了谁就负责将冲完厕所后的空桶拎回打水处；在纪录片《姐姐》中，姐姐因和弟弟赌气而把棋盘掀翻在地，因看不到动画片赖在地上撒娇，妈妈看电视时只抱着弟弟……在电视采访中，人物的行为如同文学作品中的行为描写，它们在不自觉地塑造着自身的形象。

在前面提到的电视记者采访动车组列车首发的新闻现场，列车开动后，乘客们在车厢中兴奋不已，透过玻璃望着车外飞驰的景物，感受车里不同的新式设施……这些现场人物的行为就是最好的新闻画面，生动地表现了动车组列车对百姓日常生活的影响。记者一一记录下人物的这些行为动作，构成了新闻报道中动人的片段。

现场人物的语言作为现场同期声的重要组成部分，需要电视记者予以特别关注，尤其是一些典型人物、重要人物，他们所说的每一句话都有可能是重要的新闻线索或直接构成新闻的主体。在下一节中，我们将对此做详细介绍。

每个人都有先天或后天形成的好恶，表现出来就是人的态度和情感。态度和情感是人的价值、好恶、性情等各方面取向的自然流露。人物的情感、态度也是电视采访现场的重要组成部分。

在纪录片《小王丽的家在哪里》中，镜头记录了一位遗弃女儿的继母形象。当记者随民警找到这位继母时，只见她从屋里出来，嘴里还吃着东西，一见民警，脸色大变，随即将手中的食物往嘴里一丢，头一歪说："走，进屋说去。"整个不过十几秒的时间中，这位继母的刁恶形象尽显荧屏。

> 记者问她为什么遗弃王丽。
>
> 她说："她把我逼得太狠了。"
>
> 问："她怎么逼你了？"
>
> "她一见我就哭。"
>
> 问："她一个四岁的孩子懂得什么？"
>
> "她就是不懂，也不应该哭呀！"
>
> …………

在这位继母强词夺理的过程中，她那刁蛮的态度、凶恶的神情，都清楚地说明了一切，也让电视机前的观众为小王丽担心。

人物的态度和情感以其语言和行为为主要载体，也表现在人物的表情、姿态等细节中。在电视采访中，态度和情感是容易被忽视的重要环节。通过这一要素，可以表现现场人物的个性，负载主题意义，进而推动事件和情节的发展，形成故事的高潮。

出于观察的需要，我们将人物这一现场要素分解成行为、语言、态度情感等更细微的因子。然而在电视采访中，它们总是同时出现的，需要记者敏锐而全面的观察。

第六节　记录声音形象

在电视采访中，现场除画面之外，还有一个重要的形象要素，这就是声音。对于纪实节目的拍摄，通常只涉及同期声的记录和表现。

同期声也可以叫作"有源音响"，是指录自现实生活，并源自电视画面自身形象的客观音响，是记者在电视采访中进行现场判断、选择和记录的又一个重点。同期声主要来自人与自然，包括人物的有声语言、人与环境发生碰撞以及自然自身发出的种种音响、有源的音乐等。

一位英国电视学家认为："尽管有着一张图片胜于听一千字的话的古老格言，但任何电视节目的大多数内容是由声音来表现的……当你听不到伴随图像的音响时，大多数图像就会失去现实性和感染力。"

而一位纪录片大师认为：在电视采访中，即使被采访者讲的是一种外国语言，这些声音也使影片中的人与观众更接近了。可见，掌握和运用同期声对电视采访何等重要。

在同期声的采集和运用方面，中国电视新闻的总体水平还有待提高。而表现现场同期声的前提之一是正确理解和认识同期声，它包括以下几个方面。

一、同期声是电视画面的一部分

“声画合一”的实质是：电视画面是有声音的画面，同期声是其声源画面不可分割的一部分。因此，拍摄电视画面时应该完整地记录电视画面的声、画两个构成要素。

就像我们之前提到过的，《新闻联播》关于领导人活动报道的一大改变就是同期声的加入。在以前的《新闻联播》中，会议现场和活动现场的领导人报道都是画面配解说词，领导人同期声的加入使得新闻具有了充实的现场感和信息量，也更能让观众对新闻的内容加深印象。

其实，在此类新闻事件的现场，领导人是最重要的新闻人物，他的一言一行都是具有新闻价值的。但是，以往的新闻中恰恰没有他说话的同期声。而缺失同期声的画面，由于其自身的不完整性，领导人发表讲话或者与群众交谈的画面成了给播音员配的“插画”，这条报道也失去了应有的电视优势。

二、同期声是新闻事实的一部分

新闻现场的音响，比如农村的鸡鸣狗叫声、学校的琅琅读书声、战场的枪炮轰鸣声等都是典型的环境特征的表现。同时这些音响富含信息量，构成新闻事实的重要部分。

三、同期声是现场感的来源之一

声音可以使电视画面的二维平面增添第三个维度，产生具体的空间感。

在台风的现场报道中，记者在暴风雨中出镜报道，雨水的声音甚至可以盖过记者报道的声音，同时，路边的广告牌呼呼作响等声音都能通过摄像机被记录下来。在此类电视报道中，同期声十分重要，它充分展现了新闻现场——台风到来的危险环境。可以想象，如果这条新闻中同期声缺失，那整个新闻将失色多少。

缺失同期声的电视画面现场感要差很多。1993 年 5 月 8 日《新闻联播》中播出了 5 月 5 日下午发生在甘肃金昌市、白银市和武威地区部分县市的一场罕见的沙尘暴。这条新闻拍到了沙尘暴袭击金昌市区时像高山雪崩一样从远方席卷而来的珍贵镜头。但是，记者没有把话筒打开，未能将那声势夺人的特殊声音形象记录下来，整个片子由于同期声的缺失而少了现场感。

尽管中国的电视记者对电视采访中同期声重要性的认识已经有所提高，但是在参与国际重大事件的媒体报道大战时，对同期声的采访与争夺意识还需要进一步加强。

四、同期声还是记者在现场发现和发展新闻线索的来源之一

声音在采访现场通过刺激记者的听觉感官，引导记者注意观察某些重要因素，从而提供比较明确的新闻线索。

1993年3月初，港督彭定康提出了一个“政改方案”，破坏了中英香港问题谈判的基础。当时，由于英国在香港问题上的背信弃义引起的中英分歧日益为国际社会所关注，3月15日之前，中国政府还一直没有就此明确表明立场。李鹏总理第一次在政府工作报告中公开表明中国政府的严正立场。1993年3月15日，李鹏总理在八届全国人大一次会议上做政府工作报告。在进入报告的尾声部分时，李鹏总理的声调突然激昂起来。接下来的仅仅几百字的关于香港问题的一段讲话，赢得出席会议的2 000多名全国人大代表的四次经久热烈的掌声。现场的电视记者非常敏锐地抓拍到了这四次掌声，拍摄制作了两会新闻中获奖的电视新闻《代表民心的四次掌声》。整个采访报道的构成主线就是现场同期声。

这条电视新闻的成功也说明，光有新闻敏感对于电视记者是远远不够的，电视记者还必须具备对于形象的独特敏感。其中，同期声作为电视画面的一部分，自然是电视记者需要格外留意的现场新闻要素。

五、同期声可以独立传达信息

在没有现场画面的特殊情况下，同期声在电视新闻中可以独立传播信息。电视新闻中出现同期声而没有同期画面的情况，可以视作正常的电视画面的一种，这时的电视画面或是全黑或是远离主体，而主要是听觉部分的信息。

中央电视台财经频道《消费主张》中播出了一期《暗访消毒餐具黑作坊　卫生状况令人担忧》的节目。记者来到一家餐具消毒公司暗访，尽管画面摇晃不定、拍摄不全，但是同期声的信息非常充分：

记者：餐具用什么消毒啊？
工人：有热水，往里边泡。
记者：不用高温消毒是吗？
工人：有那机器过高温的不让用，热水消毒。
记者：机器不用是吧？
工人：不用。
记者：筷子就这么晾干是吧？
工人：对。
记者：这筷子怎么还粘着菜叶呢？
工人：哟，没捞净。
…………

由于在暗访条件下没有办法拍摄到同期画面，记者就以部分画面和同期声作为报道的主要内容。观众虽然无法看到完整的环境，但只会感到更加气愤。可见，在特殊的情况下，无论电视画面缺失同期声还是同期声缺失声源画面，其负载的内容都是可以单独存在的。

在某些情况下，声音的录制要求完整，比如说，录制现场演唱的歌曲、演奏的音乐以及重要的讲话发言段落等。这些声音素材经常会在后期编辑时被完整地使用，如果前期录制不完整，后期将无法弥补。

某纪录片摄制组在一个地震灾区人民重建家园的聚会现场采访，几十名在地震中失去亲人的妇女在一起唱国歌，以表决心，场面十分感人。这名现场摄像师由于考虑不周，在拍摄时只注意了画面的抓取，而没有留意声音的连续，结果后期编辑时，发现齐唱国歌这一场景没有一段演唱是完整的，整个都不能用。但是，这已经无法弥补了。在电视采访中，类似情况还是比较多的。这里要求录音师与摄像师之间相互配合好，当需要录制整段完整的声音素材时，摄像师应予以配合，机位、景别可以变换，但不能关机。

声音形象同样是电视采访中重要的形象素材。在拍摄新闻节目尤其是专题片和纪录片时，声音在片中起着重要的表现作用。一名电视记者从策划节目开始，就要考虑到声音的问题，比如是否采用同期声、解说员的预期语调特色等。当然最主要的是，作为摄制组中的编导的记者，对采访现场的一切音响都要有高度的敏感，迅速判断声音的价值和意义，进而根据声音发展新闻线索，结构拍摄过程。荣获 1993 年度全国海外电视节目一等奖和录音单项奖的纪录片《歌魂》中，记者在前期采访时对山西左权地区淳朴的左权民歌留下了深刻的印象，尽管当时才刚刚开始拍摄，无法确定节目最后的形式，但记者根据自己对左权民歌这一声音形象的敏感，提出一条原则：一定要把当地多年传唱的左权民歌原汁原味地记录下来。结果，这些声音素材在后期派上了大用场，为《歌魂》的创作起到了主线的作用。

记录同期声的重点是现场人物的语言。

现场人物的语言不是简单的一种情况，实际上，尽管只要人物在镜头前开口说话，就构成了现场人物的语言，但人物在不同的情况下说话，其语言有各自不同的特点。掌握这些特点对同期声的选择以及后期节目的编辑都有很重要的意义。

（一）现场人物的回答

通常来说，在有出镜记者的电视采访中，采访对象是因为记者的提问或要求才会开口说话。这种对记者的现场提问作出回答的人物语言是最重要的现场人物语言。

现场人物的回答是与记者的提问相辅相成的。一般来说，现场人物的回答会由于记者的提问精彩而有所增色，反之则会减色。2009 年世界游泳锦标赛张琳夺冠后，由于记者的准备资料非常充分，对张琳的提问也帮助他充分地表达出了内心的感情。

记者：张琳，祝贺你为中国夺得第一块男子世锦赛的金牌，那么你有没有想过是在这个项目上获得金牌？

张琳：没有，我们在赛前只能说尽力去拼，我现在不知道应该说什么，但是……（哽咽），我已经说不出来了。

记者：在前几天可以说竞争非常的激烈，国外的选手也都打破了很多项的世界纪录，对咱们造成了巨大的压力，那么你是怎么克服这些压力的？

张琳：其实说实在的，我从第一天400米自由泳到现在，因为选手的水平都很高，真的是无法说谁的状态怎么样，我拿完第三名之后，就已经放开了。因为现在水平太高了，所以我只能是把自己训练的最好水平游出来。今天，我无法……（哽咽），我们在奥运会输的那点遗憾今天在罗马的泳池夺回来了，还有就是我们终于实现了男子在世界大赛中金牌零的突破，也创造了世界纪录。

记者：今天的这个突破又是在我们游泳队这么困难的情况下取得的，对你来说有没有特殊的感觉？

张琳：我觉得只要我们尽力去拼，无论拼成什么样，只要把训练水平游出来，其实就已经非常好了。

记者：你觉得自己今天获胜的关键是什么？

张琳：我现在无法用语言来形容了，我都不知道该怎么去感谢我的教练，我觉得这块金牌是她带给我的，她在比赛之前告诉我很多，给我信心，给我解压。能得到这块金牌我应该感谢所有帮助过我的人。

在这段采访中，张琳的回答是受到记者提问引导的结果，记者在整个采访中，始终把“创造历史”作为问题的核心，这正是张琳内心最大的一个目标，也是他自己思考过很多遍、有话要说、有话可说的地方。所以，他的回答会相对精彩。

在电视采访中，现场人物的回答具有不可预知性，正因为不可预知，它才是真实的、生活化的。记者不能用自己的想象、观众也不能用自己的想象去预见现场人物的回答，这是纪实的趣味所在。请看纪录片《背负民族的希望》第六集《心系国土》中，记者在现场采访守卫在阿拉善沙漠中的战士的一段对话：

记者：十几啦？

战士：18岁。

记者：现在觉得苦不苦？

战士：现在苦是挺苦的，说不苦不是实话，苦肯定是苦的。但是能吃得了现在这样的苦，今后干什么都不怕。

记者：你们谁要对家里说说呢？

战士：这地方这么苦，我每次写信，就跟他们说这地方挺好的，让他们别担心。

记者：结婚了没有？

排长：结婚了，时间不长……在家待了27天就回到边防了。

记者：那你就说几句吧。

排长：家里能看到吗？

记者：我想能看到的，你就讲几句吧。

排长：那我就不讲了。

记者：为什么呢？

排长：免得她看到心疼。

排长的回答是出人意料的。记者本以为说家里能看到他的采访，排长就会愿意讲了。没想到排长怕自己的妻子“看到心疼”，三缄其口——这就是现场人物语言的魅力。生活中形形色色的人，拥有各不相同的心态和愿望。面对电视记者的问题，他们的回答呈现出各种不同和不可预料，并以声情并茂的形式展现在镜头里，这也是电视新闻的优势。

2013 年 7 月，《焦点访谈》栏目针对群众反映强烈的“四风”问题进行曝光监督。接到任务后，记者从众多线索中选取了群众最为反感的证难办的现象，并多次深入江苏徐州和河北衡水等地，通过大量的深入细致的采访，发掘了北漂小伙小周、徐州一位大学毕业生小狄在创业过程中遇到的办证难的事实。同时记者还与当事人一起，多次往返办证机构，真实生动地记录了当事人艰难的办证过程，展示了一些窗口单位的工作人员态度粗暴、苛责刁难、相互推诿的傲慢嘴脸和官僚作风。

许多国际新闻从外国电视机构传过来的时候是有同期声的，但到了我们的编辑手中就被删去了。同时被删去的还有一些画面。这些删减恰好是我国电视新闻观念落后之处的集中表现。

（二）现场人物之间的对话

在采访中，有一部分现场人物的语言不是由记者提问引发的，这就是两名以上采访对象之间的对话。在镜头前，采访对象之间的对话有很强的信息负载力，是采访记录的重点。

1994 年是“国际家庭年”，北京电视台推出了 23 集系列纪实片《京城百姓家》。在《斗室琴声》一集里，为培养孩子早日成才而节衣缩食的父亲推着自行车出了门，正准备带女儿去听音乐会。

女儿说：“爸，咱们打‘的’去吧！”

父亲拍着自行车后座回答：“你还是打我这‘的’得了。”

这段对话虽然简短，却真实地反映了两代人的观念差异、女儿的天真和父亲的机智幽默，同时也表现了人们生活中的无奈与艰辛。

《生活空间》播出的短片《小丫头西西》（见图 5－6－1）中，不愿上幼儿园的 5 岁女孩西西经过力争，获准“一个人”在家。摄像机记录了西西在家中的种种表现——吃冰激凌、打电话玩、哭着喊妈妈、看电视动画片……展现在镜头前的一幕幕表现了一个小丫头的童真世界里所独有的有趣心态。西西还对着摄像机说：“我最讨厌人穿衣服，还有裤子。人要光屁股多好。”“古代的人都是光屁股的。”“我不愿意在家里待着，我愿意在露天里。”“为什么天鹅不能吃，而烧鹅仔却能吃呢？”……

在第二集里，西西在游泳池里和妈妈进行了一段对话：

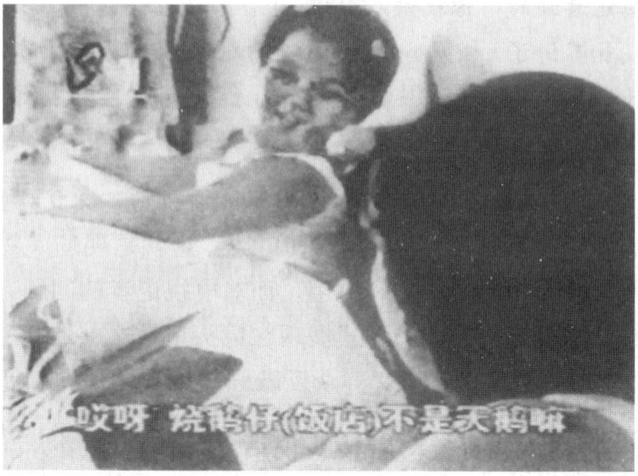

图 5-6-1 《生活空间·小丫头西西》中的人物语言

西西：你咋就跟我爸谈上恋爱了？

妈妈：就那么就谈上了呗。等你长大就知道了。

西西：妈妈你告诉我吧！

妈妈：我现在告诉你你也不懂。

西西（撒娇）：妈妈，我求求你，你就告诉我吧！

妈妈：你爸爸是怎么跟你说的？

西西：我爸说是妈妈追爸爸。

妈妈（笑）：那你觉得呢？

西西：我觉得应该是爸爸追妈妈。

妈妈：为什么？

西西：因为一般的女性都让男人追，男人追女人呀！

妈妈：等你长大了，你也会谈恋爱，也会结婚，也会生孩子，你也会带你的孩子来这游泳的。

西西：为什么呀？

妈妈：因为你也希望你的孩子健康呀。

西西：我本来就不想要个孩子。

妈妈：为什么呀？

西西：太麻烦了。

妈妈：你也知道麻烦了，你算是知道我带你的苦处了，带你容易嘛！

…………

这是一个 5 岁的小女孩和妈妈一气呵成的对话，它负载了丰富的信息：现代社会中孩子惊人的早熟、家庭中温暖的亲情、孩子教育问题的严重性等。人物之间的对话往往能够把人物生活中的背景情况、人物关系、心理活动、情感流露等展现在镜头里。

在这些看似随意的抓拍画面中，西西的个性及丰富的内心世界是通过她的自言自语和与大人之间的对话充分地展现在镜头里的，它们是电视采访中精彩的，也是难度很大的部分，因为人物之间的对话经常是偶发的，需要记者随时判断、随时抓拍。

（三）现场人物的述说

人物述说是指现场人物直接对着镜头说话，与观众直接交流，人物的语言、神态、眼神、表情等清晰地展现在观众面前。

人物述说有以下几个功能：

其一，能更清晰自然地表现人物的个性特点，反映其真实的内心情感。

其二，可以部分弥补电视难以表现过去的事及封闭的内心活动的弱点。

在电视采访中，也大都以记者提示性的提问引出采访对象的镜前自述。随着纪实观念的演进和技术条件的改善，人物述说在电视纪实语言中的地位越来越重要，这是现代电视采访的优势。尤其是在成功的人物专访里，一般都有一段或几段精彩的人物述说。

在对邓小平夫人卓琳的采访中，老人讲述邓小平爱好的一段充满了感情，她说完后开怀的笑容很自然地流露出了内心的情感，让观众能从讲述中感受到革命伉俪的深挚感情：

> ……他最喜欢小孩了，他在办公的时候大家都可以坐在他办公室和他聊天。除了这个，他还喜欢看足球赛，各个足球赛他都爱看，他还喜欢看女排，所有的比赛都看，乒乓球输了，他就说，就是你们都不看，所以才输了……

人物的述说不受记者打断，现场人物的自我情感会从中自然浮现，这种人物自己的语言和投入真情实感的述说，其效果是不能被其他方式替代的。

在纪录片《张学良》中，关于九·一八事变的不抵抗责任问题，张学良自述道：“九·一八事变时，我认为日本利用军事行动向我们挑衅，所以我下令不抵抗。我希望这个事件能和平解决。是我对九·一八事变判断错了。是我自己不想扩大事件，采取了不抵抗政策。所以，我不能把九·一八事变中不抵抗的责任推卸给中央政府。”（见图5-6-2）

图5-6-2 镜前自述——纪录片《张学良》

以上这些都是大段的人物自白，他的语言、表情和手势可以形成完整的个人化空间，让观众进入一个个体的记忆时空或精神世界，具有其他手法难以实现的表现力。因此，人物的镜前自述通常也运用于表现个人情感、精神、观念的表白或完整的回忆等，是最富有电视特征的人本化的记录方式。

第七节 表现环境和细节

环境与细节是电视采访现场的重要因素，应该说，环境与细节是使报道的形象素材立体化的重要手段。正是有了环境与细节的记录，现场才得以全面地展现和记录。

一、环境

地点是新闻五要素之一。

电视采访的现场环境直接构成采访内容。环境是事件发生的舞台，折射事件发生的各种因果元素。事件的背景与事件之间形成相互的影响。环境作为电视采访现场的重要构成元素，具有独特的、不可替代的话语作用，它富含的信息量使事件和人物摆脱了孤立性，成为相互关联的整体。这也正是电视采访的优势所在。

在中央电视台2008年北京奥运会的直播报道中，演播大厅设在奥林匹克公园的玲珑塔中，透过窗户，背景是鸟巢和水立方，环境因素在直播中起到了强有力的现场烘托作用。每当有选手接受专访，演播室的背景自然地呈现为相应的奥运会的标志性体育场馆，这对采访过程可以起到一个促进的作用，容易让采访对象有感而发，在电视画面中，环境与人物自然地融为一体，作为整体形象呈现给观众。

在电视系列报道《走马上任新部长》（获1996年度中国新闻奖电视系列报道一等奖）中，记者针对不同的采访对象选择了不同的环境进行采访——在密云水库采访水利部部长、在堆满书箱的新居采访电力部部长、在第一次全体中层干部会议的现场采访国内贸易部部长、在机关小院采访林业部部长……不同的环境作为陪衬，使电视采访的主角——采访对象发挥得更自如，从而传递出更多的信息。

1986年，美国CBS著名主持人华莱士采访邓小平，他根据电视特点提出把采访地点由邓小平通常会见外国客人的人民大会堂改为中南海。因为华莱士认为，一方面，中南海的古建筑更能体现中国的特点；另一方面，通过外景的渲染，也可以让观众更多地了解中国领导人日常工作的办公所在地。采访快结束时，华莱士特意请邓小平同他一起走出大门，在紫光阁的雕梁画栋前聊了几分钟。华莱士的所有努力都是为了把被采访的人物置于最合适的环境中进行采访，让环境对采访内容和人物进行有益的补充和促进。

在新闻节目中，很多时候，环境是重要的新闻要素。比如《新闻联播》中播出的中国海军第三批护航编队启程，记者站在“舟山”号护卫舰的甲板上做现场报道和现场采访，现场感、时效性都很强。甲板这一特殊的环境负载着众多信息，也是新闻人物的活动舞台，选准了这一环境，使得整个报道既富有动态性，又具有概括力。

在纪录片《现代愚公故事》中，地处王屋山中的水洪池村地理环境恶劣，人们世代过着贫困的生活。由于没有路，该地 20 世纪 80 年代人均年收入还不到 80 元；由于没有路，很多村民甚至一辈子都没有走出过大山；由于没有路，难产的孕妇来不及送到医院就死在了半路……从 1985 年开始，村支书苗田才带领全村 48 个男劳力开始修筑通往村外的路。尽管村里村外不少人对此议论纷纷，甚至笑话他们全部的劳动力“加起来坐不满半个磨盘”，但村里人还是上下一心、拿出愚公移山的精神修路，村支书坦言：哪怕就是为下一辈人打基础也要修下去。由于资金缺乏、工具简单，十年当中有两位村民在修路中不幸失去了生命，村支书至今提起此事还泪水涟涟。十年过去了，水洪池村人用双手创造了奇迹，他们共修公路 27 公里，到村里来的客商多了起来，村民的日子也渐渐富裕了。在整个故事中，水洪池村所处的环境起着重要的话语作用（见图 5－7－1）。

图 5－7－1 《现代愚公故事》中的环境

首先，环境是故事发生的背景。影片对山区的环境做了充分的展示：崇山峻岭，深沟险壑，一块石头滚下去，半天才听见回响……如果没有画面中这些险峻的环境，“现代愚公故事”也就失去了意义。所以说，电视采访中现场的环境与现场人物之间具有互动关系。

其次，环境与记者的提问采访也会产生互动。当村支书苗田才在镜头前回忆两位牺牲的修路人时，巍峨而沉默的大山在画面中起到了很好的阐释作用。

此外，环境对于电视报道来说，还具有必要的叙事功能和节奏功能。很多电视初学者在采访时不重视对环境的记录和表现，不知道如何动态性地表现环境，结果造成后期编辑时的困难。比如，拍摄一位留学生的生活，如果仅仅分别记录这位留学生在宿舍、教室、食堂里的生活片段，而不拍摄他在这些环境之间转换的动态过程，比如路上行走、进屋、出门前后等，那么，在后期编辑时就必然出现人物表现的平面化，使观众觉得人物似乎总在一个地方。

善于记录环境是电视记者全面把握现场的表现，它意味着记者能够比较宏观地观察和利用现场的各种要素。

二、细节

细节是指电视采访现场中富含新闻价值、人物情感和意义象征的细微处。

细节大多以近景和特写景别加以强调，具有揭示事物本身的力量和丰富的寓意性、象征性，是电视报道中的点睛之笔。

细节靠记者主动发现和捕捉，并通过镜头的有效记录加以体现。

（一）细节具有强调作用

在前面提到的《暗访消毒餐具黑作坊　卫生状况令人担忧》的采访中，记者对细节的抓取十分有效。当记者到一些饭馆采访时，发现餐具消毒柜都成了摆设，电源没有插并且机器附近都没有插线板，消毒柜里边放着几件杂物，积了厚厚的一层灰尘，而在给餐具消毒的公司里，洗过的筷子上还粘着菜叶……这些进入特写镜头的细节得到了放大和强调，它等于对观众说："看，这是值得注意的地方！"（见图 5－7－2）

图 5－7－2　电视采访现场的细节——记者在展示消毒公司里洗过的筷子上粘着的菜叶

一名电视记者到江西某地采访当地检察院反贪局在办案过程中枉法的事件。记者去采访前的一个月，有关方面组成的专案组已经对这个案件进行过调查，最后得出的结论是举报人举报的情况不存在，这是高层一级的调查组调查得出的结论。记者在如此不利的条件下开始了细致的采访。结果，记者以高度的敏感发现了案件的关键：账本上跨年度的墨迹是一样的。原来，在记者到达的前一天，采访对象把账目全改了。采访找到了突破口，之后拍摄进行得很顺利。事后，有关司法部门说："你们记者已经达到相当高的侦察水平了。"这其中，对细节的观察和记录也成为最关键的证据。

《新闻联播》播发的新闻《泰总理下令戒严　军方按兵不动》中，出镜记者为了突出报道主题的关键细节，做了这样一段出镜："这里是通往泰国总理府正门的一个主要路口。现在已经是9月2号下午的1点30分，戒严令已经颁布了4个半小时。但是，我们看到在这里指挥交通的仍然是示威者，而不是警察或军人。"

（二）细节刻画人物

艺术都是相通的，在文学作品中，细节描写对刻画人物至关重要。而在电视作品中，细节具有同样的表现力。

细节是进入人物内心世界的窗口，人物的个性通常在他们的一些细微动作和表情中得以充分表现。比如，王濛获得冠军后跪倒在地，向教练感恩；美国总统奥巴马在演讲中总是以特定的微笑显示他的自信……不同人物的这些言行细节蕴藏着丰富的信息，电视记者需要有敏锐的观察力才能用镜头记录下这一切。

在《生活空间》播出的纪录短片《走索艺人》中，走索艺人钟立国、李志勇以在四川窦困山两个石峰之间的铁索上表演惊险动作为生。钟立国非常自信，一副英雄气派。当记者在拍摄他的同伴在深谷上空的铁索上毫无保护地表演时，发现他一个人躲在后面数钱，记者马上将摄像机摇了一个180度，对准他并推成近景，抓住这个细节，表现了他性格的另一面。钟立国自己表演惊险动作，吓得围观游客纷纷惊叫，此时记者却发现他的妻子在堂屋里若无其事地打麻将，于是记者的镜头从钟立国的妻子打麻将的近景连拉带摇，一直拍到吓得游客闭目的走索表演上。这个细节也很有生活情趣：妻子看惯了表演，毫不为丈夫担心。

细节的抓取体现了这位记者眼观六路、抓取细节的能力。

（三）细节能有效地表达情感

电视以具体的形象传情达意，情感的表达也不例外。电视画面中所呈现的情感，细节的突出最具冲击力。

在电视新闻《张琳夺冠创造中国男泳历史》中，记者抓拍到张琳赛后接受采访时，激动得哽咽，掩面而泣的画面，并将近景推成特写。它表现出张琳内心的情感世界，使这条新闻更真实完整地表现了采访对象的情感。

尽管近年来我国的电视新闻报道整体水平有所提高，但是类似的成功细节在我国的电视新闻中总量依然偏少。

（四）细节使节目具有浓厚的现场感

细节是现场的有力见证，因为只有到现场进行仔细观察的人才有可能抓拍到这些细节。同时，现场的细节与环境是互相依存的关系。

我们听说了这样一件拍摄趣事——某摄制组来到辽宁南部山区拍片，经过了解，记者选择了一位被当地人称为“第三代教书人”的小学教师作为主人公。当拍摄这位老师讲课时，一只大狗大摇大摆地走进了教室。应该说，这是一个极富现场感的细节，它不仅使拍摄有了趣味点，更重要的是，这一细节正好能充分地突出辽南山区的特点，它是真实的，平常孩子们就是在这样的环境中上课的。看似偶发的一幕，却蕴涵着丰富的生活情趣和真实性。可惜，追求构图完美的记者把这只碍事的狗轰了出去，还将屋檐下的燕子也赶走了。结果，细节的缺失使环境失去了表现的依托，节目的平淡也就可想而知了。

第八节 结构“过去时空”

电视的优势在于表现正在发生的事情，而对于那些已经发生的事情，电视采访就显得比较吃力。但是，在实际工作中，电视记者经常需要叙述一些过去了的事情、讲述人物传记或历史内容。这种通过电视手段记录和表现过去时空的采访类型叫作逆时性采访。

已经发生过的事情，必然缺失现场，缺失进行时态的事件和流程，只剩下：

（1）经历过现场的人物；

（2）事件发生的环境和地点；

（3）历史资料，包括文字的、图片的和影像的。

在逆时性采访中，要充分利用以上三种因素，在现实时空的基础上结构一种人们可以感悟和体验到的“过去时空”。通常的手法有以下几种。

一、让历史见证人回述往事

历史见证人是电视采访中宝贵的资源，他们的记忆是真实的现在进行时，也可能是最后的记录了。当历史见证人的记忆变为语言呈现在镜头中时，过去的事件被他们的言行情况召唤回来，这是电视采访的优势。

在《邓小平》《毛泽东》等电视纪录片中，历史伟人的事迹都是依靠当事人的追述作为主体加以展现的（见图 5-8-1）。

以纪录片《邓小平》为例，在《戎马生涯》一集中，共出现了十多位历史见证人回述邓小平当年带兵打仗的故事，包括原第三野战军参谋长张震、原 129 师政治部主任宋任穷、张闻天的夫人刘英、原晋冀鲁豫野战军第六纵队政治委员、原国民党政府国防部作战厅厅长等。他们在镜头前有声有色的追述，使观众全面了解了邓小平在军事方面的巨大贡献。这些人物重新在电视中出现本身既具有历史见证性又具有新闻性，他们面对面地向观众叙述，让观众体验到过去了的人物与事件的神貌。

图 5-8-1 纪录片《邓小平》中的人物追述

二、回到历史事件发生的现场，利用历史事件发生的现场环境进行情境式追忆

历史事件发生的现场保留着大量的信息，它们有的是可见的，大到环境，包括土地、天空、院落等，小到会场、用具、照片等细部。正因为这样，人们总是希望能够参观伟人的故居，感受他们过去的生活环境和氛围，这些信息与人物追述相结合，就能比较完整地勾勒出历史的情景。因此，通常历史见证人的回忆和追述放在历史事件发生的现场效果最好。现场的各种信息会进一步激发目击者或亲身经历的人的回忆，形成对过去时空的一种召唤结构，唤起他们的记忆，也唤起观众的想象和感知，使他们都处于一种前语言状态。

当事人被唤起的这种状态包括：

（一）情感

回到历史的现场，对很多人来说会有“物是人非”的触动，它会自然地打开当事人内心深处的尘封往事，使当事人情不自禁地将自我的情感表露在镜头中。

比利时纪录影片《逃向太阳初升的地方》叙说一群年逾古稀的犹太人，沿着第二次世界大战时出逃欧洲的路线旧地重游，寻找那痛苦的记忆，影片充分调动了现在时空的形象来回顾过去；在日本朝日电视台为纪念第二次世界大战而拍摄的《世界各国人民的证言》中，记者把当年为日本军队做过法医的中国台湾老兵带到当年作战的现场——缅甸的一个小山村，老兵触景生情，尘封的记忆被唤醒，禁不住唱起了当年的军歌，声泪俱下……这些拍摄手法，都是利用事件发生的环境来激发当事人的回忆和情感，在人与环境的互动中完成对过去时空的追述。

2005 年，记者到现场采访李学生见义勇为的事迹过程，有目击者接受采访说：“出事时我就在不远处，事情的经过看得很清楚。大约下午 5 点，两个小孩在铁轨上玩耍。就在这时候，火车呼啸而来。铁轨上的两个小孩可能是给吓坏了，不知该往哪边跑。就在这危急时刻，他在马路对面，飞身跑了上来，右手抓住男孩就往铁轨外面甩，同时左手去抓较远的小女孩。但就在刚刚抓到小女孩时，两个人都被火车撞飞了，然后就一动不动了……”

目击者的情绪不仅唤起了他们的回忆，也使采访变得真实而生动。

（二）行为

回到现场的当事人还会由于情绪等因素在追述的过程表现出特殊的行为。

在《焦点访谈》播出的批评报道《政绩出了“羊相”》中，记者在动身采访前了解到：房县某地为迎接上级对当地山羊养殖基地的检查，表露地方官的“优秀政绩”，居然动用行政手段让养殖基地附近几个村的农民将羊赶到同一处山坡，从而达到以壮观的“气势”向上级表功的目的。

然而，当记者来到该地时，这场弄虚作假的闹剧早已收场。已经过去了几个月的事情该如何拍摄呢？记者同样采取了让当事人回到事发现场进行追述的手法——在检查团参观当天“山羊满坡”的老地方，一位曾目击现场的村民指着山坡绘声绘色地描述了那场闹剧；一位妇女在家中讲述自己为了配合村干部的作假行为，如何在检查当日在路边的草上喷了七八壶盐水，目的是吸引羊儿在路边舔草，不至于因走远而错过检查团的光顾；又一位目击证人在自家羊圈里讲述检查当天如何给羊身上抹红印泥，以免与其他村的羊混在一块儿弄丢（见图5-8-2）……

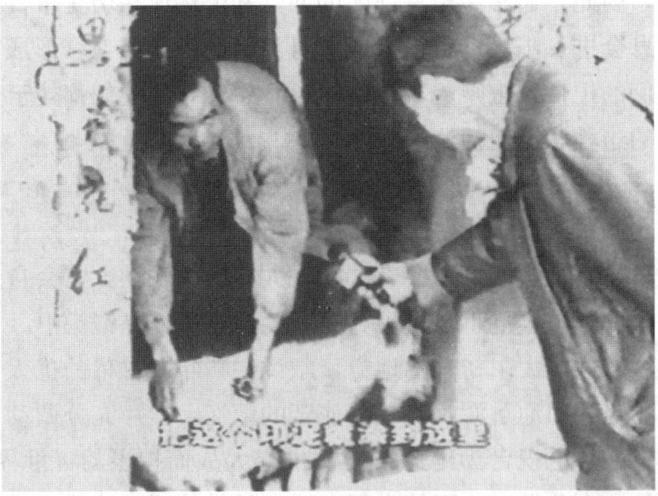

图5-8-2 追述过去时空——《焦点访谈·政绩出了“羊相”》中的人物言行

检查当天地方干部自导自演的这场丑剧，在环境的配合下，通过当事人和目击者的追述完整而逼真地展现出来。在众多当事人追述的过程中，都有大量的人物行为相配合——喷盐水的妇女拿着用过的喷水壶现场演示，抹印泥的汉子在羊圈里又抹了一次……这些追述中的人物行为能加强追述的生动性和真实感。

（三）语言

回到现场，人物便进入一种特殊的回述语境。但这些必须最终体现在人物的语言中，语言负载了历史绝大部分的内容。

纪录片《毛泽东》在展现过去时空方面取得了突破性的成绩。例如：片中讲述1929年红四军内部出现争论，毛泽东的前委书记被选掉了，于是到上杭县苏家坡的一个山洞养病。这件事情党史界是熟悉的，但未做宣传。《毛泽东》一片则把这件事详细说了，摄制组为了表现过去时空，特意冒着酷暑，翻山越岭，寻找到这个洞，并由当地人在镜头面前讲述当年的故事。

20世纪70年代中美建交的历史片段，是由毛泽东的护士长兼外事秘书吴旭君来讲述的。她在当年毛泽东做出邀请美国乒乓球队访华决定时所在的房间，描述当时毛泽东改变政治局已做出的决定，要她去执行。她描述了毛泽东讲话的语调、情景、内容，然后叙述“小球如何推动大球”，引来了基辛格访华，尼克松来华，中美建交。在讲述毛泽东会见尼克松的情景时，吴旭君在当时会见的现场介绍了许多鲜为人知的细节——吴旭君领着摄像记者打开了后面的一扇门说道，就在这扇门背后，当时聚集了专家、护士、警卫、电工等许多人，随时准备抢救，医护人员甚至将强心剂都抽到了针管里，但毛泽东坚持会晤，原计划15分钟的会谈还延长到了65分钟……这种由历史见证人在当年事件发生的现场追忆过去的手法能够使历史时空重新结构，创造出一种审视历史的新的角度，唤起观众回忆历史的情感。历史发生的现场环境能对人物的叙述进行补充，加强追述的真实感，发动观众的想象力，是电视采访中比较有效的表现过去时空的手法。

三、变过去时为现在进行时，利用追寻史实的过程，述说过去的事

记者追寻历史真相的过程是富含信息量的，这些电视采访的过程会将过去的事情变为正在发生的状态而被摄像机镜头记录下来。

纪录片《邓小平》一开始，记者为寻找小平同志的故居来到四川省广安县的农村，摄像机镜头在一群唱着当地民谣的孩子的带领下，来到邓小平的故居；记者到法国寻找当年邓小平留学法国的足迹，在法国国家档案馆里，摄像机镜头记录下记者花两个多小时办手续、档案馆馆员谨慎地交给摄制组那份保存多年的档案的过程……这些追寻历史的过程，将观众带到了与记者同步获知历史真相的现场，以现在进行时态展现了过去的时空。这是一种比较常用而有效的处理手段。

在纪录片《毛泽东》中有一段故事：毛泽东批示处决刘青山、张子善。编导的处理方法是将观众带到河北省公安厅和河北省高级人民法院的档案库，一名管理人员将铁皮档案柜缓缓打开，接着翻出杨秀峰下令逮捕二犯的手令原件和高级人民法院一审案卷原件；然后是时任中共中央华北局书记、负责处理此案的刘澜涛讲述毛泽东的有关谈话，中间插入了毛泽东在薄一波、刘澜涛的报告上的批语原件……这些处理手法都使电视采访过去时空

有了现场感，用想象打开尘封的历史，更能吸引观众。

四、利用资料画面

在电视采访可用的资料中，最具优势和特点的是动态影像的资料画面。这些记载着历史时空的活动影像，能较好地与现实时空拍摄的画面结合在一起，完整地展现历史。

澳大利亚纪录片《第一次接触》是一部成功运用历史影像资料的优秀作品。这部影片生动地记录了半个多世纪以前，欧洲人对一个美洲黑人部落进行的一次殖民探险行动。由于事隔多年，当事人也全都去世了，追述的难度极大。编导十分幸运地得到了当年这些探险的白人们自己拍摄的电影胶片资料，而且图像清晰。在片中，这些影像资料大放异彩，画面中出现了当年探险的白人如何受到黑人部落的礼遇——黑人们认为乘坐飞机从天而降的这些白色的人是“神”，对他们敬畏有加、顶礼膜拜，亮闪闪的金属碎片使黑人们觉得珍贵异常。画面中还出现了黑人们认为“神”不会排泄，便偷偷加以监视等有趣的情景……这些影像资料在片中与记者再次深入该地拍摄的现实时空交替出现，把世纪初的一段历史用新的时空形态创造性地展现于荧屏（见图 5－8－3）。

图 5－8－3　澳大利亚纪录片《第一次接触》

运用影像资料画面，必然形成过去时空和现实时空的对比。在这一对比中，不仅可以表现过去时空的场景，还可以通过时空的转换加深主题的意义。

在2007年香港回归十周年的报道中，中央电视台现场记者白岩松用了非常巧妙的报道方式，他选择自己1997年参与采访驻港部队进港的环境进行现场报道。电视画面上也出现了十年前的采访资料，时空的对比让新闻报道的主题更加深刻。

当然，影像形态的资料是比较难以得到的，尤其是过于久远的年代的历史，往往连照片也找不到。这时就要利用文字等其他形式的资料和上面的几种手法进行表现。

第九节　拍摄理性素材

在采访中，现场的大量画面都是感性的、多义的。而少量的形象如图表、账本、书籍、文稿、文件、法律条文等都属于经过理性加工的信息，它们直接以秩序化、组织性的形态存在。

在《焦点访谈》等类型的电视节目中，理性素材频频出现，在评论中发挥了重要的论证作用，它们包括国家政策法规、文件通知、发票单据、地图等。电视记者在采访中有必要记录下这些理性素材，因为它们对报道的节目内容具有不可替代的作用。

理性素材主要具有以下作用。

一、以自身的形象作为论据

国家的政策法规是记者进行报道的重要依据。在其他媒介中，它们往往以转述的形式出现在文字报道和音响报道中，但电视报道应该记录理性素材的形象，使之成为重要的论据。经过转述的理性素材和它自身的形象相比，其可信度是不同的。一份文件，以字幕形式出现和以文件自身的形象出现，两者谁更可信？结论是不言而喻的。

所以，在评论类节目或带有记者自身观点的电视新闻报道中，搜集支持记者观点的理性素材非常重要。《焦点访谈》《法治在线》等栏目经常运用文件、法律法规等理性素材，并用特写对与节目内容相关的部分加以视觉突出，有的在后期编辑时加上红杠，这些都是为了加强理性素材在评论中的论证力度（见图5-9-1）。

二、作为批评的证据

理性素材被拍摄成画面之后，也具备了形象性，可以起到所有电视画面的作用，因此直接成为证据。2007年12月播出的《焦点访谈·偷梁换柱骗土地》，揭露了广东省英德市横石塘镇镇政府“以租代征”以及伪造文件骗取土地批文的违法事实。在采访中，记者拍

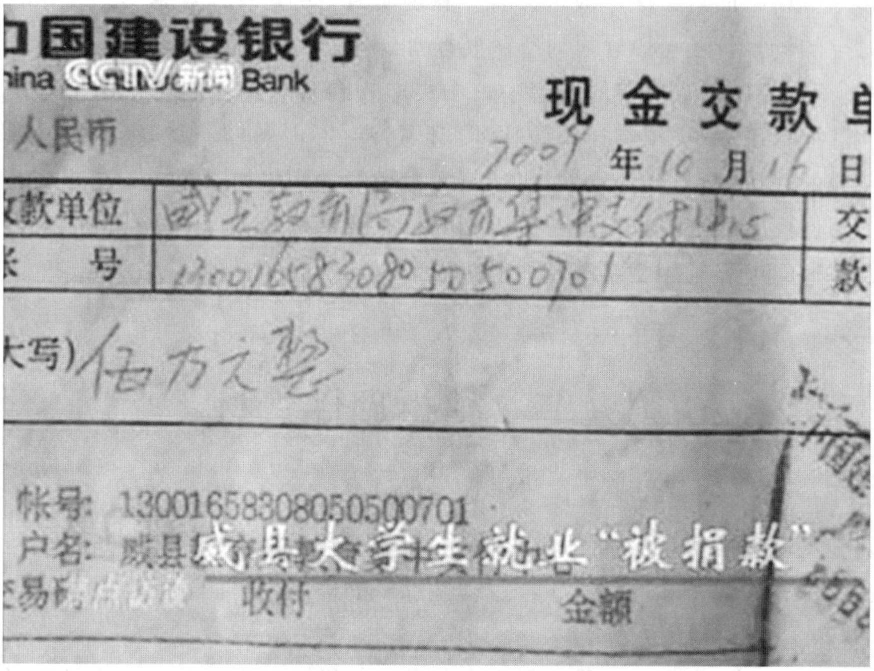

图5-9-1　理性素材的拍摄——《焦点访谈》片段

摄了伪造的“土地合同”文本，对其中的细节规定做了特写处理。在完成的节目中，这一画面成为有力的无可辩驳的证据。

2014年，央视记者在巴西淡定采访毒贩，拍摄到装毒品的袋子、小勺以及毒贩手持的各种型号枪支（见图5-9-2）。

抓取类似的理性素材形象有时必不可少，因为缺少了它们，批评和评论就会失去事实依据，尤其是在采访对象狡猾抵赖的情况下，很多理性素材就如同警察破案的关键，成为重要的证据。

三、在表现过去时空时作为重要的资料画面

大型文献纪录片《邓小平》在拍摄过程中经常遇到“无米下锅”的困难局面。比如第一集中，反映邓小平早年岁月的，一共只有四五张照片和一些外景镜头；第二集反映邓小平在广西开展革命工作以及到中央苏区后的情况，也只有三四张照片。50分钟一集的片子如何组成呢？编导想到了充分利用历史文献和档案材料，对这些理性素材的搜集与拍摄最后不仅解决了视觉形象缺乏的问题，还使片子增辉不少。比如，在表现毛泽东对邓小平的评价时，毛泽东和邓小平的讲话手稿被拍得很细，镜头上是一个字一个字地出现，给人留下了极真实的印象。在采访中，摄制组成员还花了很大的力气广泛搜集有关邓小平的照片，尤其是未发表过的、流失到个人手中的照片。另外，摄制组还特别收集汇总了邓小平的讲话录音。所有这些理性素材在后期编辑中都起到了良好的作用。

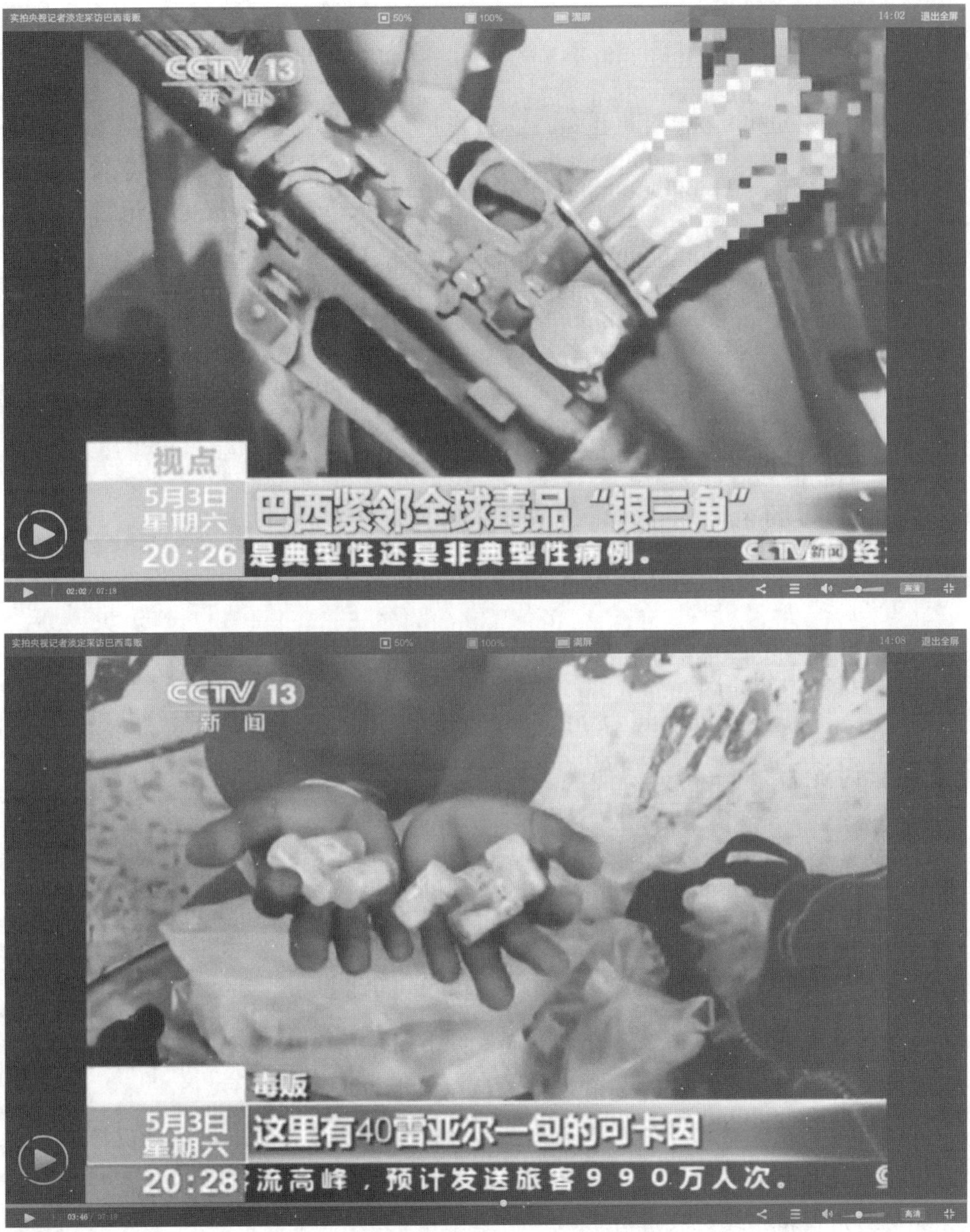

图 5-9-2　央视记者在巴西采访毒贩

在表现历史的纪录片中，理性素材的搜集与拍摄是必需的（见图 5-9-3）。它们一方面丰富了片子的内容，另一方面，更重要的是，大量的理性素材使历史时空不再仅仅停留在虚幻的叙述当中，而落实到了具体的形象上，使过去的事情得以形象化地展现。

需要指出的是，在这本教材里，我们把现场取材的内容分解成了以上诸多要素，但这只是为了便于大家学习和了解现场的构成，指出记者在采访现场的观察重点。在实际工作中，现场的复杂性要远远大于书面的总结。一方面，实际的现场诸要素是同时、交叉出现

图 5-9-3　摄像师在拍摄理性素材

的；另一方面，现场的易变和易逝使得记者往往无暇孤立地去观察某一个要素，这也是记者需要全息思维能力的原因。

【课堂讨论】

看不见的氛围和心态是什么？如何利用电视手段记录“场”信息？

【思考题】

1. 为什么电视采访的现场取材方式是向未知取材？
2. 在向未知取材的过程中，如何把握开机和关机的时间？
3. 仔细思考“随机结构”的真正含义。为什么电视采访必须采用这种现场工作方式？
4. 为什么说在电视采访中过程的记录是必需的？过程与关键环节各具备哪些意义？
5. 如何利用电视手段记录过程？
6. 通盘考虑电视采访现场的要素构成，重新认识为什么说电视采访现场的信息是“场”态的。信息呈“场”对电视记者提出了怎样的特殊要求？
7. 什么是现场同期声？同期声具有哪些基本的功能？
8. 现场人物的语言分为哪些种类？它们分别具有哪些不同的表现力？
9. 环境具有哪些独特的表现作用？
10. 细节具有哪些独特的表现作用？
11. 电视采访如何克服表现过去时空的劣势？

12. 理性素材是什么？它对于电视采访有何存在价值？

【作业】

1. 以一次亲身参加的电视采访为例，分析在采访中预定的主题是如何改变的。

2. 观摩《神鹿，我们的神鹿》《最后的山神》等获奖纪录片，体会电视采访现场的“场”。

3. 参加一次实地采访拍摄，仔细观察现场的诸多要素的构成，回来后整理成文字稿。

第六章

几种特殊的采访类型

电视采访中还存在着一些特殊的和颇具争议的采访类型，它们一方面在实践中被广泛地使用着，另一方面在理论上却始终存在这样那样的质疑。在学习电视采访的过程中，我们有必要对这些特殊的采访类型加以分析，对于不同的观点要有自己的思考和判断。

第一节　电视隐性采访

一、电视隐性采访

电视隐性采访是指记者出于特定原因，不公开自己的记者身份，或在不通知被摄对象、不申明采访目的等情况下，进行隐蔽的信息搜集的采访方式。

电视隐性采访的难度相对较大。

隐藏摄像机及其辅助摄录设备是电视隐性采访的特点，通常电视隐性采访多采用偷拍等手法，避免采访对象察觉到采访活动的进行。

电视隐性采访需要特定的技术装备，经常使用的包括微型摄像机、无线话筒、超长焦镜头以及记者的乔装工具等，它们都是隐蔽电视记者形象或摄制组存在的辅助手段。

电视隐性采访的核心是不让采访对象察觉到采访的进行，从而消除采访现场因记者和摄像机的存在而产生违背生活自然流程的可能。电视隐性采访因此而具有较强的真实感和可信度（见图 6-1-1）。

二、电视隐性采访的适用范围

记者的新闻采访活动是正大光明的社会活动，一般不需要隐藏身份。隐性采访是在迫不得已的情况下采用的采访方法，它必须有严格的限制。

（1）为了拍摄社会不良现象或不道德行为，取得第一手资料的认证性。

新闻记者被称作“社会的良心”，对于一些社会不良风气和不道德的行为，法律无法

图 6-1-1　隐性采访——《焦点访谈·罚要依法》

约束，而新闻媒介可以进行舆论的批评和引导。在拍摄这些问题的采访中，假如记者公开采访意图，将难以拍到具体的事实，而电视采访又必须拍到具体的画面作为实证，在这种迫不得已的情况下，电视记者可以谨慎地使用隐性采访。

隐性采访在暴露记者真实身份或采访意图之前，可以获得许多不利于采访对象的事实。

1994 年 6 月 12 日至 18 日，中央电视台《晚间新闻》播出的连续报道《北京"面的"拒载现象严重》中，记者为了抓取"面的"司机随意拒载乘客的行为，采用了"偷拍式"的隐性采访，结果抓拍到了司机拒载的大量真实画面。

1994 年 9 月 12 日，中央台《东方时空》播出的《"天之骄子"上大学》中，记者采访用公车送孩子上大学的情况。这一现象属于党风政风的问题。但如果记者向采访对象吐露真实的采访目的，结果可以想象。因此记者在采访时隐去了采访意图。在采访现场，采访对象不了解记者的采访目的，所以当记者问到"车是不是来送学生的""车是哪个单位的""这样送学生费用怎么收"等问题时，采访对象都做了如实回答，比如"专程来送学生的""是单位领导派的车"。这些真凭实据在整条报道中起到了"靶子"效果，如果没有这些"靶子"，后面的批评就完全没有力度。

（2）抓取罪证。

在拍摄违法犯罪活动时，为揭示犯罪活动以及避免记者采访的危险性，可以使用隐性采访。比如采访毒品交易、买卖假文凭、私刻公章等违法犯罪活动时，如果记者公开身份和采访目的，不仅不能采访到需要的素材，还可能遭遇生命危险。这时，记者只能采取隐性采访。

（3）在公共场合为保证采集的形象素材生动真实、避免镜头前的紧张和不自然，电视记者在不针对"个人"的前提下可慎重选择隐性采访。如拍摄市集活动，市井日常生活，在广场、街道等公众场合，可以隐蔽摄像机拍摄。

在一些特殊情况下，偷拍可以产生一种幽默的娱乐效果。比如日本儿童节目《大追踪》，创意在于拍摄一些3岁至5岁的儿童第一次出门去为家里买东西的过程，从中寻找童真童趣。在这些节目中，编导们为保证孩子们在镜头前的自然和真实，采取的都是偷拍方法，用六台摄像机前后左右地偷偷跟踪拍摄，有的摄像机伪装在自行车上，有的藏在皮包里，通过这些隐性拍摄得来的素材，能够真实地记录孩子们的各种稚态，节目妙趣横生，深受观众的喜爱。

（4）电视隐性采访在正面报道中使用，具有特别效果。

由于采访对象在不知情的情况下接受了电视采访，他们在镜头前的真实表现比正常的采访更具说服力。

在对正面报道的隐性采访中，应注意必须是公众场合。

在对济南交警先进事迹的报道中，有一则电视新闻给观众留下了深刻的印象。电视记者采用偷拍的方式对济南街头的多名交通警察进行了一天的追踪记录，展现在观众面前的画面依然像媒介上宣传的那样：有的交警在烈日下坚守岗位，而且指挥交通的动作毫不走样；有的交警对请求帮助的路人给予热心的服务……电视隐性采访报道正面题材时，在镜头前展现的画面往往更具真实感。

三、电视隐性采访的注意事项

第一，采用隐性采访应该具备强烈的法制意识，不能滥用。

近几年来，隐性采访在电视新闻节目中很常见，有泛滥之嫌。前面已经分析过，隐性采访并不适用于一般电视报道。不少电视记者存在这样的观念：如果记者亮出真实身份，采访对象有可能拒绝接受采访的话，记者就可以采用隐性采访。在这种观念指导下，有的记者拍摄消费者到商场退换商品的过程，也将摄像机藏在包里，偷偷摸摸地拍；还有一个电视记者在拍摄开学期间，某些小学门口的小商贩向孩子们大量兜售花花绿绿的包书纸的情况时，也采用了偷拍。过多过滥的偷拍镜头给观众的感觉是，记者的采访行为并不那么正大光明。

实际上，在大多数情况下，电视记者都不应该轻易采取隐性采访。在镜头前亮出身份，克服采访中遇到的阻力，也是电视记者应该具备的能力。不能一遇到困难就想到隐藏身份，采用偷拍；也不应该一味追求偷拍效果，哗众取宠。

在1999年8月播出的一个法制节目中，记者调查南京煤气公司是否利用政企合一的垄断地位向消费者强行搭售灶具。当记者采访南京某煤气灶具公司的一位经理时，这位经理由于害怕得罪煤气公司，不愿接受记者的电视采访，但是记者仍坚持偷录下了部分对话。在采访过程中，那位经理还曾亲自为摄像机盖上了镜头盖，并说："我对这个（摄像机偷拍）还是比较在行的。"意思非常明确：不要背着我偷拍，我不愿接受录像采访。结果，摄像师不仅录下了这一过程，还在镜头盖被盖上之后，又瞒着采访对象继续录了一大段谈话。尽管后期编辑对这位经理的面部做了马赛克处理，但保留了几乎所有揭露煤气公司垄断行为的同期声。在这里，这位经理没有违法行为，只是一名证人，而不是被批评的对象，因此，记者这种完全不顾及采访对象的意愿，偷拍不利于采访对象自身利益的做法，实在值得商榷。

如果采访对象本身没有违法犯罪行为，他们就有权拒绝接受采访，电视记者只能采用其他方式报道，而无权为了完成自己的报道任务，忽视采访对象为保护自身利益而拒绝接受采访的需求。

第二，隐性采访在报道中要具备人文关怀的精神，不同的问题可用不同的方式解决，尤其是对未成年人等弱势群体要有意识地加以保护。

电视记者要始终为每一个采访对象着想，即使是那些违法犯罪人员，记者也应该为他们留下重新做人的机会。对一些违反公共道德的行为，如翻街道栏杆、躺在公园椅子上、乱扔果皮等进行隐性采访时，不要使用太近的景别和正面角度拍摄，而应采用全景、远景、背面角度，以警醒这些人为目的。

尤其是那些未成年人，他们以后的人生道路还很漫长，在隐性采访中要给他们特别留有余地。比如，采访少年犯或未成年的犯罪嫌疑人时，记者都要注意保证他们的正面清晰图像不要出现在最后的节目里。在拍摄时尽量使用背面、逆光或后期做特技马赛克处理。

第三，由于隐性采访具有一定的风险，记者要学会在采访中保护好自己以及设备。

很多隐性采访具有相当的危险性，尤其是在采访一些违法犯罪行为时。记者要学会在采访中保护好自己，这就需要依靠合理的策划和准备。

1997年，一些电视记者到制造贩卖假阿胶的河北某地采访。第一次，记者没有准备好，闯进村后被人查问身份证、介绍人，结果不仅没能拍到任何有效画面，还险些被造假的村民围攻殴打；第二次，经过精心策划，进村采访的记者特邀了一位操纯正广东口音的人充当大老板，并给他配了一位女记者装扮成的女秘书，还有一位进行暗拍的记者。车进村后，果然又有一群人围上来问身份证、介绍人什么的，记者这次早有准备，一一作答……采访顺利完成。我们看到，类似这样的隐性采访，记者的工作跟侦察员差不多，需要机智和果敢。

第四，隐性采访要与公安、工商、海关等相关执法部门配合。

目前，由于我国还没有成文的新闻法和广播电视法，所以隐性采访并没有相关法律作为保障。对于隐性采访的合法性和合理性的唯一解释是为了公众利益。隐性采访常常甚至有时是不可避免地要“窥视当事人的商业秘密和个人隐私，探视人家不愿公开、精心掩饰起来的人生与内心世界的另一面”①。直至电视记者在采访中确实取得了采访对象活动的非法证据时，记者的行为才有了“迟到的‘法律保护’”（所谓公众利益）；而如果电视记者在采访中没能顺利抓取罪证或无法举证这些材料的非法性，那么“这种采访可以说从一开始就陷入了与人格权的冲突”②。因此，从目前我国的法律来看，记者的隐性采访经常是缺少法律依据的。

---

① 童兵．关于电视与法律的思考．电视研究，1999（3）．

② 同①．

将电视隐性采访与政府相关执法部门的行动结合起来，比如配合公安部门暗访违法活动、配合工商部门暗访造假售假行为等，记者的采访活动就会还原为新闻活动，而不会陷入代替政府去执法的困境中，还能得到一定的安全保护，这是隐性采访的一种比较好的方式。

第二节　电视电话采访

电话采访，是指记者通过电话，对异地的当事人、见证人或现场记者进行声音访谈式的信息搜集方式。

在电视电话采访中，电话那端传来的声音是现场同期声的特殊类型，具备现场同期声的特点和功能。电视电话采访，是充分利用现场同期声，而省略对方现场画面形态信息的采集方式。

在电视采访中，电话的使用与其他媒介有所不同：

首先，电视采访中，记者在电话前的访谈构成采访现场，具有人文信息，是摄像机拍摄的直接对象。

其次，电视采访中，电话中采访对象的声音是采访的主要信息来源，构成节目内容。电话中的同期声保持了声音的“人”的个性特征，具有现场见证性。

1999 年 5 月，北约导弹袭击了中国驻南斯拉夫大使馆，香港凤凰卫视对当天中国大学生在各地美国驻华使领馆前的抗议示威活动进行了现场直播式的电话采访。主持人在香港的演播室中通过电话采访北京、上海等地的现场记者。当电话通到上海领事馆的现场时，正好现场发生了大学生焚烧美国国旗的过激行为，主持人马上在电话中要求现场记者描述场面，并要求现场记者对大学生代表进行了采访。在整个电话采访中，观众一直可以通过电话清楚地听到现场的声音，间接地感受到现场群情激奋的氛围。

在电视电话采访中，虽然没有现场的动态画面，但是同期声独立负载和传达了现场的部分信息。

但是，正如我们在前面介绍过的，电视采访是面对新闻现场的采访，而电话采访恰恰远离了现场，因此，电话采访在电视报道中并不是什么优势，而是不得已才使用的采访手段，通常在以下情况中使用：

（1）在突发新闻事件的报道中，电视记者和设备无法立即赶到现场；

（2）新闻现场离播出地点遥远，不具备现场直播的条件，现场记者拍摄的图像传送十分困难，为了保证新闻的时效性，可以先采用电话采访；

（3）由于人力、物力、财力等局限，为了节省资金，对于远离电视机构而发生的重要新闻事件采用远程电话访问；

（4）作为隐性采访的一种，向采访对象隐瞒身份，以获得真实的情况。

1991年10月6日，埃及总统萨达特遇刺身亡。美国NBC在枪响半小时后抢先播出了这条新闻。但是，由于现场的画面无法即时传回，屏幕上播出的是叠有萨达特头像的埃及地图，画外音是新闻节目主持人对NBC驻开罗记者阿特的电话采访。7分钟之后，美国ABC也对此事进行了报道，形式也是电话采访。ABC的采访对象是前总统福特，记者在电话中与福特讨论埃及局势，画面上出现的是福特的头像和主持人的演播室现场；又过了十多分钟，ABC通过电视电话，由前国务卿基辛格、演播室主持人和现场记者隔着屏幕讨论埃及问题。

在类似的新闻事件的电视报道中，由于无法拍到或无法即时传送新闻现场的画面，利用电话对最有发言权的人士进行只有声音的访谈，是电视采访中一种弥补的方法。它可以形成一种间接的现场氛围，比起口头播报来具有更强的真实感和动态性。如果人物选择得当，访谈到位，报道可以取得理想的效果。

近几年来，电话采访在中国电视新闻中出现得比较多，通常有两种形式。

一、演播室电话采访

由于资金或人力的局限，中国的许多电视台在对国际重大事件的报道中比较倚重电话采访的形式。记者或主持人在演播室中，对远在异国的驻地记者或当事人进行访谈。一般来说，会把采访对象的照片做成抠像放在屏幕的一角。记者或主持人主要用访谈的方式向对方了解情况（见图6-2-1）。

图6-2-1 美国CNN对邓小平逝世的新闻所进行的异地电视窗口式采访

在对云南丽江地震的突发事件的电视报道中，《东方时空》记者通过电话采访丽江当地的党政领导，了解灾情，配以丽江的地理位置地图等，做到了报道迅速快捷；同时电话中同期声具有的现场感，使采访具备了较强的真实感。

在很多国际突发大事，比如国外政局动荡、战争突发等事件的电视报道中，中国的电视台由于资金和人员的局限，在来不及派记者到现场或无法迅速回传图像的情况下，大都采用电话采访的方式，由出镜记者和主持人在演播室对国外事件发生现场的中国记者（如新华社、人民日报社、中国国际广播电台等机构的驻地记者）进行电话采访，在画面的一角放上被访记者的照片。这种采访效果比单纯地依靠国外电视机构的图像资料加解说要真实可信，因为至少它是由中国记者做出的现场报道。如图 6－2－2 所示，央视《东方时空》直播马航 MH370 的搜寻工作，连线专家进行了电话采访。

图 6－2－2　央视直播马航 MH370 搜寻工作并连线专家

二、电话隐性采访

在批评性或曝光性报道中，有时记者为获取真实情况，隐藏身份或摄像意图，通过电话与采访对象对话，同时用摄像机将电话中双方交谈的内容记录下来，作为节目编辑的素材。

在中央电视台播出的电视报道《同是 114》（获 1996 年度中国电视新闻一等奖）中，记者就中国各大城市的 114 电话号码查询服务台的服务质量进行了电话采访，采用的方式是：记者以普通百姓的身份在镜头前一一拨通各大城市的 114 服务台进行电话号码查询，现场记录对方的服务过程。最后得出结果——北京的 114 查号台服务质量最差，而上海的最好。由于电话采访时采访对象并不知道电话的另一端正在进行现场录像，所以拍下的采访对话一般是真实可信的。在《同是 114》这条新闻中，由于各个城市 114 服务台的服务态度在电视画面里有目共睹，批评的力度也相对较好。这一隐性采访的内容是公务性的，也容易获得观众的认同。

电话采访在电视采访中的运用，要注意以下几个方面：

（1）精心选择人物。

在1999年5月8日，以美国为首的北约发射3颗导弹击中中国驻贝尔格莱德大使馆突发事件的报道中，由于大多数电视媒介无法马上到达现场，选择合适的人物进行电话访谈成为许多媒介的采访方式，这其中就包括了中央电视台、凤凰卫视等。但在所有的电话采访中，北京电视台《晚间新闻报道》栏目的人物选择特别值得一提。由于导弹轰炸我驻南使馆是突发事件，爆炸的原始画面已经无法补拍，因此，事件的亲身经历者是最有价值的采访对象。在中国众多电视机构的众多电视新闻栏目的采访中，只有北京电视台《晚间新闻报道》采访到了四名住在大使馆的中国记者中的唯一幸存者——《人民日报》记者吕岩松，由这位记者在长途电话中详细描述了遭受轰炸当晚的真实情况。突发事件的电视采访的成功关键在于选择正确的采访对象和现场的关键环节。

（2）准备好提问的提纲。

电话采访的时间限制比较大，记者不能在电话里进行时间过长的访谈。因此，记者在进行采访前要做好准备，提问应简洁扼要。

（3）记者在电话前表述要简洁明了。

记者通过电话，无法确认电话那端的采访对象是否方便继续谈话，因此，记者不宜在电话中发表长篇大论，而是应该尽量表述简洁。

（4）在电话采访中，记者的访谈要以对电话那端现场情况的了解为核心。

电话采访本身不具电视优势，使用电话只是以同期声来弥补现场缺失的不足，所以，记者在电话采访时，要抓住对方所在的现场进行提问，如“你那里现在的街头有没有骚乱?”“你现在能听到枪炮声吗?”等，目的都是尽量利用来自现场的声音，对画面无法传递的现场进行详细的描述。

（5）一般来说，除隐性采访之外，电话采访之前应尽量与采访对象取得联系，征得对方同意，并预约好通话时间。

随着电视技术、通信技术以及其他高科技的发展，电话采访在电视采访中的运用将会相应发展，关于这一点，我们将在本书结尾处做详细论述。

第三节　组织拍摄

在电视采访中，始终存在着一些争议较大的问题。这些问题一直没有定论，而且以后也很难有定论。但是作为一名电视记者，对任何采访中遇到的问题都要有自己的思考和判断，在实践中也要有一定的原则。

在电视采访中，争议最多的就是组织拍摄。

组织拍摄是指电视记者在采访中对现场直接进行人为干预，以非生活原生态的形式记录现实的方法。

组织拍摄主要有三种情况：补拍、摆拍和真实再现。

一、补拍

补拍是指新闻事件发生不久，记者对一些没能及时抓拍到的关键环节，采取重复一遍的拍摄方法。补拍通常运用新闻事件中真实的人和场景进行重复。

我们知道，采访现场稍纵即逝的特性，使得相当多的瞬间没能被摄影机和摄像机记录下来，从而永远消失在时间的长河中，纪录电影的工作者和电视新闻记者多年来一直为此困惑不已。

苏联纪录电影的两位巨匠——艾斯弗里·苏勃和吉加·维尔托夫就曾经为这一问题发生过争吵。事情是这样的：

> 与世隔绝的、当时刚刚接触现代文明的斯瓦涅特山区，一些热心的山民经由崎岖难行的山间小路运去了一架钢琴。维尔托夫惊叹地说，这是一桩惊人的事实，然而被我们错过了。苏勃则认为，搬运钢琴的情景可以专为进行拍摄而重演一次，因为这是显示生活中发生的事实，应该在银幕上反映。于是，争论越来越激烈，余音至今还时有所闻，两种观点都有它们现在的信徒……①

1933 年，纪录片大师伊文思在比利时拍摄博里纳奇煤矿工人生活的纪录片。他了解到 3 个月前，当地工人曾为纪念马克思逝世而举行过示威游行。伊文思觉得此事十分重要，于是要求游行的组织者再进行一次示威。伊文思多年后解释：只要这类场面并不是出于捏造，而真正是来自现实生活的，那么，生活本身将赋予它以力量，并使它充满了新的内容和新的情感。这说明了选出某些现实生活中实际发生的场面来加以重复，是一种正确的做法。

补拍的理论争论还将继续下去，但是，作为电视记者，必须认清补拍的几点局限：

（1）补拍的场景再逼真、效果再好，也不等同于真实的“第一次”，“第一次”中曾出现的细节、情感、氛围等永远不可能再现了；

（2）对补拍的依赖会使记者逐渐丧失敏锐和快捷的品质；

（3）补拍是违背新闻真实的，有时还会使观众产生误解。

在电视纪实中，真实有双重意义：结果真实和对象真实。所谓对象真实，是指拍摄对象应该具有“这一个”的具象特征，即在对象上应该是绝对真实的。时空的替换已经改变了“这一个”的本质，是不具对象真实的。

1986 年 5 月 3 日下午，台湾“中华航空公司”波音 747 货机机长王锡爵驾机飞回祖国大陆，飞机降落在广州白云机场。由于电视台不可能事先预知这一事件，所以王锡爵走下

---

① 库列绍夫．电影导演基础．北京：中国电影出版社，1983：126.

飞机的镜头自然没能被记者拍摄下来。但是，几个小时后，当地电视台记者获准采访王锡爵时，王锡爵主动登机，让记者补拍他再次走下舷梯的镜头。这组画面也被编入新闻中，并于当晚传送到中央电视台播出了。结果一些海外观众反而对此提出疑义：电视台记者怎么会凑巧拍到王锡爵走下舷梯的画面，而且早已手持话筒等候着采访他呢？一些人还就此对王锡爵是主动投诚还是“策反”这一敏感问题产生了疑问。可见，补拍会削弱新闻的真实性。

曾经认可补拍的伊文思也承认，补拍是一个非常脆弱的武器，使用它的时候必须加倍小心。

我们认为，在新闻节目中不应使用补拍。

二、摆拍

所谓摆拍，是指在电视采访中，记者直接指挥采访对象，在镜头前按照记者的意图进行现场表演式的谈话或行为的拍摄手法。

在纪实类电视节目的采访和拍摄中，摆拍是一种违背新闻规律和纪实原则的错误工作方式。

真实是新闻的生命，但是在电视采访中，长期以来形成的一些不正确的观念对真实问题的影响也很大。比如，有些外国朋友看了中国的电视新闻之后问道：“为什么中国工人干着重活、农民在烈日下紧张地劳动还笑？在我们那里，干活就意味着竞争，紧张得很！而你们的工人、农民却在笑，真不可理解！”这个问题对于大多数中国电视记者来说是不难回答的——因为这些场景是摆拍的结果，是有悖于真实生活的。

我国著名剧作家曹禺先生曾针对这一情况指出：“我不主张拍作家一定要是在看书或写作，拍画家就一定要是在挥毫作画，只要把人拍得神态自然，能在一定程度上反映出人的精神面貌，就很好嘛。对于摄影记者来说，深刻地观察和熟悉生活，敏锐地捕捉住实际，加上眼明手快的摄影技术和技巧，都是缺少不得的基本功。靠主观设想、摆布对象来拍摄，我看不是一条好路子。”应该说，曹禺先生的感受代表了观众的普遍收视心理。

在纪实电视片《我是谁》的拍摄过程中，出现了这么一件趣事：主人公肖本琴千里寻家，终于找到家乡人时，现场聚集了很多人。告别时，肖本琴很高兴，不停地在笑。一位在现场采访的报社摄影记者忍不住了，他喊道：“她怎么总笑？怎么不哭啊？”于是，乡妇联主任就连比带画地教肖本琴哭：“哭一个，哭一个。”肖本琴只觉得好玩，当然哭不出来。于是记者急了：“让她哭，让她哭！”妇联主任严肃起来：“不走了，咱们不走了，不回家了！”盼着回家的肖本琴信以为真，这才猛地伏跪在地上，又磕头又作揖，哭着求主任带她回家……[1]像这一类以自我想象代替采访对象思维情感的摆拍做法，电视记者干得

---

① 孙克文．焦点外的时空．北京：三联书店，1997：64－65．

不算少，只不过干预的程度不同罢了。

到过拍摄现场的人常常听到一些记者扛着摄像机在喊：

> 头向左边转一点，多了多了，再向回转一点。（这是摄影师看中了哪个挺拔的鼻子，非要拍个侧面头像不可。）
>
> 哎，笑一点，随便说点什么，反正不录音……
>
> 王总经理，把中山装换掉，穿西装，打条高级领带，企业家嘛，来点时代感。没裤子，没关系，坐在那儿采访拍不着下面。只要有脸就成。
>
> 最好在你床头挂一幅字，上面写着：书山有路勤为径，学海无涯苦作舟。没有？找个人写一下。工会主席，你字好，现在就写。①

这些拍摄手法让人想起故事片的导演，它们将虚构和纪实完全混淆在一起，应该坚决反对。

某电视台记者在一家纺织厂采访时，需要一个工作的镜头。但记者觉得靠近镜头的那位女工年龄较大，长相也不太好，于是要求这位女工让开，另“选”了一位年轻漂亮的女工顶替。记者此举引起车间里的一片反对声。被换下来的女工质问记者：“我在这台机子上纺了十几年纱了，你有什么权力撤换我？难道我老了，连上电视的资格都没有了吗?”——这一声质问是对所有电视采访中摆拍行为的提醒。

由于技术的局限，补拍和摆拍在电影新闻时期比较普遍，这是因为胶片昂贵、电影记录的声画分离等确实造成了一次性抓拍的实际困难，于是补拍和摆拍被许多电影新闻的记者视为“理所当然”。在电视技术产生之初相当长一段时间内，电视采访也沿用了这些方法，但随着电视技术的进步、观念的变革，电视记者在拍摄中首先突破的领域就是补拍和摆拍，形成了电视自己的现场采访方式。今天，如果电视采访再回到补拍和摆拍的路子上去，实际上是一种倒退。

这些年来，随着电视纪实理论和实践的发展，摆拍在电视采访中已经越来越少了，但并没有绝迹。摆拍存在的原因在于：

其一，一些电视记者对新闻规律和新闻基本原理缺乏了解，不具备基本的新闻真实观念。

其二，对一部分电视记者来说，摆拍的存在是工作作风不够端正的产物——为了轻松地获取需要的“理想”画面，而任意摆布采访对象以及采访环境。实际上，这种工作方式也并不见得能获得预期的效果。纪实的魅力恰恰在于从生活中抓取难得的闪光瞬间，这些是摆拍永远都无法实现的。

其三，目前，在纪录片创作群体中，还有一些人观念混乱，对电视纪实的理论和技巧掌握不够，在拍摄现场指挥调度采访对象，认为这是拍摄效果的需要。

---

① 童宁．反纪实现象．电视研究，1992（5）.

其四，记者对生活、对被采访人物的了解不够，造成在现场抓拍不到有效的画面，只好采用摆拍和补拍。

这几方面的改善都并不很容易，需要记者、领导以及采访对象三方的共同努力。

三、真实再现

所谓真实再现，是指以真实的历史事件为依据，通过复制尽可能逼真的历史人物、细节、环境、场景等来再现历史事件面貌的导演式拍摄手法。通常，真实再现的事件离现在比较远，往往不可能是真实的人物和环境。

真实再现在我国出现得比较晚，但是随着国外一些真实再现的电视片的引进，这类手法也容易引起电视记者思想上的波动。

必须明确的是，真实再现既不具真实性，也不是纪实手法，它的一切貌似真实的外形都建立在复制历史的前提下。但是历史的时空恰恰不能复制，一切都已随着时空的转变而变化了。导演们精心寻找到的历史依据也只是混杂着人为想象、错误加工的尘封档案。即便档案完全真实，经过现代导演的复制，也将丢失大部分的真实元素。

在本质上，真实再现与虚构的故事片并无二致，属于同类。因此，在新闻采访和电视纪录片的拍摄中，这种手法是不能轻易使用的。实际上，真实再现的段落和节目都已不属于新闻和纪实的范畴，如《9・18 大案》就全部采用真实再现手法，但它是纪实性电视剧，不应出现在新闻部门制作的节目之中。

在新闻采访中，由于新闻的本质属性要求每一个细节真实都属于对象真实，也就是说，画面中的新闻要素必须是新闻事件中具备特定时间属性的“这一个”，如果不是“这一个”，或者是“另一时间”的“这一个”，就都不具备对象真实性。所以，新闻采访中的组织拍摄是违背新闻真实性要求的。

美国 NBC 的新闻中心坚决禁止其记者、摄制组、制片人和导演去编导任何新闻事件，要求绝不能去组织新闻事件，不能去改变、编导和设计这些事件，也不能去仿造已经发生过的事件。在编播其他节目的情况下，有时候可以做一些编导，即仿造某一事件的现场实况，但必须符合两个条件：

第一，必须在每个节目或片段的开头和结尾声明这是仿造的。除口头声明外，最好再在片头加映“仿造”字样。

第二，任何对事件的仿造，都应当尽可能准确地符合原事件的实际情况，不允许对该事件做任何戏剧化处理、任何拔高或夸大。①

在某些历史、文化题材的纪录片和专题片中，节目的第一宗旨是传达情感和意义，对“对象真实”要求不那么严格，允许通过组织拍摄复制真实生活的外在形态作为节目素材的构成部分，而观众在收看这些段落时，既能了解这些场景并非生活真实，又能接受这种

---

① 参见《美国全国广播公司新闻报道业务准则》。

以“逼真”代替的“真实”。比如，电视专题片《失落的文明》中，编导在片中采用了探寻文物古迹、访谈考古专家等进行时态的素材，而在叙述某些久远的历史事件时则采用了大量的扮演、意象重现等拍摄手法，复制了古埃及、古罗马、古希腊等文明古国的历史生活场景，将远古的历史形象化，具有很强的逼真感，也具备较高的认识价值和审美价值，得到了观众的认同和喜爱。

在这类非新闻类的电视片中，可以谨慎地使用某些组织拍摄的手法，补拍、摆拍某些场面。但必须利用字幕或编辑手段向观众表明，这里是再现和虚构。

【课堂讨论】

1. 在什么情况下可以采用隐性采访的手段，什么情况下不能，为什么？
2. 在电视采访中，组织拍摄的哪些方法是可以采用的，哪些不能采用，为什么？

【思考题】

1. 电视电话采访有哪些好处？
2. 电话采访如何利用缺失现场画面的同期声？

【作业】

1. 在条件许可的情况下，策划并实施一则电话报道。
2. 在安全的情况下，策划并实施一则电视隐性报道。

第七章

记者出镜

电视采访以摄像机镜头记录为基础。在采访现场，镜头记录是所有采访活动的存在基础。

然而，电视采访的优势不仅仅来自镜头记录带来的形象性，记者本身作为最灵活、最有效的采访手段出现在镜头中，成为电视采访另一优势的来源。

现场出镜是指电视记者以收集素材、播报评述新闻事实为目的，在采访现场的镜头中出现自我形象的工作方式。

电视记者出现在采访现场的报道画面中，就等于向电视观众说："当这个新闻事件发生时——我在场!"

最为重要的一点是，记者出镜采访报道实现了电视传播中人本化的传播方式。

传播学大师施拉姆认为："在面对面交流的情况下，有可能刺激所有的感官并使交流的对方同这种全身心的交流相呼应。""面对面的交流，在其他条件相同的情况下，应该能够传达出更多也更全面的信息。"①

这些正是电视传播的优势，电视记者出镜是实现这些优势的有效手段：由一个具体的人在屏幕上向观众报道新闻，形成直接的人际化交流，将有效地拉近传播者和受众双方的心理距离。

由此，电视的报道形式不再冷冰冰，而是充满了鲜活而具体的"人"的个性，使观众的收视过程恢复为最原始的人与人的、面对面式的交流。

实际上，这看似回归原始的交流正是人性中最渴望的传播方式，它包含以下一些要素：

(1) 用人的各种感官直接感知世界，如亲眼看见、亲耳听闻等；

(2) 跨越时空交流，了解异地异时的事物；

(3) 以人自身为媒介，接收信息时面对"人"，而非"物"。

从某种意义上来说，电视报道创立的以"人"作为媒介的人际化交流模式，是人类传播史上的一次重要革命。电视不仅实现了人类跨越时空传播的渴望，也满足了人性中对人本化交流的需求。电视记者出镜采访和报道，也都要从这些人性中的根本需求着手考虑。

---

① 施拉姆，等．传播学概论．北京：新华出版社，1984：123.

美国学者 J. H. 特纳在 1978 年提出人际交流的五个阶段学说。这五个阶段分别是相互注意、意欲沟通、相互体会表态、预想各种可行的方式、调整反应，以期达到交流的目的。

这五个阶段在电视采访中都会遇到，因为电视记者出镜采访的过程，就是人际交流的过程，它本身具有较强的人文价值，也成为电视节目的内容成分。因此，电视记者要善于与人交流。

电视记者现场出镜的主要作用有：

第一，记者带领观众亲临现场，增强新闻报道的可信度。

电视记者出镜，结合屏幕上探索未知过程的直播式记录，会赋予现场特殊的真实感，使观众感觉自己在与记者一同经历现场，而不是简单地播放编辑处理过的现场，从而形成观众收视心理的“亲历性”。

记者出镜在很多情况下是“带领式”的，它消除了观众对现场的部分疑虑，使报道内容更具可信度（见图 7-0-1）。

图 7-0-1 《新闻联播》中记者白岩松的现场报道

第二，使现场的信息更加条理化、秩序化。

电视记者作为“人”的因素介入现场，与采访对象进行充分的交流。由于记者具备逻辑思维能力，现场的信息会在记者的提问、交流过程中逐渐形成一定的主题或段落主题，而自然筛去那些与记者兴趣无关的信息。新闻事实在采访现场经过了第一道把关人的“把关”——出镜记者的提问范围，因此，信息在记者出镜采访过程中，会自然地逐渐条理化。

第三，搜集摄像机不能直接记录的信息。

摄像机只能记录具象信息，而那些人际关系、内心情感、思想观念等不具直观形象的信息，则需要电视记者以交流的方式进行激发，使隐含的、微妙的现场信息得以强化外显，成为能够被摄像机镜头记录的声音或者形象信息。

第四，使采访更加深入。

生活自身总是杂乱的、平淡的，仅仅用镜头去客观记录，在短时间里往往难以拍摄到具有深刻内涵的画面。记者出镜是一种比较直接简便的采访手段，它能使一些抽象意义的话题得到直接的发展，从而比较快地实现采访主题的深入。

总而言之，记者出镜是电视采访的另一个重要的特点和优势，也是电视新闻发展中的一个必然趋势。每一位电视记者都应该努力锻炼出镜报道所需的各种素质，使自己在新的电视报道时期不致落伍。

第一节　电视记者出镜的行为类型

电视记者出镜采访的主要手段可以分为两大类：言语行为和非言语行为。它们都是电视综合手段的有机组成部分，是形成电视采访优势的基础。

一、电视记者出镜的言语行为

人类的语言从总体上可分为两类：书面语言和口头语言。

从媒介使用来说，书面语言大都出现在报刊书籍等印刷媒介中。电子媒介在传播信息时可以兼容书面语言和口头语言。

但是，电视记者在出镜采访中，一般使用口头语言，简称电视口头语言。

电视口头语言主要有以下两个特点：

首先，电视口头语言是综合性的语言。

在人际交流中，口头语必须采用综合手段。人们在聊天时，会使用大量约定俗成的俚语以及省略语；同时，聊天时通常是面对面的交流，人们会不自觉地加上手势、表情等“体态语”，而凡是交谈双方能够通过“体态语”明确的内容，在口语交流中就会自然地省略。

电视记者的口头语言恢复了日常生活中的人际交流状态。因此，电视记者的口头语言不同于广播记者的口头语言。

其次，电视口头语言是人际交流状态中的语言。

电视记者使用的口头语是始终处于交流状态中的语言，它通过声音传播具体内容。

电视记者口头语言的起点是人，终点是观众，恢复了人与人之间直接交流的“模拟状态”。此外，其传播过程是“流”态的，在时间上顺序出现，稍纵即逝，不做停留，具有承上启下、相互激发和不断递进的势态。

以上特点对电视记者出镜语言提出的具体要求如下。

（一）语言结构的口语化

电视记者出镜采访的语言应尽量合乎口语传播的特点。电视记者在镜头前所使用的语言都要口语化。口语化的步骤包括：

注意口语的对象感和交流感。电视记者出镜是向观众说事，而不是念稿、背稿或读报。

电视记者需动用全部感官参与口头语言的表达，包括手势、眼神等。

注意遣词造句的口语化。

首先，少用书面语言中常用的单音字，多用双音字。

比如，“现”“已”“但”“盼”“仅”等书面语在镜前采访或评述时应改为“现在”“已经”“但是”“盼望”“仅仅”等双音字。对于观众来说，这一小小的变动会更容易听清楚。

其次，少用书面语中的关联词，多用口头语中的语气表达。

书面语中，句子与句子之间的语意转承主要依靠关联词，比如表示转折语意的“虽然……但是”、表示递进的“不仅……还”、表示让步的“即使……也”等。在实现口语化的过程中，这些语意的转承应该尽量用语气来表达。

再次，避免倒装句。

在口语传播中，语流呈顺时状态，因此，书面语中的倒装句不适合电视记者在镜前使用。

最后，避免谐音和歧义。

书面语是“看”的语言，一般不会出现由于谐音产生的歧义。而在电视记者的口头语言中，却经常遇到这一现象。比如，记者在镜头前做评述时，出现“经过严格检验，这项工程的各项指标全部达标……”的话，对于报刊读者来说，阅读起来没有问题，可是电视观众听到这样的报道就不能确认记者所说的是“全部达标”，还是“全不达标”。遇到谐音、容易引起误解和歧义的情况时，记者应有意识地对语言做适当调整。比如，将“全部达标”改为“全都达标”。

以上几个方面看上去都是电视采访中的小问题，但在记者的采访报道中，这些小问题合在一起，就有可能改变整个传播效果。

（二）语言的通俗化

遇到专业术语、复杂的思想表达等情况，记者要做语言通俗化的工作，这些要求主要体现在记者的出镜提问和出镜播报述评中。如果一名电视出镜记者在镜头前说了一句话，但是电视观众却听不懂，那么这句话等于没说，记者也失去了出镜的意义。

一名电视记者采访我国东北某地发现世界上第一个被子植物化石的新闻。“被子植物”

是一个观众完全陌生的概念，在新闻中如果记者就这样播报，肯定没几个人听得懂。记者经过详细了解，得知被子植物就是指开花植物。于是，记者将新闻播报的语言改写为："世界上第一朵花开在中国，这是记者从中国东北某地新发现的一处化石群现场得知的……"经过改写后的语言通俗易懂，同时也增强了新闻价值的表现力。

（三）语言内容的形象化

口头语的劣势在于严谨性和理性化程度不易实现，而优势则在于其富有感染力和形象性，这一特点要求电视记者主动扬长避短。记者在出镜报道时应多考虑如何加强语言的形象性和感染力，而不要一味地追求语言形式上的严谨深刻。

即使是很深刻的道理，在口头语的表达中也不是依靠书面语的形式来实现的。电视记者的出镜语言往往需要记者加工成形象化的、富有记者自己个性的语言，配合自己独有的面部表情和形体语言，通过面对面的交流形式实现信息和观点的有效传达。

为配合记者出镜的口语特点，记者在后期编辑制作时，还可以为记者的口语配上形象画面和字幕，使电视报道中的口语得到更多综合手段的支撑。

总之，电视记者出镜采访的语言要明显区别于书面语和广播语言，否则，记者的出镜访谈和述评就会成为变相的"现场播音"。

北京电视台曾经开办的个人专栏《元元说话》以及之后创办的栏目《第七日》都在电视记者口头语使用上取得了较好的成绩。以下附录《元元说话》中《错得不应该》一期，作为大家了解电视口头语特点的参考。

前两天，一位观众打来电话说本来她刚拿到新户口本的时候心里很高兴的，可翻开一看，不禁大失所望，因为里边填的内容尽是错。

曾经当过幼儿园老师的石淑平，现在和肖老师、杨师傅在一个物业办公室轮流值班。聊到新换的户口本，结果发现她们三家的新户口本都错了。

石淑平：户口本职业一栏教师打成了教室。

石的婆婆：老伴死了，可婚姻状况一栏却填的是有配偶。

肖老师：爱人姓名错了，去改过一回，还是没改对，改的人说电脑里没这字，你去改身份证吧。

杨师傅的爱人有个小名，从小叫过来，可这次，在曾用名这一栏里出现了问题。杨师傅老两口迷惑了。下回再填曾用名是填刘小五好呢，还是填刘小玉好呢？

由石淑平一个人，记者认识了肖老师和杨师傅，由她们和她们的同事，记者又认识了王先生和徐老师，由徐老师我们又认识了路老师，这所有人的户口本就没有没错的。如果再倒下去，还会倒出多少人来，还会出现多少错呢？在采访中，有这么一位，他婚姻状况一栏填的是丧偶，可爱人还好好地活着，虽说后来改过来了，可从拿到户口本那天，全家人心里就一直不痛快。怕爱人再受刺激，他婉言拒绝了记者的采访，错得太离谱了。不知您家的新户口本发下来了没有。若是发下来了，您赶快看看吧！

《元元说话》很好地体现了对电视记者在屏幕前面对观众的口头语的要求和特点。以上面这期为例，我们能够了解电视记者在叙述和评论新闻事件时所应该实现的口语化、通俗化和形象化的过程，这是目前值得中国电视记者重视的方面。电视记者言语行为的电视化，是需要记者经过二次加工的个人化行为，是不可省略的必要环节。

二、电视记者出镜的非言语行为

我们在分析电视采访的特点时已经对电视记者的非言语行为做了初步的分析。在一条电视新闻中，出镜记者的衣着、风度、气质、表情、语调、动作等是电视画面中十分重要的组成部分。

一些传播学专家认为，所有可见的行为举止，都是传播，并且是一种信息。生活中没有任何一个言词、姿态或体态是毫无意义的。

美国现代心理学家通过大量实验得出了这样一个结论，在信息的全部表达中，说话占7%，态度占38%，而表情动作占了55%。这也就是说，人与人之间信息的传播有90%以上是靠非言语方式实现的。

而这正是电视传播的独到优势。

对于电视记者而言，常用的镜头前的非言语传播行为主要有以下四类。

（一）外表

在任何一个国家的电视新闻节目中，记者出镜的外表都比较严肃，有社会活动家的职业特征。

外表是指记者的物质性的外观，可分为两大部分：

（1）可控部分，如头发、服装、化妆和装饰品等；

（2）不可控部分，如容貌、身高、体重等。

所有这些构成了记者的外观符号。

心理学家认为，外观符号构成记者的“第一印象”，它是现场人物和观众对电视记者认知的接口，是第一步。接口接得好，第一步措施得当，会有利于采访对象对记者的认知；反之，如果记者的外观形象给人印象不佳，就容易引起采访对象的不快，进而影响双方的语言交流和心理沟通。

电视记者的不可控部分，也就是身高、长相等，一般说来没有什么特别要求。美国一些大的电视机构挑选主持人，并不需要长相漂亮，但对其知识修养、工作经验、口才、自信程度等方面要求则很高。

电视记者出镜与此相似，除了那些口音太重或在镜头面前过于不自信的记者，大多数记者经过一定的锻炼，都可以胜任出镜报道的任务。

电视记者的着装打扮也有一定的讲究，有时的确具有让观众解读的信息。曾经也发生过一些众所周知的情况，比如有一回，中央电视台一名播音员临时被找来替人当班，主播当天的《新闻联播》，由于一时找不到合适的外套，就现借了一件中山装出镜播音。没想到，第二天，一些海外媒体对此发表评论：为什么一直穿西装的播音员突然换上了中山装？有的媒体甚至猜测中国的政治局势是否有所变化。

由此可见，电视记者出镜的外表会在大众传播中形成某些相对固定的符号。随意打破原有的符号系统会引起传播受众的困扰。

电视采访中，由于记者穿着打扮方面的不合适而造成的别扭场面并不少见。有的女记者到农村采访穿着入时、化妆浓艳，有的电视记者出席重大的场合时服装过于随意，这些都会在电视画面里形成反差，从而影响整个节目和采访的整体效果。

（二）体态语

电视记者的外观形象还包括其体态语。体态语包括面部表情与身体动作。

人类学家霍尔教授告诉我们，一个成功的交际者不但需要理解他人的有声语言，更重要的是要观察他人的无声信号，并且能在不同的场合正确使用这种信号。

体态语，又叫“人体语言”“动作语言”“无声语言”“行为语言”等。它是用表情、手势、眼色、姿态来传递信息、表达情感的辅助工具，是一种“伴随语言”。耿二岭在《体态语概说》中谈道，体态语既不是从语言系统中剔除出来的剩余部分，也不是对语言系统的额外补充，它是为补偿口头语言在交际中的不足所不可少的行为。体态语是语言活动中具有功能的组成部分，跟每次具体语言交际都有关。

这就是说，体态语在电视采访中的存在意义在于配合记者的口语表达，对口头语言中出现的不够严谨或不够完整的部分进行形象化的补充（见图 7－1－1）。

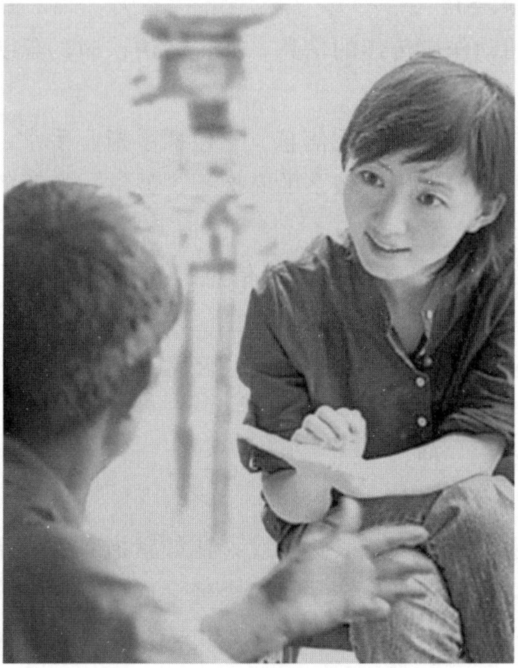

图 7－1－1　电视记者的体态语

从电视记者通常运用人体各部位的姿势、动作、表情等传递信息的情况来看，体态语可具体区分为表情语、首语、手势语和体姿语四类。

1. 表情语

表情语指的是人的面部表情，即通过面部表情来交流情感、传递信息的语言。

表情语是体态语中的重要部分。美国学者拉里·A. 萨姆瓦在《跨文化传播》中指出，人的身体能发出70万个不同的信号，而在70万种人体语言中，表情语就有25万种。身势学的创始人伯得惠斯戴尔称，人脸可以做出25万种不同的表情，如此丰富的传播手段是任何语言都难以描述的。

电视观众也会不自觉地从出镜记者的面部表情中捕捉信息。正如一位美国专家所说，在所有“非言词沟通”的范围中，最不易产生争论的就是面部表情。因为这是最容易看到的表情，而且一目了然。

面部表情主要是指相应的情感所表现出来的人物面部变化，它是传达记者情感以及采访对象和观众认知记者的最重要和最直接的信息源之一。

表情语中使用最广泛、表现力最丰富的是目光和微笑。在电视采访中，目光和微笑的交流是电视记者非言语符号中常用的手段，无论是现场观察，还是与访问对象交流，抑或是面对镜头述评播报，记者的目光和微笑都传达着最丰富、最有效的信息。依靠它们，记者可以表达内心的情感、愿望和信任等。

正因为这一点，电视记者还必须懂得控制自己的面部表情，尤其是在一些比较激动人心的场合，记者更要善于控制自我情绪，做到“不露声色”。对自我面部表情的控制，也是电视出镜记者对自我情感和情绪自控能力的外在表现。

2. 首语、手势语、体姿语

首语是指人体头部的动作所传递的信息，如记者访谈时的低头、抬头、摇头、点头等动作。

手势语是指人体上肢所传递的交际信息。它包括手指、手掌、手臂及双手能承载交际信息的各种动作。其中电视记者用得较多的有握手、鼓掌、挥手等动作，因为它们的交际功能较强（见图7-1-2）。

体姿语是人的身体的各种姿态所传递的信息。如记者在采访时的坐姿、立姿、步姿等，都会向采访对象传递一定的信息。

首语、手势语和体姿语这三种体态语的使用经常是同时进行的，也可以统称为身体动作，因此我们把它们归到一起论述。

身体动作的作用主要有三种：

（1）表达态度。

人们在日常生活中也会利用姿态表达态度，比如紧抱双臂表示保守的态度，身体前倾表示尊重等，这些常识在电视记者出镜采访时会经常遇到。

在1996年世界防治麻风病日这天播出的《焦点访谈·走进麻风村》中，记者在采访时主动与麻风病人握手。事后这位记者说：

图 7－1－2　电视记者现场采访的手势语言

我和麻风病人握手，就是想利用电视这种大众传媒最有效、最直接的方式消除人们对麻风病人的偏见和对麻风病的恐惧心理……

记者的态度和情感在这个小小的动作中得到了最充分的体现，而感受到这一切的不仅有电视机前的观众，最主要的是被采访的麻风病人会感到温暖。

（2）情感交流。

出镜记者在与采访对象的交流中运用体态语，可以比较含蓄地表达情感，拉近双方的心理距离，使采访进行得更加顺利。

《生活空间》的一位女记者采访一位女画家办个人画展。一大早，天下起了小雨，女画家从出租车上空手下来，女记者很自然地撑起一把伞，为女画家遮住了雨。记者还挽着画家，边采访，边向美术馆走去。在这段采访中，记者的行为加深了双方的情感交流，使采访气氛变得温馨而自然，采访效果较好。

（3）以动作强调语言信息。

体态语还可以用来强调记者希望引起采访对象注意的问题和细节。

在提问中，记者可以利用手势等动作加强提问的语气，在现场播报述评中，出镜记者也可以利用动作加强播报述评的力度，使观众注意到记者播报内容的重点。

以上三种作用对于电视记者来说都是经常性的。比如，用手势加强提问的气势或强调个别字句，用不同的姿态表示诚恳、虚心、好学等态度，等等（见图7－1－3）。这些都是电视采访中的内容构成部分，而绝不仅仅是手段。

图7－1－3　以动作强调语言信息

但就现状来看，不理想的例子似乎相当普遍。以体姿语为例，很多电视记者在采访时姿态不当，如坐姿后倾、面部不朝向采访对象，或将手插在裤袋里、交叉在胸前等，这些姿态会造成对采访对象不尊重的印象，还会引起观众的反感。因此，出镜记者一定要在平时加强各方面的修养，否则有可能在屏幕上自毁形象。

3. 关于记者的情绪控制

面部表情和动作、姿态、语气等综合在一起，在镜头前形成记者的态度，表露记者的情绪。

电视记者在现场的情绪表现会真实地展现在镜头前，而这些情绪是有信息含量的。作为记者，要学会控制自己的情绪。

某电视记者采访俗称“的姐”的北京出租车女司机时，由于听到“的姐”谋生不易的艰辛故事，这位女记者在镜头前与采访对象一同失声哭泣，而当这一切被摄入电视画面时，观众会对记者的自控能力产生怀疑。

当然，有的记者不管听到采访对象如何感人的故事，都板着面孔，甚至露出满不在乎的神情，也会使观众认为记者缺少人情味。因此，出镜记者要学会在镜头前有分寸地控制自己的情绪。

有些记者缺乏出镜的经验，在采访时自己比较紧张，情绪上放不开，这样会影响采访对象的谈话兴致。

电视镜头会给人带来压力，这种压力除了机器对人形成的陌生感之外，主要还是镜头前的人容易过多地考虑自己的形象以及担心出镜之后的观众评价。

对于电视记者来说，消除镜头前的紧张感是必需的。通常可以利用专门的时间对自己的出镜形象进行分析，找出改善的办法，增强自信心；同时，记者了解自己的出镜形象到底如何，也是消除镜头压力的方法之一。

肯·梅茨勒在《创造性采访》一书中写道，最好的采访是那种忘记了布景、摄像机和所有一切，完全沉浸于谈话及所有敏感的问题之中的采访。

有些记者个性比较张扬，在镜头前自我亢奋，不顾及采访对象的情绪和反应，这会使采访对象觉得自己不被重视，也提不起兴趣回答问题；还有一类记者在镜头前自我感觉过于良好，态度傲慢，采访效果自然更加恶劣。尤其是在批评性报道中，电视记者要有自己的角色定位，切不可得理不饶人——态度蛮横、提问粗暴都是采访的大忌。

以批评性报道而见长的中央电视台记者赵微说："声色俱厉并不代表你就是强者。能够从容不迫地，用看似平常的提问，收到一针见血的效果，是我比较欣赏的境界。"我们认为，这也是电视记者都应该保持的采访心态。

此外，记者还必须有倾听意识，不能只顾自己表现而忘了记者的本分。倾听首先是尊重的态度。所有采访对象都希望在一个平等的氛围下进行交流，没有人愿意处在被支配的地位。"倾听"是你获得边缘信息的重要渠道，更是你进一步发问的起点。记者应当给采访对象，尤其是负面人物自由表达的空间。

《新闻调查》2004 年 3 月 24 日播出的节目《失却的光明》采访了某位因处理不当，导致患者失明的主治医师。出镜记者柴静用了一个多小时倾听这位主治医师的述说，没有打断，没有鄙夷，而是听苦衷、听懊悔。采访结束后，当事人哭了，说从来没有哪个记者像柴静这样听他说话。记者要给对方说话的权利，自己则对话题的流向进行宏观调控，适时加以引导。

（三）类语言

这些年，电视界一直有"反对播音腔"的声音。

实际上，播音腔虽然使记者过于符号化，不利于电视记者出镜时形成自然的人际交流状态，但播音学中所运用的一些基础手段对电视记者的出镜报道却十分有益。

言语行为是以有声语言符号来传达的，其信息媒介为语词和声音。而类语言是指伴随着言语而瞬息万变发生的声学行为，包括音调、音色、音量、重音、口音、节奏、速度和停顿等。

在电视记者出镜报道时，运用不同的声调可以传递言语意义的细微差异。这对于声画合一的电视新闻来说不是一件小事（见图 7－1－4）。

播音专业硕士出身的新闻主持人敬一丹在很多现场报道中所体现出的训练有素的类语言功底，为她的报道增色不少。与其他电视记者相比，她也显示出了掌握这些类语言手段

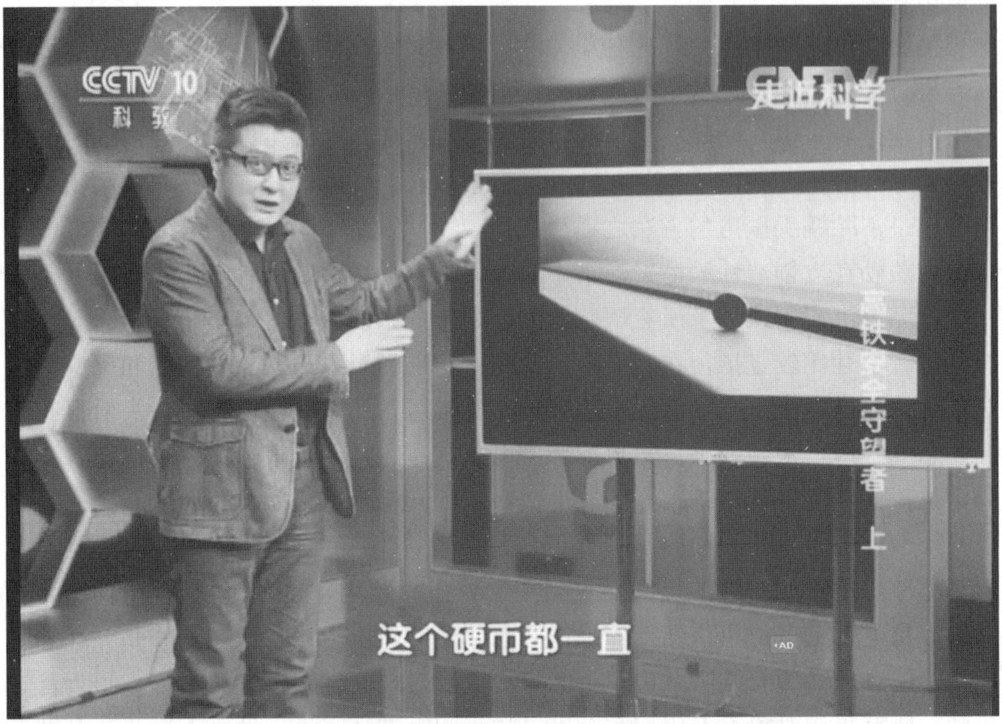

图 7-1-4 运用不同的声调传递言语意义的细微差异

的优势所在。

在 2008 年中央电视台从四川抗震救灾现场发回的大批现场报道中，有相当一部分记者在类语言的使用上很不成功，以致传播效果不理想。虽然记者冒着危险赶到了地震灾难现场，可是记者出镜报道的语音比较单调、缺少节奏感、速度偏快等因素影响了信息的传达，而这些对于电视新闻来说是重要的质量构成要素，实在不容忽视。

（四）界域

界域是指记者出镜采访报道时与采访对象的距离和自我空间的调整。

在电视访谈中，记者与采访对象之间也存在保持距离的问题。

美国人类文化学者爱德华·霍尔提出了“相互作用距离”的概念，他把口语交流中的互相作用范围分为四个区域。

（1）亲密区：距离为 0 厘米至 15 厘米，是关系最密切的人之间的交流区，常发生于情人和夫妻之间。

（2）个人区：距离为 45 厘米至 75 厘米，为一般熟人之间的交流区。

（3）社交区：距离为 120 厘米至 210 厘米，是相识但不熟悉的人们之间交流活动的范围。

（4）公众区：距离为 350 厘米至 750 厘米，包括所有类型的公众交流，如演讲、法庭辩论等。

当然，我们认为这些区域空间的划分不是绝对的，会因为文化和个人习惯等不同而有所不同。

一般而言，电视记者出镜访谈，与采访对象保持的合适界域应在“个人区”的范围，即 45 厘米至 75 厘米之间。离采访对象太远会让对方觉得自己不被重视，太近则会使人感到“咄咄逼人”或产生其他不适感。

此外，电视采访还具有一定的特殊性，记者出镜访谈的界域和空间不仅体现在采访现场，还会体现在呈现给观众的电视画面上——人物的距离从屏幕上看是否合适。这要求摄像师在拍摄时注意采访双方人物在画面构图中的位置关系和距离及不同镜头焦距所产生的空间变形。在某一个电视访谈节目中，摄像师采用长焦镜头拍摄一位女记者对一位领导干部的访谈，结果空间距离被压缩，造成画面中两人的距离过近（尽管实际采访时距离很合适）。

类似问题都是电视采访的特殊性带来的，电视记者在出镜访谈时需要一并考虑。

目前，电视采访中记者采用非言语手段还有很多值得改进的地方，这也是中国电视新闻整体发展状况所决定的。大多数电视记者对出镜访谈、述评比较陌生，许多电视记者面对镜头时还不够从容自信，口语能力等方面也有待加强。此外，电视记者出镜还需要主管领导观念的更新，在今后的很多年，电视采访的个性化、人本化是必然的趋势。我们相信，到时候会有更多的记者走到镜头前，用他们自己的声音和语言，用他们自己的行为和方式报道新闻。

第二节　提问与访谈

提问是每一个电视记者激发现场、梳理信息的采访手段，电视采访的提问有不少特殊性。

一、提问的任务

电视记者在镜头前的采访提问，总的目的只有一个：代观众了解新闻事实。正因为这一点，对于那些记者已经了解了的事实，有时为了突出新闻来源的真实感，记者还需在镜头前进行提问采访。

电视采访的最终的目的不只是记者了解新闻事实，更重要的是让观众了解和相信新闻事实。

对于文字记者来说，他们可以把在现场了解到的新闻事实带回去写成稿，所以对那些已知的事实不必在采访中提问；而电视记者仅仅了解新闻事实是不够的，还必须以声画合一的动态画面的素材形式将现场的新闻事实记录下来，这些提问的过程直接构成报道的内容。

电视记者出镜提问的任务包括：

（一）获取未知事实

记者采访的首要任务是代表观众提问，获取未知的新闻事实。

获取未知事实的实现途径是“问”与“答”，即记者就不知道的或尚不明确的信息向知情者、当事人、见证人、主管人等采访对象发问，由摄像机记录双方的问答过程，作为形象素材，成为后期节目编辑的内容。

在这些提问中，有的是采访对象乐意回答的，比如与采访对象的自身利益无关或有利于其自身利益的情况，采访对象通常会配合该类采访，记者容易获得需要的回答。比如表扬先进人物、宣传企业形象等题材。

而有的时候，如果提问内容有可能损害采访对象的自身利益，电视记者的访谈就会遇到困难，出现采访对象拒绝回答，甚至强烈的抵触言行。比如，批评某个企业或个人的不法经营行为、揭露贪污腐败现象等题材。

在某些适当的时候，采访对象拒绝回答的画面可以作为素材编进最后的节目中，因为节目中配合介绍采访对象拒绝回答的原因，能够说明一定的问题。但类似的手法不可滥用，尤其不能对那些是非还没有定论或采访对象有充分理由拒绝采访的情况使用，如果记者随便使用采访对象拒绝回答的画面，是对采访对象的极大不尊重。

通过提问获取事实是任何一名电视记者都需要掌握的基本功，因此，无论采访对象配合与否，电视记者都应掌握各种提问技巧，完成出镜报道的任务。

在后面的章节中，我们将详细讲述提问访谈的方法。

（二）已知事实，“明知故问”

对于记者已知的事实，有时为了使它成为电视画面，往往通过记者提问，再让采访对象自己亲口说出，以便镜头记录。这种“明知故问”的提问采访方式也是电视独有的。

对于电视采访来说，把提问采访的过程记录下来，是制作节目的需要。因为，观众在收看电视节目时，并不是光看采访对象回答问题的内容，采访对象回答提问时的用词、语气、态度等也含有丰富的信息，都能为观众判断事实提供有力的参照。

2015年播出的《面对面——张宏宇：骗捐风波》中，记者王宁和采访对象张宏宇之间有一段精彩的对话。

记者：再做手术需要多少钱？

张宏宇：五十多万。

记者：当时这个数字对于你来说？

张宏宇：天文数字。

记者：有可能再去借吗？

张宏宇：借不了了。我已经借了，借不到了。后来我又给一些朋友打电话，说能不能在哪里再弄点钱使。不管涨利息还是怎么样，看看能不能把这关渡过去。后来借钱借得连朋友都没有了。再打电话都没人接了。没人接我电话了……（落泪）

记者：当时如果借不来钱，是不是你们就只能回家了？

张宏宇：只能回家。

记者：那回家对于李娟来说，意味着什么？

张宏宇：就会死掉。

作为一个制造骗局非法筹资的犯罪嫌疑人，张宏宇在迫不得已做出这样的决定后内心一直都是矛盾、不得安宁的。王宁在通过张宏宇之口将事件的原委一点一点引出来的同时，调动了采访对象的情绪，情到深处，张宏宇甚至几度落泪说不了话。这个过程揭示了犯罪嫌疑人的苦衷，将事件背后不为人知的一面还原给观众。

在“明知故问”的采访中，记者要注意以下几点：

首先，不要让观众明显感到屏幕上的记者已经知道答案。

记者虽然已经了解了新闻事实，但是在电视报道中，观众习惯于和记者同步获知答案，如果记者在提问中表露出自己已经知道了对方将要做出的回答甚至代替采访对象回答，就容易引起观众的反感。

其次，不要在提问时让采访对象感到记者已知答案，以免失去回答的兴趣。

大多数采访对象都是电视行业之外的人，他们并不了解电视采访中“明知故问”的必要。对那些确认记者已知的内容或者自己已经说过的话，一般人都提不起兴趣再说一遍。这也是电视采访“一次最佳”原则的要求。

再次，记者在知情的情况下提问，也应争取在采访中继续探知新的事实。

在实践中，由于有前期的准备和案头工作，电视记者不可能在提问之前对事实一无所知。这些已知的事实有的并不准确，有的并不详细，而采访对象是最真实的事实来源。

电视采访出现最多的情况是，记者根据已掌握的部分事实去挖掘更多的新闻事实，以及通过提问对现有事实进行验证和核实。

在提问访谈的过程中，电视记者始终要把探索未知作为采访的目的，结合采访对象的回答验证和寻求未知的事实。

最后，防止“诱导”。

许多诱导式提问是代替采访对象思考，过于主观，是极不可取的。

比如经常出现的提问“你是不是认为……”“你当时是不是想到了……”等，采访对象在是与不是之间做选择，通常又发现只能回答记者期待的那个答案，与其心中的真实想法形成了一定的距离。

解决这一问题的要点是，记者已知事实，但让采访对象自己说出来，那么，记者在提问过程中要将提问与回答还原成“发问”状态。记者即便知道内容，也要以不知的状态来进行采访。观众反感的正是看出记者明明知道，却还要再问，而且急于让采访对象说出自己已知的事实，进行诱导式提问。比如在体育比赛后的采访中，记者问冠军“夺冠了你的心情激动吗”这类问题，尤其使观众反感。

在一些批评性电视报道中，有时记者故意让观众事先知道提问采访的答案，再进行提问，目的是让观众在知道事实的情况下，与记者一同了解采访对象掩盖真相、狡辩抵赖等“原形”，起到加强批评力度的作用，观众对此是理解的，这是另一种情况。

（三）收集评论与感想，组织舆论

记者在评论性电视报道中，经常需要就一些问题采访有关专家或在街头采访普通市民，形成社会舆论，加强批评力度。例如，在《东方时空》播出的电视报道《小玩具，大是非》中，记者就玩具经销商不顾历史和民族感情制造销售纪念日本侵华战争的玩具事件进行了街头采访：

市民甲：“卢沟桥事变”以后，我在保定很快就受到日本飞机轰炸，几十架飞机轰炸。飞机轰炸完了之后我到市场去转了一下，到处是死的死，伤的伤，缺胳膊少腿的人到处都是，那是一肚子仇恨。现在看到这个东西（描绘有日本国旗及第二次世界大战时日本侵华军官形象的玩具飞机、军舰）之后，真是满腔怒火。到现在日本仍然在宣扬它的军国主义，宣传过去的侵略是正确的，这一点应该引起我们中国人民的高度警惕。

市民乙：（激动地）我不用说看到，望见我就难受。我说这也就是对中国人的一种刺激！我（指日本人——编者注）过去用这个杀过你们的人，毁过你们的村庄，一个村庄一两百户，一包围，一弄就完了。

…………

（四）激发采访对象的情感，展现真实个性与内心

美国新闻学家雷特狄克说：“在人们的心里，蕴藏着各种各样的记忆，如果你能唤起他们心中的这些形象，你的描述就具有了激动人心的力量。”

在表现人物的采访中，记者有必要通过提问去“唤醒”采访对象的内心情感，同时给采访对象以展现个性的机会，因此在提问中需要设计一些激发性的问题。比如，安徽卫视2015年10月播出的《非常静距离》中，主持人李静专访了获得金鸡奖和百花奖的当红女演员邓家佳。邓家佳刚刚获得了影视界最高荣誉的双奖项，然而，这次专访却从邓家佳在拍戏过程中的种种不如意讲起。通过在谈话中回忆拍摄过程中的困难，邓家佳的个性和情感被展现得淋漓尽致，她的情绪越发高涨。

不难发现，激发式提问能使人物处于兴奋状态，从而在镜头前充分表现自我。对电视采访来说，能拍到采访对象真实的心声和精神面貌，节目就已经成功了一半。

二、镜头意识

电视记者提问要有镜头意识。对于出镜记者而言，镜头代表观众。记者不仅要面对采

访对象，还要面对镜头后的观众。记者出镜的目的是使现场采访形成面对面的交流形式，实现这一效果的中介就是镜头。电视记者在镜头前就如同面对观众进行直接的交流，这一意识叫作镜头意识。

出镜记者要意识到，没有镜头，记者的任何提问都将失去电视素材的意义。因此，电视采访的提问必须保持提问记者与镜头之间的配合，出镜记者要照顾摄像师和摄像机，给镜头留下足够的施展空间。有的记者出镜时忽视与摄像师配合的可行性，经常行动过于迅速，或走到摄像机拍不到的位置，造成摄像师无法跟上，失去记者出镜应有的效果。出镜记者与摄像师的配合需要一段时间的磨合，长期固定搭档的出镜记者和摄像师之间的工作更加默契，也更能实现记者出镜采访的优势。

电视记者的提问要把握好提问内容与现场画面的辩证关系。

首先，电视采访中的提问不应重复镜头中明显存在的信息；电视采访的提问要超越视觉和表象，向深层发掘。

在一次关于洪水的电视报道中，记者在大堤上采访一位接受政府救济的灾民。画面中出现的这位灾民抱着刚刚领到的赈济被子，记者上前问道："请问您是刚领到被子吗？"得到肯定的回答后，记者又问："有了这被子，今晚是不是就暖和多了？"灾民回答："是，是。"——类似提问所获得的回答完全可以在画面中或通过常识判断直接获得，提问没有获得任何新的信息，这是电视采访应该竭力避免的。

电视采访中的提问应该超越视觉表象。比如，在上面这段采访中，可将提问改为"请问您知道这被子是哪儿捐献的吗？""您还得到了别的赈济吗？"等，将采访引向画面之外，向超越表象的深层发掘。

其次，电视采访的提问也要注意保留一些现场的气氛，记者要结合采访现场的一些信息进行即兴发问。要善于利用环境和周围的事物来组织问题，形成氛围。

比较经典的例子是，一次中央电视台记者在采访原中组部副部长、全国老龄委员会主任王照华时，第一个问题是请他谈一下自己的革命经历，没想到王照华说："你问这个啊，我不用谈了，让秘书给你们找点材料吧！"打了记者一个措手不及。这时记者猛然看到墙上挂着友人题赠给王照华的书法条幅"青年时为青年事业呕心沥血，老年时为老年事业再展宏图"，联想到"老有所养，老有所学，老有所为，老有所乐"四个"老有"的中国特色养老之路是王照华创造出来的，便以此为题切入，进而引出其他话题，触到了王照华的兴奋点，老人来了兴致，滔滔不绝地讲了起来。王照华年届 80，身患癌症，采访原定半小时的时间，却进行了 90 多分钟，最后在秘书的多次催促下老人才结束谈话，采访获得了很大成功。

实际上，结合现场的提问也是电视采访的独特优势，因为，只有电视采访才能把现场的环境和细节展示出来，结合这些现场要素进行提问，会更好地激发采访对象的信息输出。

三、"一次最佳"原则

电视现场采访具有很大的即兴性。即使是事先经过精心准备的采访，在镜头前也必须充分利用现场的偶遇提出有现场特点的问题。

布赖恩·布鲁斯在《新闻写作教程》中谈道："采访是一个不能完全被控制的过程，我们还可以掌握某些变化的因素，但有两个最关键的因素是我们无法掌握的，这就是采访者和被采访者。"

这二者中被采访者相对更难把握，他们在镜头前的言行具有很强的随意性和不可预知性，是即兴采访的基础。

电视的特点决定了记者在镜头前的一切表现都会直接呈现在素材中，这一特点使得即兴采访成为最合适的电视采访模式。它可以避免由于采访对象准备好套话而带来的节目生硬和沉闷。

除提问之外，记者在镜头前的行为举止也应具备即兴性。只有一次性完成的采访行为才会自然地焕发出即兴采访的独特光彩，以开放的、不可预知的进行状态吸引观众的注意。

记者在现场报道时应尽量一次完成。

一名采访对象面对相同的采访内容，重复多次后必然产生厌倦感。尤其是由于记者自己的失误或拍摄效果不满意而要求采访对象多次重复相同的话题甚至相同话语时，现场氛围和采访效果都会大打折扣。为了避免这种情况发生，电视记者采访时应心中有数，力争自然顺畅地一次性完成报道。

曾多次获得全国电视新闻一等奖的一位电视记者谈到自己的体验时说：

> 一次现场报道从某种意义上讲相当于一次直播。它要求记者驾驭现场的能力。这些能力包括：搞现场报道时，要在有限的时间和空间内，选题、选材、构思报道的总结构，设计如何开头、结尾；迅速物色合适的采访对象；选择最能表现现场气氛的谈话场景；负责拍摄的记者要临场不乱，镜头始终跟得上；担任采访任务的记者还要掌握采访进程，有把握地进行现场发挥等。要做好这些工作，记者必须从直播的要求出发，沉着应战，力求减少失误。如果有失误，或多次出现失误，现场气氛就会受到破坏。

现场报道要一次完成，需要现场各工种的记者密切配合，每一个环节都不能出现问题。不管是摄像师还是录音师，出镜记者还是现场编辑，都有可能失误，事前准备充分、现场全神贯注、彼此配合默契，这些是避免失误的基本条件。

电视采访中的提问如果十分重要，需要在后期编辑中保留的话，就要求做到提问声音清晰，吐字标准，同时提问与回答联结紧密，一气呵成，情绪连贯。在采访现场多次失误，靠反复重录或后期编辑弥补，其效果都会受到影响。

四、提问的准备

电视采访以即兴采访为优，但这并不是说提问不需要准备，相反，越是即兴采访，越要求记者了解采访对象，了解访谈话题的背景。只有准备充分，记者在镜头前才能应付从容，敏锐地抓住采访对象的谈话内容进行即兴采访和提问。

（一）电视记者在确定出镜采访之前，可以利用各种资源来了解采访对象

大型纪录片《毛泽东》的摄制组决定采访几位曾经与毛泽东有过交往的外国首脑人物时，做了一件十分关键的工作——借看当年这些外国领导人与毛泽东会见时的新闻片，并查阅他们的回忆文章，根据这些资料确定采访提纲。

在观看影片时，记者发现毛泽东在会见美国前国务卿基辛格夫妇时，握着基辛格夫人的手笑着说了几句话，因为当时的新闻片没有同期声，记者不知道毛泽东当时说了些什么。因此，在采访基辛格时，记者就这一历史细节向他进行了提问，基辛格答道：

> 1975 年，我再次会见了毛泽东，当时他见到我的妻子，他觉得有趣的是我的妻子比我要高，他对这事做了评论，问我对比男人还高的女人有什么感觉。

基辛格的这番回答十分有趣，它从一个侧面反映了毛泽东鲜为人知的人情味和幽默感。

在看赞比亚前总统卡翁达及夫人与毛泽东会面的新闻片时，记者发现了毛泽东与卡翁达夫人握手时下蹲的细节，这也成为一个采访的提问，结果卡翁达回答的内容同样有趣：

> 毛泽东是一个很快乐的人，我的夫人戴着手镯，他问这是不是象牙做的。我回答是象牙做的。他对非洲很有研究，比如说屈膝礼——夫人们为了表示对他的尊敬，用的是非洲礼节，他也行屈膝礼，用同样的礼节来回报。

当然，采访对象的背景资料是各种各样的，文字资料照样可以提供丰富的提问线索，记者在做人物访谈前的这些资料搜集整理工作会直接体现在提问中，它们既活跃了采访对象的谈话兴致，也能引起观众的收看兴趣，是采访的重要环节。

（二）分析访谈对象

记者要永远记住，采访的重点是采访对象，必须把最好的表现机会留给对方。此外，记者还必须选择关键人物和典型人物进行现场的即时访谈和提问。

现场稍纵即逝，出镜记者必须具有敏锐的判断力，抓住关键人物访问。尤其是一些重要人物随时可能离开现场，出镜记者还要学会抓住时机。

除此之外，电视记者在出镜采访时，还要特别注意识别不同的采访对象，善于分析话筒前的人物心理，根据不同的人物身份、性格、爱好等情况及时调整问题。同时，也必须善于识别不同人物的新闻价值，扬长避短，利用好每一个可以提供新闻线索的机会。

《美国全国广播公司新闻报道业务准则》中写道：

> 采访自称为“领袖”者要非常谨慎。这些人很善于表演给别人看，很善于哗众取宠，甚至不惜歇斯底里大发作，但却不肯提供任何与骚乱事态有关的事实。不要把这

样一些人称为“领袖”，他们很可能不过是些好出风头的“勇敢分子”或“活跃分子”。“领袖”者，乃是有众多的追随者并有得到公认的组织的人物。而“活跃分子”是任何社会群体中都可能产生的，他们游离于任何组织之外。

可见，选择现场人物是做好访谈的第一步。

以擅长提问而在圈内闻名的中央电视台记者赵微在拍摄《治心病哪能添心病》一片，面对事故的责任嫌疑人、广东某公司D副总时，是这样分析采访对象的：

> 显而易见，我们面对的这位是典型的“以攻为守”型的采访对象，这种人的特点是在精神上压倒对方，理亏气势不亏。为了避免给人以心虚的印象，他们往往极其合作、急于并乐于回答任何问题，当然对于自认为可能要涉及的任何问题，他们都已准备好了答案，一个提问会招来一篇洋洋洒洒的演说，一不留神，采访者会陷进有理说不清，有劲使不上的困境。唯一的办法是避其长而就其短，从对方意想不到或准备薄弱的地方入手，挫其锐气……①

电视记者如果能如此透彻地洞悉采访对象，采访成功就有了一定的把握。

分析采访对象是做好出镜采访的第一步，只有了解谈话对手的兴趣所在和心理状态，对采访对象的回答和态度有所预期，采访才可能取得理想的效果。

（三）观察采访对象的现场反应

出于对采访对象的尊重，在访谈过程中，记者还需时时观察采访对象的各种反应。不注意采访对象的情绪变化，自顾自的、毫无应变的访谈往往会失去对方的信任。同时，通过采访对象的现场反应，也能了解其性格、兴趣、态度和现场情绪等重要的因素。记者根据这些现场观察，可以采取合适的采访策略，调整和改变提问方式。

前面我们介绍的各种言语和非言语手段，对分析采访对象十分有用。社会心理学家告诉我们：以表情为例，采访对象在愉快的时候，往往舌头会产生甜美的感觉，会不由自主地舔嘴唇和门齿，鼻子也会闻到香味，眼睛仿佛也看到欢乐的景象；痛苦时，嘴会发生躲避苦味的动作，鼻子也会出现逃避恶臭的动作，眼眉下压，好像竭力摒除不愉快的景象。

同样，目光、身体姿态以及构成声音的音调音量、音速音质等各要素都是观察和判断采访对象情绪和心理的重要依据。记者需要了解和熟知如何根据这些细节洞悉采访对象的心理，这是采访的重要环节之一。

（四）设计问题

在电视采访中，最精彩的提问分两种：一种是事先精心设计的问题，另一种是根据采访对象的回答做出的即兴提问。但是，即兴提问也是由设计的提问引出的话题所带来的，所以，在采访前设计好问题是提问访谈的基础。

---

① 孙克文．焦点外的时空．北京：三联书店，1997：216.

某国的一名电视记者获准采访刚刚当选的国家总理和副总理，然而可能是因为事先没来得及准备，这位记者提出的第一个问题是：

“请您谈谈这次当选的感想。”

被提问的领导人思维敏捷，马上反问道：“对谁的感想。”

这位记者猝不及防，只好对付上一句：“那就谈谈对我们电视工作者的感想吧！”

后面的情形这里就不详细叙述了。但是，如此难得的一个机会，重要的国家领导人刚刚当选，有许多问题可问，记者却由于缺少事先的准备和问题设计，白白浪费了这次机会。

因此，凡是比较重要或者比较复杂的采访，记者在出镜采访之前，都应该形成一个成文的采访提纲，将这次采访中必须问的问题一一列上。这些问题在实际采访时不必严格按顺序进行，因为采访对象的回答会自然地形成某个提问的较佳时机，而这一个问题不一定是提纲上的下一个。记者可以根据需要灵活掌握，改变提问顺序。

此外，采访中的提问设计还是获取采访主动权的重要手段。对那些不愿意接受采访的采访对象，设计得好的问题可以把握采访的主线，使采访对象始终在预定的访谈轨道中。

2000 年 7 月时任俄罗斯总统普京首次访华的记者招待会中，下午 5 时全体采访人员就开始等待。在普京出现前的漫长等待中，中央电视台记者水均益不时看看笔记本上几个精心策划的问题，头脑里却一片茫然。晚上 8 时 20 分，普京终于来了。水均益首先发问：“您此行到中国的目的是什么?”轮到第二个问题，水均益主动伸手示意新华社的记者提问。前两个问题都是规定问题，普京一点也不兴奋。水均益回忆道：“我意识到如果照此下去，普京最多再回答两三个问题就会抬屁股走人了。”而按照事先规定，第三个问题应该问他有关俄中经贸合作的前景。但此时他通过普京的表情和神态清楚地意识到，必须立刻改变谈话的方式，问点特别的问题“刺激”一下普京，否则这次采访很可能前景不妙。

于是，水均益放弃了事先准备好的问题，改问了一个让普京非常感兴趣的问题。水均益回忆道：“我问他：‘您在竞选的时候，曾发誓要让俄罗斯人过上应有的生活，您也表示国内发展的目标要高于国外的目标，俄罗斯当前最紧要的问题是什么? 您是否认为有必要改善包括华人在内的外国人在俄的投资环境?’”这个问题有两个背景，一是普京特别喜欢对人说要让俄罗斯人过上好日子，有人重复这话会使他高兴；二是近来外界都在抱怨俄罗斯投资环境不好。普京显然被水均益的这枚“糖衣炮弹”刺激得兴奋起来，说话频率明显加快，一直放在桌子底下的手也拿上来了。利用普京讲话的机会，水均益又想好了一个新问题，等普京话音一落，水均益就问他：“别人说您一脸严肃，是‘黑匣子’，而且还很铁腕，您同意吗?”看见普京越回答越兴奋，水均益决定让总统先生好好地美一下。“听说您的办公室里挂着一幅彼得大帝的画像，在俄罗斯历史上有不少时代令人印象深刻，比如彼得大帝时代、叶卡捷琳娜时代、亚历山大时代，当然还有苏联时代，您个人更倾向于喜欢哪个时代?”翻译在一边翻译水均益的问题，这时普京一脸灿烂，普京最崇拜的就是彼得大帝，据说也最喜欢人们把他看成拯救俄罗斯的彼得大帝。采访的局面被彻底打开了。中国的电视观众才得以从电视上看到普京难得的笑容。

五、交流

提问要和交流相结合，通过良好的话语状态解除由机器设备和人际陌生带来的紧张状态，创造谈话的人际氛围和语境。

在电视的行话中，有“晕镜头”一说，不仅一般观众在电视镜头面前会表现紧张，甚至一些经验丰富的演员和颇有造诣的名人、学者，在镜头面前都容易紧张。在电视访谈中，记者的一个重要任务就是巧妙地消除采访对象的紧张心理，使他们适应镜头。

例如，崔永元主持的《实话实说》中经常邀请一些普通百姓参加节目，但是有的采访对象看到摄像机前面的红灯一亮就紧张，后来崔永元就尝试让摄像师关掉红灯，在采访对象不知不觉中开机拍摄，结果取得了较好的效果。

在正式开始提问采访之前，记者有必要花一些时间以日常生活中的口吻同采访对象交谈，帮助他们做好摄像前的心理准备：

（1）如果采访对象缺乏接受电视采访的经验，记者可以告诉他们一些相关的设备知识和注意事项，比如提醒采访对象注意与摄像机的交流等；

（2）拉家常，或双方共同感兴趣的话题；

（3）开玩笑，幽默可以使人放松。

这些正式录像开始之前的闲谈，目的都是消除采访对象的紧张情绪，增强采访对象对摄制组的信任感。正如布雷迪在《采访技巧》中所说：“采访是一种取得信任并获得消息的质朴而自觉的科学。”只有在轻松自如、相互信任的前提下，录制拍摄工作才能进展顺利。

在电视理论中，还有一种“预采访”的提法，是指在正式开机拍摄之前，记者在现场对采访对象做初步的了解。但我们认为这种“预采访”实际上也属于“交流”的范畴，目的都是了解采访对象，消除双方之间的陌生感（见图7-2-1）。

图7-2-1　电视采访中的预采访——电视记者与采访对象沟通

在交流中需要注意以下方面：

第一，如果交流中，话题涉及正式开机采访的内容，记者应注意不要展开和深入，更不要触动采访对象的情感。这些都是为了保证电视采访中的“一次最佳”原则。

采访对象的第一反应是最鲜活生动的，同时也是最真实的。即兴采访的信息量也相对较大。上海电视台纪录片编导王小平认为：

> 在镜头前，第一遍是最好的，我指的是被采访者的反应。所以，绝不要因为感到某些不理想，就重复提问。必要时，可以绕个圈子或换个侧面来提问，也因为我感到第一遍是最好的，所以有些动情的、尖锐的或有多种可能的问题，我在开机之前是不谈的。①

其实，不仅采访对象的第一次回答效果最好，记者自己的提问重复多次，也会由于缺少新鲜感而失去自然流畅的特质。

第二，记者还应该在交流中加深对采访对象的了解，尤其是采访对象的性格、谈吐、反应速度等。在正式的访谈中要注意发挥采访对象在这些方面的优势和特点。

美国 CBS 王牌栏目主持人华莱士于 1986 年 9 月 2 日在北京采访中共中央顾问委员会主任邓小平。在这样一次重大的采访中，华莱士一直试图寻找机会提出一些与邓小平个人生活有关的问题，这些问题的好处有很多，其中一点就是非常有利于创造良好的谈话氛围，拉近双方的心理距离。

> 当邓小平从口袋里掏出香烟时，华莱士提出也要一根，他细看了一下说：“哈哈，过滤嘴比烟还长。”
>
> 邓小平笑着说：“这是专门对付我的。我抽烟的坏习惯改不了啦。”
>
> 华莱士还问道：“你休假的时候打桥牌吗?”
>
> “有时打。”邓小平说。
>
> 华莱士又问：“听说你与同事打牌，谁输了就钻桌子。”
>
> 邓小平摇了摇手，说：“没有那回事。那样太不礼貌了。”
>
> …………

这样一些关于个人爱好的对话，拉近了彼此的心理距离，充分地改善了采访的氛围，消除了由电视设备和人员带来的副作用（见图 7－2－2)。

第三，让采访对象了解记者也是非常必要的。

交流都是双向的，在采访中，记者需要了解采访对象，同样，采访对象也希望了解记者。在华莱士对邓小平的采访中，还有以下一段对话：

> 华莱士：我把今天同你的交谈看成一次非常难得的机会，因为像你这样的人物，我们记者不大容易得到专访的机会。

---

① 王小平．纪录片与采访．电视研究，1997 (1).

图 7－2－2　美国 CBS 著名主持人迈克尔·华莱士在北京采访邓小平

邓小平：我是一个普普通通的人。

华莱士：我希望我们在一起的一个小时对你是有趣的。

邓小平：我这个人讲话比较随便。因为我讲的都是我愿意说的，也都是真实的。我在我们国内提倡少讲空话。

华莱士：你有没有接受过一对一的电视采访？

邓小平：电视记者还没有。与外国记者说得比较长的是意大利的法拉奇。

华莱士：我读过那篇谈话，感到非常有趣。法拉奇问了你不少很难回答的问题。

邓小平：她考了我。我不知道她给我打多少分。她是一个很不容易对付的人。基辛格告诉我，他被她剋了一顿。

华莱士：是的。我采访过法拉奇。但是我也问了她一些很难回答的问题。

…………

在这段访谈中，华莱士不仅进一步了解了邓小平，也巧妙地让邓小平了解了自己，比如“我把今天同你的交谈看成一次非常难得的机会”“我读过那篇谈话，感到非常有趣”“我也问了她一些很难回答的问题”等，这些表白是让邓小平了解华莱士自己的采访态度、采访准备和自己的采访经历、采访风格等，虽然是只言片语，但传达了自我的信息，有利于交流气氛的改善和话题的深入。

让采访对象了解记者，这是交流中容易被忽视的环节，也是中国电视记者不大愿意或不敢做的事情。然而我们可以想象，面对一个自己完全不了解的记者，采访对象怎么可能说出心里话呢？因此，采访的深入依靠记者的自我开放，这与电视主持人展现自我个性是同一道理。

第四，在交流中产生情趣。

出镜记者的一个重要任务就是与采访对象进行交流，通过谈话获得电视画面所不能直接记录的新闻信息。在这一点上，电视记者的职责与其他媒介的记者一致。而电视记者的特殊职责还在于，不仅要通过谈话获取有价值的信息，而且要把谈话本身的过程和形式变得有趣味。因为交流过程直接构成电视画面素材，一个枯燥而沉闷的电视访谈即使采集到了很有价值的内容，也是不完全成功的，因为由它所构成的电视节目可视性差。央视资深记者敬一丹在《重在交流感——电视节目主持人的语言追求》一文中谈道：

> 面对采访者，交流感的形成有赖于主持人在对语言的内容和形式两方面的结合上倾注力量。在新近中国的电视荧屏上，似有两种倾向：一种是强调语言的内容，忽视形式，也就是注重“说什么”，忽视“怎么说”；另一种是强调语言的形式，忽视内容，也就是注重“怎么说”，忽视“说什么”。在不同的语言环境中，交流感的表现方式千差万别。

记者要在谈话中产生情趣，需要自身具备一定的幽默感，善于利用自己的情绪感染对方，保持良好的谈话氛围。这些也是在生活中就应该练就的本领。

六、提问技巧

镜头前的提问需要技巧。出镜记者要熟练掌握各种提问类型，以获取新闻事实。提问的类型总体上可以分为发问和追问两类，其他各种提问都可以归为这两类提问。

（一）发问

发问是指由记者向采访对象主动提出预备问题的采访方式。发问是一个段落性的概念，由于记者的出镜访谈具有阶段性，在不同主题的谈话段落中，记者的头几个问题属于发问的内容。这些问题的提出是原创性的，不依靠采访对象的回答而出现。

发问的技巧很多，简要说来有以下几种。

1. 开门见山——抓住关键问题、直奔主题

记者发问的首要目的是获取新闻事实，因此，在绝大多数情况下，记者的提问应该是开门见山的，为了解未知向知情者发问。

2015 年北京卫视播出的《杨澜访谈录》采访了著名喜剧工作室“开心麻花”的成员沈腾。当时的“开心麻花”在平时的话剧演出中上座率极好，第一部电影《夏洛特烦恼》也收获了 14 亿的高票房。但对于这部作品，网络上有“抄袭了美国青春偶像剧”的质疑声，同时，对于“开心麻花”的经典桥段也有“抄袭网络段子”等声音。主持人杨澜在访谈的开始就直接发问：“开心麻花的剧目和现实的勾连是一直被人们称道的，但是一开始做的时候也很容易让人想到很多网络的段子。”沈腾回答：“其实我们都是原创的。没有任何一个网络的桥段我们是照搬的，有一些值得提及的事情和值得讽刺的现象融入我们的剧目当中，我们也都是翻一翻再用的。开心麻花也并不会本末倒置的，流行什么就去做什么。”主持人这种直接切入式的提问非常具有针对性，不但不让人觉得直白，反倒让我们看到了一个喜剧工作室对于创作的用心与认真。

直接发问看似简单，却是行之有效和用得最多的提问方法。在对新闻事件的基本情况还不了解的时候，记者可以利用发问获取事实、了解有关各方的态度和反应等，这些是采访的基础环节。

2. 迂回提问——巧妙处理敏感微妙的问题

我们来分析一下水均益在《与联合国秘书长对话》中的几个发问（见图 7-2-3）。

图 7-2-3　中央电视台记者采访联合国前秘书长加利

1996 年 3 月，中央电视台记者在钓鱼台国宾馆采访时任联合国秘书长布特罗斯·加利。记者水均益的第一个发问是：

> 秘书长先生，请允许我告诉您今天在这里采访您的除了我本人以外，还有许许多多关心联合国、关心您个人的中国人，因为我也带来了一些我们的观众的问题。现在我们是否可由一个北京的小学生的问题开始我们今天的采访呢？这个小女孩请我问问您：联合国有多大？秘书长的权力有多大？

这个发问首先告诉加利这次采访的重要性：十几亿中国人站在摄像机后面。然后又巧妙地用一个小女孩的问题（未必真的存在）提出了记者自己很关心的问题：秘书长权力有多大？与生硬、直接地提出这一问题相比，迂回的提问更加婉转，能较好地处理一些微妙的话题。

果然，加利做出了详细的回答。水均益接下来的迂回发问还有：

> 秘书长先生，我这里有这样一位细心的中国观众，她说，有时候在电视上看到您，您一脸的严肃、很冷酷，她想知道您为什么这样，您是不是不高兴？
>
> 我们采访到这个中国小男孩有一个相关的疑问，他说，他想问您：现在许多国家都在打仗，能不能让这些国家有更多的和平？

这些发问都避免了记者直接触及敏感问题可能引起的不快。迂回提问是采访的重要技巧，电视记者必须掌握。当然，把问题换成“小女孩”“小男孩”只是迂回提问的一种，也未必是最高明的方法。迂回的核心是绕开敏感和直接触动微妙之处。记者可以根据不同情况，采用各种相应的手段。

3. 带背景的提问——深化谈话内容

记者的提问如果从最基础的问题入手，一方面会占用大量的时间让采访对象介绍基本的背景，另一方面整个访谈主题的深入会受到一定的影响。因此，记者主动地把一些已经了解到的背景在提问中自然地带出，可以直接将话题引向深入。

水均益采访加利时，还有这样的提问：

几个月前，您在接受美国《时代》周刊采访时，曾自称是"超级乞丐"。的确，联合国经费短缺，某些会员国拖欠会费已成了一个很严重的问题，作为秘书长，您认为应该如何解决这个头疼的事？

提问省略了对联合国经费短缺情况的了解过程，而是将问题直接引向解决办法。

您在当选联合国秘书长之前，曾自称是"生下来就是做秘书长"的人物，但现在也有些舆论认为您很有争议，在联合国。到 1997 年您的任期将满，您现在有没有什么计划（争取连任）？

提问中交代了秘书长任期内的变化和矛盾的产生，一方面让观众了解了这一问题产生的背景，另一方面也给加利提出了富有挑战性的"连任"话题。

发问是任何一位记者都必须掌握的本领。对于电视记者来说，发问的重要性和难度体现在记录提问和回答的过程上（见图 7-2-4）。

图 7-2-4 电视记者在记者招待会上的现场提问

提问中的背景会显示记者对采访的精心准备，从而增强采访对象对记者的信任和尊重，有利于提高其谈话的兴致。

背景在发问中的存在当然是事先准备的结果，背景使谈话双方在相互了解和碰撞的过程中将话题引向深入。

《东方时空》的记者专访著名作家萧乾时，背景在访谈过程中就起到了很好加深记者与采访对象相互了解、使话题不断深入的作用。

记者问萧乾先生的夫人文洁若女士：

> 1966年萧老曾经自杀，当他醒来的时候，听说您并没有掉眼泪，而是用英文给他写了一句话？

这样的背景式提问能有效地激发采访对象的情绪，同时以熟悉对方作为基础获得对方的信任，文洁若女士回答道：

> 我说，"We must outlive them"，就是我们要比他们活得都长。我说你要是自杀，我将来会告诉孩子们，你是一个怯懦的人。可是你要是不自杀，能挺过来，你将来还是孩子们可骄傲的父亲。后来他说天塌了，我说天塌了地顶着，就这样。我说我是只老母鸡，我能保护你，把你们都保护起来。

必须承认，这些感人至深的话语来自记者精彩的发问。背景式提问还是发展谈话线索的重要依据，记者接下来采访萧乾先生时，同样运用了背景——

> 记者：巴金在1979年的时候曾经给您写信，说要让您变得深沉一点，好像这个对您后来这十年当中的影响是比较大的。
>
> 萧乾：1979年以前，或者是30年代40年代，我是在描写人生；1979年以后，我是在咀嚼人生。而生活经历了许多变化，生命力也有更多的弹力。生活不论是在什么境遇，都是很有味道的，我觉得我活得很欢实。

记者在这一提问中，由对一封信的猜测引出了萧乾先生内心的人生感悟。如果没有这些背景的存在，访谈的基础就容易限于事实层面的了解。

（二）追问

追问是指出镜记者在提问访谈过程中，根据采访对象的现场回答做出即兴提问的采访方式。追问依靠采访对象的回答而存在，在逻辑上有递进关系，即后一个问题与前一个问题逻辑上环环相扣，步步逼近事实，呈现出"追"的势态。

追问对电视记者的思维速度和反应速度要求较高，如果记者无法迅速发现采访对象回答中的重点，就不会产生追问。

请看记者柴静在《新闻调查·虎照疑云》中的一段追问——

有关科学问题的不同争论非常正常，但记者在采访前了解了其中一位专家王廷正的专业背景，发现他的研究方向为啮齿类动物，他的专著及论文都是有关田鼠的研究。

> 记者：您没有发表过关于华南虎这方面的论文是吧？
>
> 王廷正：我没写过这个。
>
> 记者：您也没有在华南虎的基地做过专项研究？
>
> 王廷正：没有。
>
> 记者：就是说您是在没有研究过华南虎，也没有实地考察的情况下，做出这个地

方有华南虎的判断的。

王廷正：只能是根据我搞动物分类学，这个角度上我认为它应该是华南虎。

记者：我们还查询了其他几位参与论证会专家的专业背景，发现也并无大型兽类的研究方向。您是研究啮齿动物的，刘教授主要是研究金丝猴的，还有一位许教授主要是研究鱼的？

王廷正：对。

记者：听上去这个跟华南虎差距都挺大的。

王廷正：人家要开鉴定会了，这个省上没有研究这个的，他只能是找动物学工作者。

记者：不管是哪个级别的鉴定吧，比如说假如是一个关于田鼠的鉴定，可是由研究华南虎的专家来做，您觉得合适吗？

王廷正：好像也不太合适。

记者在这段采访中紧紧抓住一点：研究方向不符的专家能否产生科学的鉴定结果？结果，专家在追问中败下阵来，只好承认“好像也不太合适”。这时，观众已经能从采访的追问过程中获得信息。

追问时特别需要注意语气和态度。美国著名电视节目主持人丹·拉瑟说过：“以提问严格而著称，是我追求的；而提问刁钻的名声，是我应避免的。我决不想背上这种骂名。”这是因为，追问在正常的情绪和适度的内容之内能够在记者获取新闻事实的过程中起到有效的作用，但一旦态度过于生硬，则失去了新闻采访应有的客观和冷静。

（三）发展问题，深化主题

发问只是引出话题的第一步，通常都停留在表象和基本事实的了解层次上。出镜记者在访谈过程中，还要将话题引向深入，这就是发展问题。

在2015年播出的《新闻调查·十八年后的无罪判决》一期中，围绕轰动全国的“呼格吉勒图冤案”，记者采访中国人民大学法学院教授何家弘时有这样的片段：

记者：您认为这些冤错案有哪些地方需要引起我们的警醒和反思？

何家弘：这些冤案发生之后，我们可能第一直觉就是刑讯逼供。但是经过我们实证研究，其实刑讯逼供只是一个表象，特别值得我们关注的就是这些冤错案件为什么能够一次一次地被复制。真正制造冤案的警察、检察官、法官可能也不能简单地就归结为坏蛋。

记者：并没有那么简单是吧。

何家弘：并不是一群坏蛋一起做出一个冤案这么简单。

记者：您刚刚讲的一个词我印象特别深，就是复制。那是说您觉得这些年发生的冤错案其实都是有非常相似的地方吗？

何家弘：对。其实它里面有很多是我们制度上的问题。所以通过研究我总结了在我们国家刑事司法制度中，可能导致冤错案发生的十大误区。……

造成“呼格吉勒图冤案”的最关键原因就是当时公检法机关的执法不当。这一事实被公之于众后，来自社会各界的质疑和批评直指公检法。记者为了一探究竟，采访了权威专家，一开始先从解答群众的质疑角度发问，解读执法机关办案错误的问题所在，之后又进一步询问导致这种问题的原因，以及今后如何杜绝。这一过程让观众了解了问题的根源所在，解决了认识事实的误区，是比较成功的逐步深化采访主题的例子。

在这一组提问的逻辑构成中，问题的发展是从表象向深层发展，沿着事件发展的逻辑顺序，从外围向核心靠近，步步紧扣，将事件本质剥离得很透彻，是比较成功的逐步深化主题内容的优秀电视采访。

（四）打断谈话，转换话题

电视采访中，还有一种记者根据采访对象的回答进行提问的情况，但并不属于追问。记者在提问访谈过程中发现了新的有价值的话题，而这一新话题比正在进行的话题具有更高的记录价值，记者就此改换话题的采访方式，就是发展问题。这种情况在访谈类节目中出现得比较多。

以下是美国著名电视主持人奥普拉·温芙瑞采访歌星迈克尔·杰克逊的一段访谈：

（两人坐在杰克逊家电影院舞台的边沿）

杰克逊：我效仿耶稣。他主张保持童心，爱护孩子，像孩子一样纯真，用孩子的眼光欣赏奇妙的世界。我很欣赏这点。有时我邀请上百名患癌症的孩子。他们到处跑，兴高采烈。能让他们开心，我高兴得哭出来，觉得很欣慰。

温芙瑞：我一个月前来这里拍宣传片时，印象最深刻的是你这里提供给来访儿童的病房。如果不是真的关心孩子绝不会想到这么做。

杰克逊：有的孩子要接受静脉注射。卧病在床，不能坐直。而我这里的这些床都是医院的病床，按一下钮就可以自动调校。他们就可以欣赏魔术表演和电影，好让他们进入魔幻世界，一个我小时候未能参与的世界。

温芙瑞：我认为每件事都有根可寻。要是你有一个正常快乐的童年，今天还会这么关心儿童吗？还会这么有童心吗？

（记者不再满足于事实的陈述，主动把话题从现象引到对原因的探讨）

杰克逊：多半可以，但程度不如现在。所以我不想改变过去，因为我对现在非常满意。

温芙瑞：悲伤了很久，终于快乐起来了？

杰克逊：是的，成功在望，我很快乐。

温芙瑞：是什么因素使你快乐起来的？

杰克逊：有回馈以及帮助他人的能力。我组织了“治疗世界基金”……

温芙瑞：我知道，我们有你各地的照片。在上一段我们谈及谣言。有人说你的舞步是骗人的玩意儿，全靠在袜子里放镜子之类，说你根本跳不出来。我们花了不少时间澄清谣言，没好好谈过如何构思舞步音乐。步月舞是怎么构思出来的？

（记者意识到原来的话题已经谈得比较清楚了，于是马上打断谈话，将话题转移到对谣言的澄清上）

杰克逊：步月舞是可爱的小朋友所创的。贫民区里的黑人小孩。他们很聪明，很有舞蹈天分，所有崭新的流行舞蹈都是他们所创，我不过改进了一下。

温芙瑞：我想你跳给我看，我想你即兴表演。

（记者根据杰克逊的回答提出了行为上的要求，这是比较大胆的访谈形式转换，它使访谈形成一个小高潮）

杰克逊：我只可以跳几步。（跳舞）

温芙瑞：我亲眼看见了！你模仿发明舞步的孩子？

杰克逊：对。他们才是真正的舞蹈家。

…………

在以上这段采访中，温芙瑞始终把握着谈话的脉络，清晰地转换着谈话的主题。要做到这一点，记者需要把握以下几点：

（1）不管嘴上说得多么热闹，记者心中要清楚正在进行的谈话的中心和主题是什么；

（2）记者要迅速判断正在进行的话题是否已经开展得足够了；

（3）记者要迅速分析正在进行的话题有没有深入的可能和必要；

（4）记者要迅速判断采访对象的回答中有没有预定话题之外的有价值的线索。

完成这些判断后，记者还要寻找时机，及时打断谈话的进行。

2008年5月28日，《华尔街日报》举办第六届“D：数字化大会”（D：All Things Digital），微软公司董事长比尔·盖茨及CEO史蒂夫·鲍尔默联合接受了现场采访，这场采访也通过美国多家电视台进行了现场直播。现场采访的记者想表明二人的关系，在提问鲍尔默是否有压力的时候，盖茨插话解释，记者顺势打断了盖茨，插话问到鲍尔默在执行中的问题，引出了鲍尔默对盖茨的评价，从侧面恰到好处地表现出两人对彼此的信任（见图7－2－5）。

记者：外界印象中，比尔是产品负责人，而史蒂夫是销售负责人。这种说法是否正确？

比尔·盖茨：一家公司不仅仅是销售和技术这么简单，还有招聘和战略等。史蒂夫和我一直在共同努力。我们两人都非常注重细节，我注重技术和财务，史蒂夫注重管理和财务。

记者：比尔，你认为自己是商人吗？

比尔·盖茨：销售额减去产品等于成本，还有其他的什么吗？

记者：史蒂夫，比尔在全球享有盛誉，对你是否有压力？

史蒂夫·鲍尔默：从来没有压力，因为比尔的形象对公司有利，他是公司的精神

图 7-2-5　2008 年，比尔·盖茨隐退后，和新任 CEO 史蒂夫·鲍尔默接受采访

领袖，我从没有什么别的想法。比尔是我的高级合伙人。

比尔·盖茨：我退居幕后将使史蒂夫升级为高级合伙人，而我就变为初级合伙人了。

记者：史蒂夫，比尔退休后仍是公司董事长、微软最大股东，是否说明他还会对公司施加很大影响？你是否会就重大决策，例如收购雅虎，与公司最大股东比尔商量？

史蒂夫·鲍尔默：不是这样，但是我会就这些决策与比尔·盖茨——我的朋友、我的挚友商量。

这里，电视记者必须明确：在访谈中，打断谈话并不起绝对的负面作用。加拿大安大略湖大学的一次心理测试表明，在谈话进行过程中，打断话头并不太影响谈话的进展，也无损被打断一方对交谈对手的印象，反而是该回答问题时的缄默和冷场最容易引起谈话对手的不满。实验结果表明，适当地打断谈话，是防止冷场、保持良好谈话气氛的必要方式。

打断正在进行的谈话时，要注意以下几点：

打断谈话要寻找合适的契机。在谈话进行中，通常说话的一方总会有语气停顿的间隙，或有说话的段落性停顿，记者要把握好这些短暂的停顿，插话转换话题、发展问题。

打断谈话要注意礼貌，在打断对方谈话时可以用“抱歉”“对不起”“咱们能不能谈谈另一个问题？”等用语取得对方的谅解和配合。

在打断的同时，可以对刚才进行的谈话表示赞赏和认可，比如：“这个问题咱们谈得比较深入了，现在是不是……”这样既转移了话题，又能鼓励采访对象继续谈下一个问题。如果采访对象有完整的谈话思路，除非走题，否则记者不应随意打断采访对象的谈话，以免影响谈话的思路和流畅度。

（五）调整提问方式

在采访中经常会出现问题提出后，采访对象没反应或者支支吾吾的情况，通常这是由于采访对象没听懂提问，或问题太大，不好把握，难以回答。这时，记者要迅速调整提问。记者调整提问的方法有：

1. 具体化

提问具体是电视采访的基本要求。这是因为具体化的提问比较好把握，采访对象能够迅速做出具体的回答，实现电视采访中语言的形象性。

在中央电视台《百姓故事·揭秘鸟巢》这期节目中，记者就赛场的安全问题采访了鸟巢的中方总设计师李兴钢。一般关于此类问题记者会问“您能介绍一下鸟巢的安全问题吗”，但这位记者通过对比的方法，先问了广州和上海 8 万人体育场的情况，引导李兴钢做出了具体的回答，并且还体现了鸟巢的优越性，使人一目了然。

> 记者：“鸟巢”是第一次提出 8 分钟这个概念。之前体育场强调的是所有观众离场时间的总控制，如 8 万人 13 分钟之内撤离完毕，那么“鸟巢”的设计，为什么要提出 8 分钟的概念呢？
>
> 李兴钢：这是一个国际上的标准，就是说人在 8 分钟的时间之内，如果进行疏散的话，他可以达到一个稳定的心理状态，可以让他有秩序地疏散，不会出现慌乱，如果超过 8 分钟，人就会开始焦急，就有可能会引起一些拥挤，或者是加塞这种现象，就会产生危险。
>
> 记者：我们查过广州的 8 万人体育场和上海的 8 万人体育场，它们的疏散总时间是 13 分钟左右。在安全方面，“鸟巢”与别的体育场相比有什么进步？
>
> 李兴钢：“鸟巢”共 91 000 个观众，最上面一个也是最远的那个，最后的观众离开体育场，到达完全的室外地面，是 13 分钟，可是我们比 8 万人还多了11 000人，所以我们 13 分钟的指标也是相当大的进步。

具体化提问将采访对象的回答引向具体和形象，这些问答过程以口语形态出现在节目中，是电视采访的基本要求和特征。

2. 同类替换

同一个问题，会由于用语的习惯不同，在问答双方之间产生理解上的困难。记者的提问有时难免会由于这种问答双方的习惯差异或其他因素造成交流的一时卡壳。这时，记者要迅速发现问题所在，调整提问用语，使采访对象明白。

在北京电视台举办的一次国庆晚会上，主持人问一位现场观众：“你觉得生活中最美好的瞬间是什么？”对方一时答不上来，主持人马上调整了提问：“那么你最难忘的一刻是什么？”对方马上脱口而出：“是我当上爸爸的时候。”主持人问的“最美好的瞬间”，是非常文学化的用语，采访对象觉得很不好把握，而且“美好”的定义因人而异，采访对象无从回答。记者将提问用语更换为“难忘”，降低了双方间理解的误差，回答就容易了。

调整后的问题主题可以不变，但提问方式应该有利于采访对象更容易地把握问题的核心，从而做出理想的回答。

第三节 倾 听

电视访谈的双方中，采访对象是重点与核心。记者在话筒前的任务是让采访对象的谈话内容翔实而精彩。

在电视访谈中，除了提问之外，倾听是比较容易被忽略然而却同样重要的手段和环节。

出镜记者要善于倾听。倾听不是光“用耳朵听”而已，电视记者的倾听还包括：

（1）用体态语与采访对象充分交流；

（2）记录和分析采访对象的回答。

由于记者的现场表现直接影响采访对象的说话状态和欲望，出镜记者的形体语言一定要把握好，这些语言包括姿态、视线、话筒的位置、点头示意和记者的情绪外露等。良好的倾听状态来自记者的平等意识，同时记者在镜头前的表现全部被记录于画面中，观众也可通过采访看出出镜记者的综合素质。

央视记者柴静在回忆北京奥运会期间的采访时说：“我采访了那个拿着妻子的照片登上领奖台的施泰纳，他向我描述他拍的那张照片是他妻子跟他一块儿在森林里面跑步的时候，他喊了一声她的名字，他妻子回眸一笑，他就拍下那一瞬间，他说那一瞬间就是他的幸福，他的一切。他跟我说他怎么重返运动场，他靠恨，他靠失去苏珊的恨，所以他要举起更多的重量，所以当给我讲起他得金牌的那个夜晚，他比任何时候都感觉到孤独。因为所有的人都离开了，所有的媒体采访结束之后，他一个人躺在床上，他最爱的人不在身边。他告诉我说比金牌更重要的是有一个家庭，有两个孩子，和自己爱的人过很幸福的生活，这一刻也是这样。”

记者在这段采访中的倾听意识是良好的，这种投入情感的倾听方式，是鼓励采访对象说下去的最好办法，它比那些用语言提示、直接要求采访对象继续发挥的做法更为含蓄、高明。当然，倾听的目的是得到采访对象的精彩谈话，所以不应该因为听得入神而耽误摄像、录音等现场采访的其他配套工作。

倾听是出镜记者的任务之一，它具有以下重要作用。

一、善“听”才能善“问”

电视采访以即兴采访为特点，在记者出镜采访中，更是讲究抓住采访对象的回答做出即兴的提问。但是，即兴提问要以采访对象的回答为基点，记者不仅要听见采访对象在说什么，还要能够很快地抓住回答中问题的核心，迅速设计新的提问。

记者在“听”的时候，脑子在飞快地运转，随时判断，随时总结提炼，随时设计新的问题。因此，善听是指分析采访对象的谈话内容，做出正确而迅速的反应。

二、善“听”才能善“断”

倾听的任务还包括：决定谈话走向，提出新的问题或保持沉默，给予对方思考的机会，等等。

从另一个角度看，倾听是记者对打断采访对象谈话时机的把握。只有善于倾听，同时做如下判断，才能选择好打断采访对象谈话的最佳时机。

记者打断采访对象要有利于采访的深入，比如抓住采访对象谈话中的一个重要细节进行追问，而这个细节有可能因为谈话的继续而被埋没，或失去提问的最佳时机。同时，打断谈话还不应减弱采访对象的谈话兴致。有的记者自我意识过于强烈，在镜头面前自己滔滔不绝，随意打断采访对象的谈话，随意改变谈话主题，这些都可能影响采访对象的谈话兴致，最终影响采访的质量。

我们来看凤凰卫视记者杨澜采访台湾怪杰、大学者李敖的片段。

由于经过十余载的牢狱生涯，李敖个性激扬，愤世嫉俗，且反应速度极快，对他的采访如果不紧紧抓住主题，谈话的控制权很有可能随时被他夺走。杨澜多次通过打断李敖的谈话来把握谈话主题。比如：李敖讲述自己从牢狱中出来后，以打官司为乐，并且从来不请律师，都是自己为自己辩护，但由于种种原因，并不总能打赢。李敖又说自己每当打输官司后，马上回家整理判这个官司的法官的材料，准备将法官告上法庭。

杨澜这时马上打断他的话，反问道：“那你这不是刁民吗？”

没想到李敖的回答更加理直气壮：“就是刁民，我就是要当刁民。过去是民不聊生，现在我要让他们‘官不聊生’。”一句话尽显怪杰风采和豪迈个性。

李敖的第一次婚姻失败后，夫妻俩反目成仇，直到今天还各自写书攻击对方。当谈到这一话题时，李敖举出前妻迷信的事例，说她得了病不相信科学，自己跑到东南亚的某个国家去请巫师抓肿瘤，结果回来一照片子，肿瘤还在里头。杨澜这时立即打断他，说道：“那你也太刻薄了，这是每个人的想法不一样嘛。”这句适时的评论使李敖不得不做进一步的解释，于是他又讲述了其他的一些夫妻不和的矛盾。

排除这些话题本身的内容不说，这些访谈中的打断环节，记者的依据都是两点：一是抓住随机出现的具体细节深入话题；二是激发对方的情绪和情感，使访谈更具可视性。

三、鼓励谈话的继续

倾听时，记者是沉默的。但沉默并不等于没有信息量。约翰·布雷迪在《采访技巧》中提到：

别打断采访对象的话，……作为一种采访技巧，沉默为金。迈克尔·华莱士说："我发现，在电视采访中，你可以做的唯一一件最有意思的事就是，提一个巧妙的问题，在对方答复之后，停止三四秒，好像你还在等待他说点什么。你说怪不怪？对方会觉得有点窘迫，于是说出更多的东西。"当然，这样一种采访技巧并不一定具有普遍意义，但是它说明，倾听和沉默有时会比进一步的发问得到的还要多。

所以说，沉默也是鼓励采访对象继续谈话的有效方式。

四、调整采访对象的情绪

在采访过程中，记者的每一个细微动作和表情都会影响到采访对象。为了使采访对象保持比较兴奋的谈话状态，出镜记者自己首先必须情绪饱满。在访谈过程中，应该经常以赞许式的表情和动作对采访对象进行鼓励。

记者与采访对象之间的情绪在采访中处于互动状态，利用这一点，记者可以用自己的表情来控制采访节奏，实现话题转换。比如，在听到感人而又值得记录的段落时，记者应在表情上给采访对象以理解与回应；在采访对象谈的内容不符合采访需要时，记者也可以用表情动作以提示"改换主题"。记者还可以用自己的情绪感染采访对象，创造采访所需要的欢快或低沉的氛围。

倾听时电视记者利用的主要是体态语，因此，在表情、坐姿、站姿等方面，记者要注意在日常生活中培养良好的习惯，否则平时的不宜举止会不自觉地出现在采访中。比如，有的记者在日常生活中与人交谈时习惯左顾右盼，注意力不集中；有的记者坐姿、站姿过于随便，这些习惯很容易带到采访中。

还有一些记者在倾听谈话时经常不适当地发出"哦""呀""真了不起""太好了"之类的插话，形成观众收视时的多余噪声，影响访谈效果，这都是应该避免的。

第四节　现场述评

现场述评是指电视记者在采访现场面对镜头直接交代、播报和评论新闻事实的报道方式。这一类的出镜方式形成了记者与观众的面对面交流样式，具有人际传播的特点。

一、现场述评的意义

结合现场进行对新闻事实的述评，可以使采访现场的各种信息通过记者的口语、动作、行为直接呈现给观众，它比事后配解说和演播室播报都要生动，更能发挥电视媒介的优势。

对于2015年11月在新加坡举行的“习马会”，中央电视台新闻频道做了充分翔实的报道，在会见前和会见后都有前方记者对会见情况做现场述评，引出讨论的主题（见图7-4-1）。

图7-4-1 央视：“习马会”新闻中的现场述评

记者：根据我们在前方的了解，大约在三个小时前，也就是晚上的七点钟的时候呢，习近平和马英九以及双方的随行官员正式结束了晚宴。这个晚宴从目前的形势来看是不对外开放的，所以很多信息都没有办法掌握和确认。不过从现场流出的一些照片来看，其实这场晚宴的安排是非常耐人寻味的。比如这场晚宴是在一张圆桌上进行，习近平和马英九不像是会议举行期间那样面对面，而是挨在一起坐。

…………

我在现场听的时候就发现，双方很多方面的表述有很多的类似性、共同性。我不止一次地看到或者听到双方提到“九二共识”“互利合作”“和平发展”以及提到双方要致力于中华民族的复兴等等。所以说从这些细节确实能够看出这场会议当中能折射出很多很深的含义。那么当然这次会议到目前已经结束了，双方都已经乘坐专机回家了。但是，也留下了很多引人思考的问题。比如说，这次会议两岸领导人首次实现了双方的直接的会晤，那么这种会晤是否会常态化呢？再比如这次的会议会对两岸关系的未来的走向产生怎样的影响呢？更重要的一个问题，马英九在会议上提出的一句话我非常有印象，他说，“这次双方谈的是原则性问题，所以不排除有一些分歧的存在”。那么问题就来了，在这些原则性问题上，双方是否达成了一些原则性的共识呢？在此基础之上，双方是否能在一些技术性的问题上在未来取得突破呢？这就是我在现场的一些细节性的观察和报道。

此类现场述评将现场环境和细节的视觉信息与记者的话语合为一体，使记者的述评成为现场画面的组成部分，从而最大限度地实现了评论的视觉化和电视化。

由于电视画面具有多义性，如果仅仅依靠画面本身，不同的收视对象会产生不同的理解。电视记者在现场有必要对一些仅凭视觉无法确定含义的画面进行现场解说式的述评。

这也就是说，记者的现场述评要有新的信息和内容，消除画面的不确定性。

在1997年香港回归直播报道的《英国领导人离开香港》部分，记者在香港添马舰码头有这样一段现场述评：

> ……现在，我们看到有一辆警车已经开进了这个码头的大门，还有一辆轿车，现在……已经下来了两位先生，不知道他们是英方的什么样的人员。现在好像英方的很多人员已经做好了准备，站好了位置，正在等待着英方人员上船……

在这段现场述评中，记者所说的每一句话都是观众在电视屏幕上能直接看到的，观众通过画面不能直接获得的信息包括：这辆车是谁的？车上下来的人是谁？可惜记者也“不知道”。这样的现场述评在广播中还能为听众提供他们不能眼见的信息，但在电视现场述评中则不符合要求。

在五个月之后的长江三峡大江截流直播报道中，这位记者的表现有了很大的进步。在《合龙仪式即将开始》的直播部分，还是上述那位记者，在合龙的指挥船上做了如下现场述评：

> 观众朋友，现在离最后合龙的时间已经不到一个小时了，整个指挥部看起来比刚才更为紧张了，但还是非常有序。应该说现在已经到了大会战的最后关头。现在的水流流速是每秒2.43米。长江水还算是体谅工人们的艰辛，在这样一个特殊的日子里也要助他们一臂之力。从我身边的显示器上我可以很清楚地看到，龙口已经缩小成一个倒三角形了，最新的数据显示龙口还剩下14.5米。要填满这么一个非常小的倒三角形，据说还需要2 700立方的土石方。好，现在让我们抓紧时间采访一下指挥长……

这段现场述评为观众提供了一些仅凭电视画面无法获知的信息：“离最后合龙的时间已经不到一个小时了”“水流流速是每秒2.43米”“龙口还剩下14.5米”“还需要2 700立方的土石方”等。而且，记者还对现场做了自己的点评：“整个指挥部看起来比刚才更为紧张了，但还是非常有序”“长江水还算是体谅工人们的艰辛”等。这样的现场述评是电视化的，符合基本的要求。

现场述评是由出镜记者面对摄像机镜头直接与观众交流，而出镜记者都是新闻现场的目击者或亲历者，由出镜记者在现场述评，效果自然比演播室中播音员的播报更具亲切感和现场感（见图7-4-2）。

图 7-4-2 BBC 记者对“习马会”的出镜报道

此外，记者出镜的必要性在于把记者的个体形象与现场信息结合起来，使记者成为现场的一部分，从而增强电视报道的现场感和可信度。比如前面章节提到的台风报道中记者的现场述评：

观众朋友，现在是下午五点钟，现在我们所在的拍摄地点是福清沿海的礁石上。从这里的情况来看风不是很大，雨也不是很大，只是雾比较浓，但是完全可以感受到台风来临前的气息……

记者在新闻现场的几句简短的陈述，不仅把事实交代清楚了，还发挥了电视报道中“现场”的优势。

电视记者现场述评的述与评紧密结合，夹叙夹议形成合力，构成现场述评的优势。由于现场的画面信息和声音信息直接构成评论的重要论据，电视评论的现场化对于夹叙夹议的评论更为有利。

海南建设国际旅游岛战略的相关新闻，央视财经频道一直在持续关注，对于 2010 年春节期间三亚旅游业中的一些问题，在春节前后连续几天的《经济信息联播》中都有现场报道：酒店宾馆高价，楼市飞涨，游人如织，出租车高收费，饭馆缺少诚信……记者在对问题进行曝光后，在新闻的结尾处做了出镜述评：

如今海南在旅游服务水平和标准上与国际知名的旅游胜地还有差距，尤其是在旅游的软环境上亟待加强。海南岛在朝向国际旅游岛迈进的过程中，我们应该从实际出发，而不是只去炒作这个概念，仍然还需要做出更多的努力。

电视记者出镜做现场播报，需要记者将所见所闻迅速转换成语言，在镜头前流畅地说出来。比如，在香港回归的大型直播报道中，主持人白岩松在中国人民解放军驻港部队大部队入港的直播现场做了如下出镜述评：

现在我们还能看到，就在我的身后，就是大家非常熟悉的邓小平的巨幅画像。在这个画像的上面，有一句话叫“坚持党的路线方针100年不动摇”。这很容易使我们想起，关于香港邓小平同志也说过一句给大家留下深刻印象的话，那就是“一国两制50年不变”。这一句话，给很多香港同胞吃了定心丸。

…………

汽车一辆又一辆地在我们这个拍摄的摄像机前面经过。你如果熟悉中国的古代文化，读过很多古诗词的话就会知道，中国古人每当谈到离别或者送别这样的话题的时候，总是有一种离愁别绪。我们今天经历的也是一个送别的场面，但是这个送别却是喜庆的，因为今日的送别意味着香港和祖国的相聚。如果今天有很多的诗人要写诗的话，一定会写出带有喜庆气氛的离别诗。①

白岩松的这段现场述评不仅将其所见的场面用自己的语言进行了准确而流畅的播报，还将直播当中镜头前的偶发场景结合到现场述评中去，这是比较符合国际化趋势的直播述评方式。它对主持人的素质要求也确实较高，不仅要能出口成章，而且这文章还须能随时结合变化的所见所闻。

毫无疑问，这将是中国电视记者出镜述评的大方向（见图7-4-3）。

图7-4-3　2014年索契冬奥会新闻中的现场述评

① 李东生．重大新闻事件直播文案选编．北京：北京出版社，1998：78-79.

二、现场述评的内容

（一）播报新闻导语

电视现场报道的导语可以以记者现场出镜的方式进行播报。

2015 年 11 月 14 日，《新闻联播》播出的新闻《巴黎发生系列恐怖袭击事件》中，记者在新闻一开始，现场播报的背景就是进入紧急封锁状态的巴黎街头无人出行，并有几名持枪警察在巡逻的场景：

> 14 日，法国全境将进入紧急状态，而巴黎将进入加强的紧急状态。这也就意味着全巴黎的学校将被关闭，所有的演出会被取消，而所有的公共场合将受到严格的监控。

记者出镜播报新闻导语，能充分发挥电视现场报道的优势，值得提倡。

（二）介绍新闻由头

2015 年 11 月 26 日，凤凰卫视《社会能见度》栏目中，出镜记者在节目开头做现场报道：

> 2015 年 4 月 9 日有媒体报道称，袁隆平农业高科技股份有限公司的超级稻“两优 0293”因受稻瘟病的影响在安徽出现了大面积的绝收，受灾的农民质疑种子生产商涉嫌虚假宣传，隐瞒了品种的缺陷，而这也再次引起了农业界对于重产量不重质量的反思，今年的 10 月 9 日，“杂交水稻之父”袁隆平在报纸上发表署名文章，首次回应了外界的质疑。

接下来就是记者对袁隆平院士的采访。

上面的现场播报是从新闻由头入手，引出报道的内容和具体问题、权威解读，同时可以吸引观众看下去。

（三）记者选择现场感较强的新闻事实进行解说式介绍

2015 年 11 月 15 日，《新闻 30 分》关于我国首个暗物质卫星的报道中，记者在运载暗物质卫星的列车隧道，以正在运行的列车作为背景进行了现场报道：

> 全程一共是 3 000 公里，由于沿途一路要对这个新箭进行小心的呵护，这个专列的时速是不能超过 80 公里每小时的。而且装载火箭的这个 Ω 车厢呢，它是超宽超限的规格，那么为了不影响正常铁路网的运行，在某些特定的车站，这个列车会停留较长的时间。所以从上海到酒泉需要四天四夜的时间。

这条新闻的现场播报选择的是新闻事件正在发生的现场，此时此地的新闻事实的播报具有很强的现场感，这是现场播报中比较值得提倡的一种。

（四）记者将采访现场的所见所闻直接告诉观众，形成直播状态

电视采访都是现在进行时，包括不是直播的采访，电视记者都要按照直播的形式进行运作。电视采访都是现在进行时，即使不是直播的采访，电视记者也要按照直播的形式进行运作。2015 年 6 月 4 日，《24 小时》关于“东方之星”邮轮船体扶正工作的报道中，记者在船体扶正深夜作业的现场进行了报道：

> 大家顺着我们的镜头来看一下，现在在船体还有不少工作人员在紧张地进行着钢丝的固定工作。除了在船头和船尾有两条纵向的钢缆要把整个船只吊起来之外，我们发现，旁边的细柱还要承受着一些钢缆，它是横向的。这些横向的钢缆它在细柱上固定了之后会被拖到我们这样一个打捞船上面。

记者出镜一边向观众介绍新闻事实，一边展示了所处的背景环境，记者的报道与背景环境融为一体，清晰地交代了整条报道的由头和核心问题。

1998 年 8 月 19 日、8 月 20 日《东方时空》两则关于抗洪的电视特别报道《中国南北大抗洪》和《空中看松嫩》，创造性地运用了直播形式的录播。方宏进与白岩松分别乘直升机在长江沿线和北方的松嫩平原上空采访，下面有多个采访点的记者与空中对话，方宏进在长江沿线的清河水坝、荆江大堤、洞庭湖畔及武汉与各个记者对话，空中与地面同时拍摄；白岩松在松嫩平原上空，与在保卫哈尔滨和大庆的各要地的记者对话，多台机器上下拍摄，下面的机位能看到直升机，上面的镜头能拍到地面的拍摄点。两人还各自在所选地点着陆，与地面记者及抗洪军民交谈，然后再登机飞行……整个内容靠手机通话来连接。空中和地面的画面按时间顺序剪接后，内容和情绪是连贯的，时间是统一的，给观众的感觉如现场直播一般，真切自然。

（五）总结报道内容，为追踪报道打好伏笔

一般出现在一则报道结尾处的现场述评都担负着总结全片内容的重任。2015 年 11 月 12 日，凤凰卫视播出的《社会能见度》栏目《高墙内外——牟其中和他的代理人》报道中，记者在节目结尾对整个访谈的内容进行概括，并点出了今后事情的发展方向：

> 在探视过牟其中的人看来，尽管被禁锢了 16 年，他依然气定神闲、滔滔不绝、辩才无碍。而在监狱之外的夏宗伟，像是过着另外一种被禁锢的生活。她曾经说，几年前有一家媒体采访她，用的标题是《活着》。那时候她觉得不太合适，可是过了几年，她又觉得确实如此。她和牟其中都相信自己没问题，所以就好好地活着，等待清白到来的那一天。

（六）现场评论，发表见解

电视评论可以是画外解说式的，也可以是演播室主持人念稿，而由记者在现场即兴发表评论，是利用采访现场保留的各种形象信息，与记者的评论相配合，起到相得益彰的增值效果。同时，由于在整条报道中一直出现记者进行采访的身形话语，因此在评论时由同一位记者发表见解更具完整性和可信度。

记者现场评论要注意两个方面的问题：

第一，记者现场评论属于点评，言论要少而精，开门见山，一次到位。不要在镜头前发表鸿篇大论，也不要引经据典、旁征博引或绕圈子说话。

在 1997 年香港回归祖国的大型直播报道中，有些现场评论很好地体现了简约明了的要求。比如，在最后一任港督彭定康离开港督府的直播现场，彭定康的轿车在临行前在港督府内绕场三圈，记者柏杨的现场点评是："历史的车轮不会在原地转圈。"简短的一句话，将历史车轮转动与现场汽车车轮转动这两个形象结合起来，表达了中国人民收回行使香港主权的坚定立场和信心，同时婉转地批评了彭定康执政香港最后几年的言行。

在 1969 年人类登月的直播报道中，当阿姆斯特朗登上月球的那一瞬间，克朗凯特的点评"这是一小步，也是人类的一大步"成为传世佳话，时隔多年后，还被一些跨国集团作为公司的形象广告用语。

由于现场和时间的限制，出镜记者做现场点评不宜大发议论。即兴的有感而发是电视现场评论的基本特点。

第二，现场评论要充分利用现场的优势，结合现场环境和采访内容，尤其是刚刚采访到的事实进行论述，以保持报道的形象性和完整性。现场评论不宜是纯理性的理论论述。

电视出镜记者的现场点评一定要有现场的特点，具体的实现途径包括结合刚才的采访见闻进行述评，展示现场正在延续的画面和声音作为评论的由头等。

来看央视记者在天津港爆炸事件中的现场评述：

> 我现在所在的位置是一个高速公路的收费站，距离核心的事发地点一公里多的位置。我们可以看到整个收费站的收费岗亭已经完全被破坏。有机玻璃已经发生了扭曲，歪斜在这里。我们可以想象昨天晚上爆炸发生时的场景，强大的冲击波经过这里，破坏了岗亭，破坏了这里的设施。同时，将路边的盆栽、绿植冲击倒，然后直接打到了路边的办公区域。我们可以看到办公楼外面的玻璃和里面的办公设施都已经完全被破坏掉了。

在这段评述中，记者很好地把握住了以现场为核心的原则，将自己眼前的所见所闻叙述得十分清晰而生动。

保持电视采访的现场感是电视评论的第二个基本特点。

第五节　记者出镜的注意事项

一、是否出镜，应有所选择

在电视采访中，并不是所有的内容都一定要记者出镜。实际上，如果题材或现场的条件不合适，记者出镜采访报道的效果未必好。

电视记者出镜，其根本目的之一是加强报道的现场感。因此，记者的现场出镜实际上实现了一定的见证性，即记者作为事件现场的见证人而出现在现场中，以具体个人的形象作为报道的一部分而存在。所以，电视记者出镜报道，应保持出镜部分和后期配音部分的一致。

现在比较常见的记者出镜报道方式是：一名记者在采访现场说一段新闻导语式的开场白，然后在整条报道中就不见了踪影。后面紧跟的电视画面又没有同期声，配音的也不是出镜记者。这种出镜报道的方式在记者出镜与进入新闻主体部分之间形成了风格的割裂，是不可取的。

二、出镜的话筒选择

记者在出镜采访时还要善于使用话筒。

比如，一位女记者采访“六一”儿童节：北京市的一群小学生拿着自己捐赠的礼物要去河北省的一所农村小学，记者手持话筒上前采访，结果采访对象——小学生抱着一大堆礼物，话筒递不上去，而记者也不好放下话筒去帮小孩抱礼物，场面十分尴尬。在这里，记者一是没有选择好采访时机，应该先帮小学生们抱礼物，再采访也不迟；二是在这种采访情况下，不应使用手持话筒。

三、出镜的服装选择

在某些特定的场合，记者出镜的服装选择很重要。2005 年连战访问大陆，最后一项活动是接受中央电视台《海峡两岸》的专访。记者李峰回忆说，那天他特别换上了一套蓝色正装，除了个人喜好之外，也是为了表达一种尊重，因为连战及其领导的国民党在岛内被称为泛蓝阵营，服装的选择为采访添色不少。可以试想，如果服装是不合适的颜色，就有可能带来不必要的麻烦，进而影响到采访的进行。

四、要有清醒的角色定位，不能当法官和裁判

一位电视记者在采访中以法官的口气对采访对象提出了以下问题：

（1）你今年快40岁了，在×××没被拐卖到你家以前你跟谁过日子？

（2）×××被拐卖到你家后，你们是从哪天起过夫妻生活的？

（3）你们是怎样过夫妻生活的，有没有残害×××的行为？

如此令人尴尬的问题和咄咄逼人的口气，自然不会得到好的回答。电视记者只不过是媒介的从业人员，没有任何权力凌驾于他人之上进行提问，包括犯人和犯罪嫌疑人。

此外，媒介在报道新闻事件时应保持客观公正，不能以一己之见妄断是非。在这方面，由于中国的电视媒介还肩负党和政府喉舌的功能，有时会对一些新闻事件下结论、充当准法官和裁判的角色。但从改革的总体趋势上，这些角色应慢慢转换，将媒介真正置于第三者的公正客观的旁观位置上。

五、选择最佳采访时机

在很多时候，电视记者会接到采访领导干部甚至国家元首的任务，在这种情况下，记者也应该以平和的心态进行平等的对话，体现人与人之间心灵相通的特点，不要过分拘谨。

这一类采访对象接受采访时通常比较严谨，有的领导人还备有讲稿。出镜记者要在采访中打破沉闷的气氛，适当地选择采访时机和采访地点，让采访轻松活跃。

一次，中央电视台记者采访国家科学委员会主任宋健。主办单位原计划请宋健在一个颁奖大会之后到贵宾室接受采访，但为了避免出现采访中的“正襟危坐”，记者选择了另一个时机。当宋健刚讲完话向台后走来时，摄像师立即开机，记者迎了上去，提问开始了：“我是中央电视台记者……刚才您在大会上讲到……”在边走边谈中采访持续了40秒，记者想要的所有内容都拍到了，而且采访对象时刻处于运动中，画面更加充实，打破了办公室里可能出现的沉闷感。

电视采访中对采访地点的选择更为重要，由于采访地点影响采访气氛，有时会成为采访成败的决定因素。

六、善于完成个人跨媒体加工

首先，在一些特殊的场合里，个人记者在接近采访对象、获取某些“接近性”要素上反而更有优势，团队跨媒体出动则显得规模过大，在对这类场合的报道上是无从施展拳脚的——连新闻信息都不能充分挖掘，遑论时效性。这类新闻的采、写、编、排都适合由一名超级记者去完成，即从获取资料和实地采访开始，整个过程都宜由记者单独行动。这类新闻就像是为个人跨媒体记者量身定做的。

比如对于弱势群体生活的报道。考虑到弱势群体本来就比普通人存在更大的心理压力，如果由一个团队出动，架上各种设备，数人将镜头对着一个采访对象，自然是不能使采访对象产生安稳的倾诉欲望的，采访在一开始就已经变成了演戏，根本就达不到获取真实信息的目的。而在这种场合中，若是由一位具有亲和力的记者以聊天的形式展开采访，从采访对象的生活里捕捉一些宝贵的瞬间，效果自然更好。记者的采访对象是形形色色、千差万别的，记者在采访中，就需要根据采访对象的不同背景、学历、阅历和性格等，选择不同的采访技巧，而这些对于个人跨媒体记者来说更易于协调。

另外，团队跨媒体在后期编辑加工工作中也存在协调和统一方面的难度，这种难度在一定程度上会阻碍时效性。毕竟在上述场合里采集来的信息，只有那一个记者最为熟悉。若交由团队编辑加工，由于团队在一开始并没有体验现场，每个人的想象难免参差不齐，理念也相去甚远，要形成协调统一的意见并不容易。采得新闻的个人记者所希望形成的报道方式也许不能被大家理解。这些都会造成新闻产品加工成形的延迟。在这一方面，个人跨媒体在时效性上将远远领先于团队跨媒体。

案例

个人跨媒体采访与新闻加工

在利比亚政局动荡时期被派赴前线的电视新闻记者韩冲，考虑到战乱动荡里个人记者对于某些素材的相对接近性，几乎是自己一个人承担了报道任务。他是摄像记者，做电视新闻，在录制间隙进行照片拍摄，再用随身带的个人电脑编辑最简洁的文字一起发回报社，他的报道几乎同时被推送到官网专题报道上（见图 7－5－1）。他以电视出镜报道为主，在赶赴现场的第一时间架好机器对全景画面展开一个简短的出镜电视报道，然后迅速用相机拍摄一些特写照片，用简单的阿拉伯语与人交流后进行采访，在赶赴下一个地点之前，在车上对视频和图片做简单处理后用网络发回，到达第二个地点之后继续进行同样的工作，几乎每天都在不停追随新闻热点转移阵地。其所拍所摄一般在网络新闻上很快就会挂出，照片和视频截图第二天也会在报纸上刊登出版。

图 7－5－1　记者韩冲在利比亚前线独自承担报道任务

图 7-5-1 记者韩冲在利比亚前线独自承担报道任务（续）

七、充分利用融合报道提高时效性

传统纸媒具有相对固定的发行时间要求，今天发生的事情，见报就得明天。即便是突然事件和重要事件，我们在当时听说了或者经历了，但要想得到事件全貌的相关报道，也必须等待第二天的报纸。

电视媒体在这一方面虽然比传统纸媒稍好，但碍于新闻节目录制的需要，新闻信息的传播往往也须等待严格的节目录制审核完成之后才能发布。在这种环境下，新闻产品成形后，仍要等待一定时间，才能被发布传播，其一方面受传统新闻报道惯例的影响，另一方面也受制于新平台的缺乏。

也就是说，传统媒体报道的弹性不高，事件信息发生后并不能立刻就通过报纸或电视进行发布。当前在各大社交网站上出现的一句话新闻已经司空见惯，但是在以报纸或电视为介质的传统媒体时代，信息必须在精加工后，形成较具规模的报道，才能登报或上电视。电视节目一般也不能过度增加成本、打乱既定播放顺序，在没有录制准备的情况下现场直播某些重要新闻。这样一来，新闻时效性在信息传播阶段就存在了一定的延迟。

融合报道的诞生和发展给了信息传播一种新的可能。基于更快、易更新的传播技术平台，加上受众自主性的提高，受众与媒体拥有了更全面的互动，甚至受众自己充当着传播源，信息的传播呈现出即时化的状态。很少再有新闻需要“被等待”，融合新闻的传播过程进一步提高了时效性。

案例

凤凰卫视全媒体化

2011 年 3 月 11 日，日本发生 9.0 级地震。地震发生后，凤凰卫视第一时间与驻日记者连线，资讯台进入突发事件直播状态。与此同时，凤凰网也做出迅速反应。据监测，凤凰视频部门反应最快，地震几分钟后就发出第一条视频，此后十几分钟内，专辑和专题一气呵成。而后依托于这个专题网页平台，凤凰视频一直不断刷新着视频列表，图片也几乎在同一时间上线，随后几分钟内开通了微博通道，汇总更多的图片；稍后，与日本连线的平台栏目也相应开启，凤凰网记者在其他部门整合视频和图片时连线了驻日记者，将搜集到的音频和照片立刻补充在了后续报道中；文字一直以简述的形式跟进，八小时后产生了第一篇深度评析。

在整个团队跨媒体产生的融合报道里，凤凰视频共发了 800 多条视频新闻，包括快速聚合、独家现场连线、集纳国内外网友的原创视频等多样化报道手段，将强震来袭、海啸汹涌、核电抢险、紧急救援等惊险场面，用专辑、专题、互动等方式，分类聚焦、组合传播（见图 7－5－2）。通过视频选取、制作和标题拟定、优化等手段，把撼人心魄的灾难现

图 7－5－2 凤凰网关于日本大地震的报道

场、爆炸瞬间、生死营救等内容，最快最鲜活地呈现在网友面前。视频新闻成了这次成功融合报道案例里的最大亮点，图片、文字以及互动平台几乎围绕着视频的推进展开。这一方面让视频记者和负责视频剪辑编排的新闻工作者可以更专一地进行视频加工，更快速地推出视频，另一方面，背后的团队则在这个过程里已经加工完相应的图文。可以看到，专题平台几乎是同时推出的，并且不断跟进，这样的规模化新闻成品具有的时效性远非个人化加工可以比拟。

【课堂讨论】

1. 在电视采访中，记者应如何倾听？

2. 记者在做批评报道时，面对作恶多端的采访对象，如何把握自己的心态？如何自我定位？

【思考题】

1. 电视记者出镜有哪些言语手段？
2. 电视记者出镜有哪些非言语手段？
3. 电视采访中记者的提问和访谈与其他媒介的记者相比有什么特殊要求？
4. 电视记者提问的具体技巧有哪些？
5. 为什么说电视采访中的访谈过程是交流的过程？
6. 电视访谈中打断谈话的必要性有哪些？如何发展预定的谈话主题？
7. 电视记者出镜述评有哪些特殊要求？
8. 为什么说电视记者出镜评论的最佳方式是点评？

【作业】

1. 安排一次电视采访作业，从中体会记者出镜时所使用的各种手段及其作用。
2. 安排一次电视采访实习，充分利用提问和访谈，体会出镜采访的要点。

第八章

记者的画外采访

在本书的开始，我们说过，电视采访对记者有特殊的要求，但也有很大一部分要求是和其他媒介完全一样的。这些要求的具体表现形式就是电视记者在镜头外的采访活动。

可以说，电视采访的相当一部分内容是和报刊、电台记者相同的。这是因为：

（1）新闻价值的判断标准在各种新闻媒介中都相同；

（2）对新闻事实的理性思考是以文字逻辑为基础的，这一点也是所有媒介的共同点。

电视记者在镜头外的采访工作主要集中在以下几个方面。

一、为理清思路而进行的调查研究工作

凡是身兼现场编辑职位的电视记者，在采访现场都会面临考虑后期编辑和节目形式的问题。记者的采访工作和后期的编辑工作是一体的，好的电视报道一定是在采访时就已有明确构思的结果。记者在采访现场，经常会为理清编辑思路而进行现场的调查研究工作。比如向有关专家请教理论问题，向采访对象了解观念性的、背景性的资料，这些不被镜头记录的调研工作对后期的编辑工作大有裨益，也是优秀的电视报道所不可缺少的采访环节。

在中央电视台关于日全食的电视报道《天象奇观》中，由于受天气影响，有些观测点想拍的场面无法拍摄，记者在画外采访和准备过程中，搜集到了一些很有说服力的背景资料，通过解说编进了片子里，比如：

> 这时我国南方大部分地区将迎来自1814年至2309年的近500年间，在我国境内全食持续时间最长的一次日全食，尽管由于天气原因，无法看到日全食的全过程，但是从相关资料中可以了解到，现在天色变暗，这个阶段就是日全食的食甚阶段……

这些例证都是记者画外搜集的，它们在说理、理性论证方面，比画面更为重要。

二、了解人物的身份、背景、经历、人物之间的关系和事件中的因果关系

记者出镜采访的时间毕竟十分有限，大量的新闻信息需要通过解说词或字幕、图

表等方式进行传播。而像人物身份、背景、经历事件的因果关系等，一般也不会全都用摄像机镜头加以记录，但是这些信息在后期编辑时十分重要，它们是深化主题、结构全片、理清编辑思路的重要内容，电视记者需要在镜头之外进行详细的了解和笔录。

三、搜集一切由于时态造成的摄像机不可能拍到的信息

对于电视记者来说，许多突发性的新闻事件的现场已经永远无法弥补了。但是一些运气好而又有心的记者会搜集到业余的摄影爱好者恰巧拍摄的电视画面。尽管这些画面大都质量不高，但比起现场画面完全缺失的情况，这些画面又是极其珍贵的。电视记者在画外采访的重要任务之一就是搜寻一切可能的现场影像资料。

在 2015 年“8・12”天津滨海新区爆炸事故中，任何媒体都没有突然发生的灾难的现场画面，但中央电视台通过各种渠道的努力，从事故当天入住滨海新区酒店的游客手中征集到了 8 月 12 日 23 时 30 分左右天津滨海新区码头发生危险品爆炸以及二次爆炸时的视频，并通过电视新闻播出，为受众提供了更为直观的报道（见图 8－0－1）。

图 8－0－1　“8・12”天津滨海新区爆炸事故

在 2015 年 11 月 13 日晚发生的巴黎系列恐怖袭击中，电视记者通过交通摄像头的备案和当地民众用手机记录的视频找到了恐怖分子袭击当地民众的视频图像。这些视频不仅可以作为新闻报道的第一手资料，还成为后来确定恐怖分子身份并对其进行抓捕的证据（见图 8－0－2）。

图 8-0-2 巴黎枪击爆炸案

四、核对事实

电视采访与其他媒介的采访不同之处很多，其中之一就是电视采访的画面采集是现场采访的主要活动，这就使画外采访中容易出现信息采集的割裂和遗漏。比如，经常出现采访完进入后期编辑时，由于采访过的人很多，记者发现自己已经忘记了某个采访对象的单位、地区甚至姓名；有时找到一大堆采访时收到的名片，但其已经和采访对象对不上号了。因此，在画外采访时，记者一定要弥补以画面采集为主的现场工作方式带来的信息割裂的弊端，尽可能仔细地核对事实。

首先，核对不确切的信息。

对采访对象在接受采访时说得不够清楚的地方，记者有必要再进行核实。

其次，核对姓名、地名、职务、职称等细节。

弄清农村的地名，用地方土语怎么写、怎么读。少数民族语言要及时请人翻译，避免离开当地后无人能懂的尴尬。

再次，核对日期。

最后，核对人物、事物关系。

目前，一些电视记者不太重视电视画外采访，还有一些记者比较浮躁，在采访过程中不能静下心来，更是容易忽略电视画外采访。这些会直接影响电视报道的深度。

一位电视台领导曾说："现在记者外出采访，各级领导重视，小宴大宴，各种应酬不断，真正用到采访的时间少得可怜。采访不深入，不细，材料不够就用空话凑。有时在看节目时，领导提出修改意见，记者的答复很可笑：按领导指示办，你说怎么改都可以。这句话听起来无问题，其实问题很大，根本问题是基础没有打好，新闻事实不典型，手中无货，只能就提法改来改去……”①

总的来说，电视采访是现场的工作，虽然有的信息记者可以在后期编辑时通过电话或别的方式进行后续采访，但在电视新闻中，那些不是来自现场的素材很难具备电视特色和优势，也难以鲜活。作为一名电视记者，要争取在现场将采访完成。

【课堂讨论】

以一次电视新闻直播为案例，讨论该直播做了哪些画外采访。

【思考题】

画外采访是可以省略的环节吗？为什么？

【作业】

以一个校园明星为对象，对其开展人物专访前的画外采访。

① 李东生．重中之重——电视新闻改革的现状和发展趋势及需注意的问题．声屏世界，1996（10）．

第九章

各类电视节目的采访

在前面几个部分，我们已经了解了电视采访的基本工作方式。然而，电视节目的类型千差万别，它们各自的采访要求也各不相同。下面，我们介绍各种纪实类电视节目在采访方面的不同侧重点。

第一节　电视新闻节目的采访特点

电视新闻节目的采访是各类采访的基础。总的来说，记者将要处理的新闻选题按其性质都可以分成两类：一是有具体事件现场的新闻，称为事件类新闻；二是没有具体事件现场的新闻，称为现象类新闻。

这两类新闻节目的采访各有不同的侧重点。

一、事件类新闻的采访特点

事件类新闻还可分为两类：一类是突发事件，一类是预知事件。

（一）突发事件新闻（spot news stories）的采访特点

顾名思义，突发事件在发生之前无迹象可寻，突然发生，时间紧迫，或者事件延续时间短暂，稍纵即逝。对于记者而言，突发新闻是最具挑战性，也最能检验自身综合水准的阵地。一件任何人都无法预料的新闻事件发生之时，电视采访对记者提出的要求如下。

1. 争夺第一时间，以最快速度到达现场

新闻现场对于电视记者来说有时是可遇而不可求的，也就是说，在很多时候，新闻事件发生的时候，电视记者不可能在现场。比如，地震发生时的镜头从理论上讲，由于不可预知，电视记者就不可能拍到。在所有的突发事件的电视采访中，这个特点是共同的。而此时，对于电视记者来说，最宝贵的就是以最快速度赶到现场。这是因为：

（1）现场的信息会在短时间内有所保留，但是散发和流失的速度也很快；

（2）一些现场目击者和亲身经历者在短时间内有可能找到，介绍目击情况；

（3）突发事件在短时间内可能仍在继续。

在“9・11”灾难中，第一架飞机撞向世贸大厦的时候，没有记者能预知事件发生，但法国的摄影师祖斯第一时间就赶到现场，由于反应迅速，才能拍摄到后来的灾难和更加意想不到的大楼整体倒塌的景象，并向全世界首播新闻画面。

在突发性事件的采访中，谁先到达现场，谁就最有可能记录到最佳的原始画面。

2. 带机采访，开机进入现场

在赶赴突发事件现场的路上，电视记者要做好所有的技术准备，要开着机器进现场，带机探索事件原委和现场动态，保证电视采访所必需的原始画面的记录。

在突发事件后，离事发瞬间较近的时间点所拍到的画面富含的价值较高。电视记者须时刻准备开机，有时一些珍贵镜头的获得就是以秒计算的。

3. 充分发掘现场搜索的能力

电视记者无法预知突发事件现场的情况，因此在摄制组到达现场之后，即时搜索的压力十分巨大，加之很多突发事件的现场场面十分混乱，摄像记者要在含混的现场信息源中找寻具有新闻价值的形象素材。一般来说，搜索的方法主要有以下两种。

（1）寻找现场事件的主要目击者和亲历者。

突发性新闻事件一般很难拍到现场。新闻发生的过程就靠新闻的亲历者和目击者来描述。但是，事情已经发生，寻找亲历者和目击者也并不是轻而易举的事。

2005年，在温州务工的商丘农民李学生下班路上，从铁路上救出玩耍儿童壮烈牺牲的英勇事迹感动了中国。在事件发生后，《东方时空》栏目派出记者前往温州和商丘采访，记者在许多热心人的帮助下，找到了几位目击者以及被救儿童的家长进行采访，他们在片中以出镜的形式提供了有力的证据，节目获得了非常强烈的反响（见图9－1－1）。如果没有拍到事件发生的现场画面，也找不到目击者和亲历者，突发性事件的采访报道就失去了电视媒介的优势。

（2）拍摄事件继续发展的情节，比如火灾的延续、交通事故的处理过程等。

灾难突发的现场，事件不会马上消失，记者及时赶到现场还能抓拍一些事件延续的过程，它们是重要的节目内容，也是观众关心的焦点。

4. 最大限度地缩短传播时间

成功的采访要素都包括较快的传播速度，即检验采访还要看其报道的情况，这对突发事件的采访而言尤其重要。以最快的速度采访，也要以最快的速度送播。

从新闻报道的自身规律来讲，新闻信息同其他很多信息一样，经过贮藏后往往会贬值。因此，信息传输时间的长短也就成了衡量电视新闻信息量大小的重要标志。信息的传输时间越短，新闻的信息量越大；反之，时效性差的新闻，其信息量自然会受损乃至趋近于零。

在电视技术还不那么发达或者说电视记者对新闻的时效观念还不那么强的年代，突发事件的电视报道在传输速度上很慢。1985年6月12日凌晨长江新滩滑坡，事隔5天后电

图 9-1-1　《东方时空》记者在现场采访目击者，讲述事件发生时的场景

视新闻才播出，同年 6 月 23 日至 25 日福建龙滩地区暴雨成灾的电视报道播出也拖了 4 天以上。这些落后于其他媒体的电视报道的价值由于传播时效的落后而大大贬值了。

现在，中国电视记者的新闻时效观念已经大大地加强了。

以汶川地震时中央电视台的报道为例，14 时 28 分地震发生，14 时 50 分出镜记者开始准备，15 时整点新闻中播发字幕新闻，随后就开始全天候现场直播报道，各路准备拍摄奥运圣火传递的记者第一时间通过各种方式前往地震灾区进行现场报道……争分夺秒在突发事件的采访中体现得最为明显。

中央电视台的直播新闻栏目《新闻 30 分》将截稿时间定为每天的 12 时 20 分，也就是直播结束前的 10 分钟。这一规定为突发事件的报道时效的加强提供了动力和条件。广州一家工厂发生爆炸、湖北巴东县发生山体滑坡等突发事件，《新闻 30 分》的报道都抢了全国首家，有的新闻甚至抢在当地电视台之前播发了——这也是电视直播技术带来的质的变化。

西方电视界更是视新闻的传播速度为生命。在美国三大电视网中，CBS 于 1963 年 11 月 22 日下午最先拍到了美国总统约翰·肯尼迪在轿车中被射杀的场面。沃尔特·克朗凯特首先做了报道。他在回忆录中写道：

> 我的第二反应是意识到这是一条重大新闻，我们必须马上行动起来。但是新闻编辑室的设备在十几分钟之后才全部运转起来。我当时急得浑身冒火。尽管手忙脚乱，我们还是最先播出了这条新闻。这种速度在世界电视新闻史上是不多见的。[①]

---

① 张讴．世界电视史话．北京：中国文联出版社，1992：86.

特别需要指出的是，由于突发事件的不可预知性，要想在第一时间抓拍到突发事件，必须有一定的技术保障。国外的很多电视机构，新闻部门都装备有直升机、巡回采访车以及密布各地的通讯员网络和通信设备。报道突发事件，缺少了这些必要的设施和网络，是不可能最先赶到现场的。

（二）预知事件新闻（staged events）的采访特点

在电视新闻发展速度最快的美国，预知事件新闻被称为 staged events。顾名思义，预知事件新闻是指在采访之前就已预知事件的发生地点、时间以及其他一些重要元素，记者事先经过策划和准备而拍摄的新闻事件。这类新闻与戏剧中的预先安排有类似之处，因此冠以“舞台”（stage）的名称。

美国的电视机构中负责新闻取舍的工作人员，对被通知的一般性记者会、会议、剪彩以及收到的新闻稿（news release）常感到困惑不已，因为他们不能确定“到底是某些机构在利用新闻媒介呢，还是新闻机构为填满时间和篇幅在利用这些预知新闻”。

在 20 世纪 60 年代，美国的电视新闻中预知事件新闻占 90%，而随着电视技术的发展以及新闻观念的演进，越来越多的电视记者创新着各种电视报道形式：从突发事件的报道到解释性报道、从调查性报道到预测性报道。电视报道的大趋势是电视记者主动挖掘采访线索。①

但是，预知事件新闻还有很大的存在必要。尤其是一些重要的国际会议、会谈、会晤，包括大多数的重大新闻事件的直播报道，都属于非常有价值的电视报道题材。

预知事件新闻的拍摄特点：

（1）加强策划，做好案头工作和资料准备工作。

（2）预先勘测现场，确定机位设置和拍摄重点。

（3）预约相关采访对象。

预知事件新闻的短处也正是它的长处：虽然事件预知，缺少悬念，但记者有充分的时间做准备。因此，拍摄预知事件新闻前，记者要充分利用充足的时间做上述准备工作，而不要主动浪费预知的好处。预知事件通常也可预知出席新闻现场的人物，如果有条件的话，提前电话预约，事先与采访对象商量好采访内容、交换观点，这样在事件发生的现场采访会更加从容，时间上也比较好把握。

以上几点有的已在前面的章节中详细介绍，而且大都比较好理解，这里不再重复。

值得注意的是下面这一点——

（4）充分利用偶发因素，把握现场的常态与变态。

对于预知事件新闻的拍摄而言，把握常态中的变化可以说是使一条新闻大放光芒的诀窍，也是衡量一名电视记者水平的标准之一。

新闻事件的现场随时会发生意想不到的变化，它们正是预知事件新闻的突破口。1998

---

① 张勤．电视新闻．台北：三民书局，1991：52.

年 2 月 21 日，海湾地区再度爆发危机，各国记者云集在巴格达一家宾馆里，上百台摄像机聚焦主席台，大家都在焦急地等待着晚上 8 点时任联合国秘书长安南的记者招待会。这次记者会预定宣布安南跟伊拉克外长阿齐兹的会谈结果。各国记者们下午五六点钟就架好摄像机开始等，8 点到了，安南没有出现，9 点过去了，子夜过去了，天亮了……还是没有任何动静。事件朝着与预定事件完全不同的方向发生着变化，其实，这个时候事件发展正在形成电视采访的最佳时机。

经过将近一天一夜的漫长等待，直到 2 月 22 日下午 4 点多钟，安南的发言人才出现在记者会的现场。他只说了一句话：安南跟萨达姆总统进行了秘密会谈，他认为谈判已接近于取得突破（英文原话是“on the verge of break-through”）。这句话透露出和平的曙光，马上成为各国记者报道中导语的内容。在这之后，新闻大战演变为各国记者比拼发稿速度的大赛。

所以，遇到预知事件的变化，应变的方法之一是等待。在静观其变中，记者既可以随时记录变化的过程，又可以继续等待事件的最终结果。

常态中的变化还具有令人意想不到的人情味和个性化特征，它们也正是预知事件新闻的切入点。

在我国，会议新闻属于最为常见的预知事件新闻，但会议新闻的采访也是一个难点，值得拿出来单独论述。同时，通过对会议新闻采访的学习，我们也可以举一反三地了解采访其他类型的预知新闻事件的注意事项。

会议通常都有预定的主题，如全国金融工作会议、粮食流通会议、电影工作会议或者纪念集会、研讨会、记者招待会等。这些会议的预定主题一般不会变化，针对相关主题，记者可以进行适当的准备。

首先，搜集和了解与会议主题相关的背景资料。

我们知道，新闻敏感的来源之一是对题材的熟悉，只有充分了解采访的题材，记者才有可能从一大堆会议发言、人物、材料中寻找到有价值的新闻线索。

电视采访的特点还要求背景资料不仅包括文字部分，而且必须有画面的素材。比如，采访全国林业会议，那么，在采访之前，记者要搜集我国近几年来林业发展的相关资料，包括电视新闻的画面资料。这些无论对于现场采访还是后期编辑都十分有益。

其次，充分发掘会议新闻中的偶发因素和新鲜点。

在很多会议新闻的采访中，记者都需要充分调动自己的主动性，去发掘可预知事件中的变化。

一组电视记者去拍摄名为“振兴开封座谈会”的会议新闻。在会议现场，记者发现，很多与会代表无精打采，萎靡不振，这是预知事件中的变化。记者马上抓住这一现象，抓拍了一组表现会场气氛沉闷和与会代表神情各异的画面。在最后完成片中，记者改变了预定的“振兴”主题，制作编播了电视报道《振兴开封座谈会开成了催眠会》，该片荣获 1988 年度全国电视优秀新闻特等奖。

实际上，会议中的具有新闻价值的“新鲜”要素并不少见，缺少的是记者的敏锐和发现。

中央电视台《中国新闻》栏目的记者在拍摄会议新闻方面取得了一定的经验。在一次名为“西藏国土规划会”的活动中，记者在短短三天的会议中，采访制作了十余条电视报道，题材包括西藏的国土规划、中国国土勘测技术的迅猛发展、国土规划对西藏的经济发展的积极影响、专访西藏自治区的与会领导……不难发现，会议虽然由于预知而丧失了一定的新鲜感，但也提供了很多可能性。

再次，会议现场会比较集中地出现一些新闻人物，而每一个重要人物都可能产生新闻。

1992年，一位刚入行的香港记者接到任务，到北京采访一个残疾人公益活动的新闻发布会。这名记者到现场后，觉得没有什么新闻，拿了一份材料后就离开了。没想到第二天他被老板叫去骂了一顿，细问之下才知道，原来，这名记者离开后，中国残联负责人邓朴方在会议期间出现了，而众多香港记者（包括电视记者）蜂拥而上，采访了邓朴方。当然，他们最关心的问题是邓小平的健康。那时，香港尚未回归，一句“邓小平同志身体很好”的回答会影响香港股市的变动，可谓重大新闻了。

从这条漏掉的新闻中，我们可以看出会议中的人物是重要的新闻来源。有时，也许会议本身不重要，或者会议内容并没有新闻，但出现在会场的人具有新闻价值，那也是电视记者的重要采访对象。比如，在一些研讨会上，有时可能会出现难得一见的经济学家、社会学家、重要领导或其他专家学者，他们可能是新近发生的某些新闻热点的最佳评论者，因而也成为新闻人物。记者对他们进行现场采访，比起专门约见采访要方便和容易得多。

最后，拍摄会议内容对外的影响和外部的反馈。

有的会议本身就有很强的政治意义，具备相当大的社会影响，这类会议对社会的影响是直接的。如《中央经济工作会议召开，转变经济发展方式刻不容缓》等报道，就是直接抓取了会议本身的对外影响而制作的新闻。

还有一些会议，结束时会形成决议，或产生诸如新政策、法律法规一类的具体结果，这些被等待的结果有可能对很多家庭和个人产生影响，它们也是社会关注的热点。

比如，“两会”期间或人大常委会期间都可能诞生新的法律法规，像《物权法》《反分裂国家法》等，又如中国人民银行再次上调存款准备金率、清明节等传统节日被设为法定假日等由会议产生的决议，都事关每个家庭甚至每个人，记者有必要在会议期间尤其是决议出台的当天进行街头采访，收集群众的舆论反馈。如中央电视台《经济半小时》栏目就曾经对《劳动合同法》《职工基本养老保险个人账户管理暂行办法》以及众多的经济政策出台做了及时的关于群众反馈的电视报道，它们对于上情下达、下情上达都起到了良好的作用，值得作为一种电视会议报道的模式加以推广。

总之，尽管在预知新闻事件的采访中，记者可以提前预知一些新闻要素，但并非全部。搞好这类报道的要点是准备充分和抓住变化。

二、现象类新闻的采访特点

现象类新闻是指持续一段时间的过程性新闻。现象类新闻并不一定有具体的现场，对于电视记者来说，这是难度较大的一类报道类型。

电视采访是面对现场的采访，没有具体的时间与空间，电视拍摄工作就无法实现。

在很多现象类的新闻中，新闻的主体是一种“面”的情况，没有具体的“点”，比如《江苏：小城新医改，破解看病难》《红段子现象引导通信文化健康发展》《民生工程惠及百姓生活》……这一类题材在电视新闻中占相当的比例。但其采访拍摄过程与文字采访大不相同，必须寻找现场以及在现场寻找具体形象。

因此，对待现象类新闻，电视记者要学会为现象寻找事件和为展现现象寻找代表人物和拍摄现场，也可以说是“现象事件化，事件人物化、故事化”。在反映现象的事件以及这些代表事件的人物和现场中，所有的现象都具备了可供拍摄的具体形象，这时，处理现场的电视采访方法就是共同的了。

（一）现象事件化

现象事件化，其实就是寻找能够说明现象的典型事件。

中央电视台综合频道《焦点访谈》2013 年 12 月 4 日播出《老人摔倒之后》，反映了老人摔倒之后被搀扶反而讹上热心人的社会现实。老人及其家属为何恩将仇报？扶和被扶到底哪一方在说谎？“摔倒老人该不该扶”的问题已经是当今社会的一个热点话题，要想直观地反映这一现象，记者必须用一个典型案例来说明问题。

记者了解到，6 月份在四川达州发生了一起引人注目的纠纷。一名老人在路边跌倒，在附近玩耍的三名小学生上前将其扶起。然而老人及其家人却一口咬定老人是三个孩子撞倒的并向其家长索要赔偿。后来经过警方的介入和调查，证明老人是自己跌倒的。这一纠纷的解决，唤起的是人们凭良心实事求是办事的意识，以及学会用法律的手段保护自己的意识。

现象事件化是拍摄现象类新闻的第一步，也是必不可少的一步。使现象成为事件，为现象寻找典型，摄像机镜头才能找到现场；而要把现场记录下来，还要寻找事件中的各种要素，这其中最主要的是人物。

（二）事件人物化、故事化

《焦点访谈》播出过的报道《一个杀人犯的自白——聚焦网络游戏的色情暴力》，讲述了一名对网络游戏上瘾的青年，步入歧途走上杀人犯罪的道路，最终迷途知返的故事，反映了网络游戏的色情暴力对青少年身心发展乃至社会安定的恶劣影响。这则报道使现象落实到了具体的人身上，选择了颇具代表性的人物现身说法，从而承载了现象内涵意义的传达。

网瘾的负面影响等现象要在电视中得到反映，只能通过具体的人物化和故事化处理，通过具体可感的人物形象加以体现。

三、以编辑部为核心的电视报道形式

在编辑部的统一调度下，电视记者的报道方式有以下几种。

（一）追踪报道

追踪报道也称连续报道。“连续”是指对同一新闻事件的发展连续追踪，也可以指对某一事件的各重要发展阶段的连续追踪记录。

追踪报道是对新闻事件或新闻人物在一定时期内持续进行的报道，一般用于正在发生的事件。报道者不断反映过程的进展及其在社会上引起的反响。它具有集中、突出、引人关注的效果。它根据新闻事件的发展、变化，做多次报道，直到有了一定的结果。它是随着时间的推移，沿着纵深方向发展所进行的连续报道。

追踪报道中的每个独立报道均围绕一特定对象，该对象可能存在两种状况：第一种是渐变演化过程相对时间较长，最后导致激变，形成新的相对稳定的格局；第二种是先为一般事物，在不引人注目的变化酝酿基础上发生剧变，迅速成为新闻事件，而后，事态继续扩散，最后才相对平息。但无论哪种情况，都有一个发展变化的过程和显著的始终界限。由于追踪报道的事件处于不断变化、发展中，报道者无法确定今后会出现什么情况，因此，只能忠实地追随新闻事件的变化来做连续报道，连续报道的时间取决于新闻事件本身的发展。

在追踪报道中，还会出现由于电视媒介的持续关注而影响事件变化的情况。这种现象，在国内电视媒介对一些社会现象做连续追踪报道时出现得较多。

追踪报道比较具有电视媒介的优势，因为它能充分发挥电视追寻未知事件的长处，观众会在期待未知的过程中，不断得到新的信息，从而极大地满足自己的收视需求。此外，电视新闻栏目每日定时播出的方式，也有利于追踪报道的发展。

电视记者在追踪报道中也能得到很大的锻炼。

追踪报道与系列报道、组合报道的不同在于：追踪报道的事件是记者无法预知的，因而对这一事件的报道时间也是记者无法左右的。而系列报道和组合报道由于报道主题事先确定，事件也已被充分记录完整，因此记者可以预知报道的播出时间。

还有一类追踪报道是以新闻事实的不断被发现为先后顺序的，这些新闻事实也许是同时发生的，但由于事实的发现出现了连续性，也会给电视追踪报道带来契机。

2010年1月13日，中央电视台抗击雪灾直播报道组在布尔津县冲乎尔乡、科克逊冬牧场等地进行直播报道后，在全国范围内获得了巨大的关注和反响。1月20日、22日至24日，央视记者又追踪直播报道了布尔津县救治冻伤群众、疏通被困村庄、雪灾大救援等多条新闻。新闻中，牧民在自家院落内刨开的“雪洞”中压水、主持人踩着深雪轻松迈过院墙、棚圈被大雪掩埋后一片黑暗、牧民推门从雪墙中走出等场景深深震撼了全国观众，也使得新疆雪灾地区很快得到全国各地的援助。

追踪报道的魅力在于报道的连续，使观众不断产生预期收视心理，电视记者则通过后续的报道不断地满足观众的收视需求。

（二）组合报道

组合报道又称“包裹式报道”，顾名思义，它是对同一相关主题进行多侧面、多角度的全方位报道的立体报道方式。它由多条报道组合而成，每条报道相对独立。这些报道在播出时是一次性依次播出，利用它们之间角度、立场的不同及其形成的内在逻辑联系，组合报道会发挥 1 加 1 大于 2 的增值效应。

在北京电视台 2008 年 5 月开始播出的系列报道《见证新北京》中，关于交通的新闻“三条地铁今天开通试运营，创北京地铁发展史多个第一”，从多个角度、多个现场对新闻事件做了全方位的报道。

一路记者在东直门采访机场快轨的首批乘客，了解乘客的乘坐体验；一路记者在奥运支线感受换乘和采访体验地铁的国外记者；还有一路记者在始发站，见证新式列车和采访市交通委官员，对地铁加以介绍。

各路记者的采访角度不同，但都从各自的角度表现了新地铁开通产生的方方面面的影响，观众在观看组合报道时能够对同一新闻事件有比较全面的了解。

（三）系列报道

系列报道与组合报道有些类似，它也由多条相对独立的报道组成，也是对同一相关主题的多侧面的报道。

但二者在形式上有所不同：

首先，系列报道的播出不是一次性的，通常分多次播出。播出日期可以是连续的，也可以是断续的；而组合报道通常是在一次节目中依次连续播出。

其次，系列报道中，各条报道时间长度基本一致，它们之间的逻辑层次也比较对等；而组合报道中，各条报道之间的对等性不严格。

比如，凤凰卫视的系列报道《千禧之旅》，各集之间主题的逻辑层次基本对等。假如我们将总的主题定为“探索文明、传递和平”，那么在各集中，主题就都必须保持在这一逻辑层次中，可以是诸如战乱、贫穷、发展、和平等，它们都在一个主题下，也基本是并列的关系，一般各集的时间长度应保持一致。而组合报道在这方面不严格，例如以动车组列车开通为主题，可以有火车站的采访、列车上的见闻与访谈，还可以有演播室的背景介绍等，这些报道时间长度不一，逻辑层次不一定并列。这是系列报道与组合报道的不同。

组合报道更强调新闻的多角度和立体性，在形式和选材上更自由；而系列报道对选材的内容要求更为规范，表达面较广，形式上的对等性相对较强。

报道形式对电视采访的时效、日程安排、采访风格等各方面会提出不同的要求，因此，采用什么报道形式需要在采访前提前确定。

四、电视新闻评论节目的采访特点

电视新闻评论节目是这些年来电视屏幕上最为活跃的节目类型。实际上，由于评论节目属于新闻类，所以采访的工作原理与其他新闻类节目基本一致。只是在以下几个方面需要加以特别的注意。

其一，记者要有鲜明的观点。

评论节目是有鲜明观点的，记者在采访时如果没有自己的观点，必然谈不上评论。因此，带着观点采访是评论节目的基础。

其二，要用事实来说话，在采访中要采集到扎实可靠的形象素材。

中央电视台《焦点访谈》2015 年 10 月 11 日播出的《〈南京大屠杀档案〉真实性完整性不容置疑》，向观众展示了《南京大屠杀档案》的真实样貌和部分细节，并采访了南京大屠杀遇难同胞纪念馆馆长。

> （镜头：南京大屠杀遇难同胞纪念馆工作人员在翻阅、整理《南京大屠杀档案》）
>
> 记者：今日日本指出中国的申遗材料不真实、不完整。您做什么评论？
>
> 馆长：那是胡说八道。我们的材料怎么不真实呢，没有不真实的材料。我们的每一个档案和资料，比如说约翰马吉的摄像机，胶片不真实吗？李秀英是当时的见证人，包括她的照片，都有照片为证。

有了这样确凿的事实画面，后面的评论就比较好开展了。

其三，要在采访中搜集不同的意见，展示不同观点的事实依据，在各种意见的交锋中加大评论的力度。

电视新闻评论与文字媒介评论的一个不同是：电视评论的论证具有群众参与性，要在以事实说话的同时采访周围的群众的声音，他们真实的反应和见解本身就参与了评论。要搜集各种能够论证自己观点的群众的声音。搜集的方法可以是街头采访，也可以是入户采访。

其四，采访中要注意述评结合。

述评结合是发展的趋势。电视记者可以在评论性节目中加大记者出镜述评的比重和力度，利用电视优势，加强电视评论的特点。

在评论类节目中，批评性报道占相当大一部分，在这一类节目中，要注意以下几点：

(1) 批评性报道展示现场取证过程是核心，它能使采访有理有据，保证批评的可信度。

批评性报道的取证调查工作是必不可少的。在电视采访中，取证过程会自然地展现在电视屏幕中。通过这种方式，可以揭示事件发展的曲折和复杂。在人际关系日趋复杂的今天，一些人由于共同的利害关系而结成某种关系网，那么，任何一个新闻事件都不是孤立的，而往往是错综复杂的各种因素的集合体。记者在取证调查的过程中，正是通过展示记者对当事人、知情者、见证人以及方方面面人员的采访过程，使观众能判断事实的可信性，并且能有形成自己见解和判断的可能，同时，把一些细节活生生地展现在观众面前。这些事实和细节既是揭示事件内情的关键环节，同时也具有展现社会风貌的作用。此外，调查取证的过程也会使电视节目本身更具可视性、更精彩。

记者要获得确凿的证据是不容易的，尤其是仅仅通过提问采访当事人。想从被批评对象的嘴中得到不利于他自己的证据就更不容易了。《焦点访谈》的一位记者在谈体会时说：

> 在采访他们（被批评对象）之前，我总是与他们聊得很久，聊家庭、孩子，什么都聊，他们觉得我很让人信任，觉得自己被关心、被同情，于是也就不知不觉地向我吐露了实情。当我觉得“拆墙”（消除心理距离）拆到一定程度时，便会示意摄像开机……这些不是一两句话能说得清的，视具体情况而定。我的体会是：无论是正面的还是批评的报道，都要以诚相待，让人觉得你可信，愿意与你交谈，毕竟你只是个记者，被采访对象与你是完全平等的。

（2）用被批评者自己的言行来进行批评。

在批评性电视报道中，要让人物自身的行为说话，揭示其本来面目。这种手法就足以实现最有力的批评。那些贪官污吏、奸商路霸、骗子恶霸以及横行一方的地头蛇等，在镜头前都会“自曝其光”，尤其是电视记者在进行隐性采访时，采访对象在不知情时会更加猖獗。

有一段时间，《焦点访谈》节目组经常收到观众投诉，反映在107国道的湖北咸宁段，咸宁市工商局和咸宁地区工商局无理扣押大量车辆，并且课以高额罚款。记者赶到咸宁，随同一位手续齐全，但车被扣达十几天之久的车主来到咸宁市工商局交涉，并对这一过程进行了偷拍。

以下是《焦点访谈》节目播出的报道《咸宁工商，取财有“道”》中的一个片段：

> （画面）一行人刚走进咸宁市工商局，就遇到了女局长徐碧琼。车主上前问自己手续齐全的车何时能放行，徐碧琼说还得等，车主想再理论，这位女局长马上开始蛮不讲理，并称“我们搞得不对，你们可以去告我们嘛！”
>
> 车主：我们把所有的东西都让市长传过来了。
>
> 徐碧琼（毫不理会）：哪个说的也不行，你们越是这么做，那我们查得越严厉，我跟你讲清楚。
>
> 车主：我们没有问题你有什么好查的？你有什么证据说给我们听听！我车拿给你了，行驶证你们给扣了。
>
> 徐碧琼：我们搞得不对你们可以去告，你别来找我！（理直气壮，胸有成竹，让人感觉理亏气不短）
>
> 车主：不找你？是你扣的！
>
> 徐碧琼：我扣了你的证件你能把我怎么样！我还要继续扣！我还要扣，当然扣

了！（色厉内荏）

车主：我到哪儿也要告你！

徐碧琼：你去呀！你去呀！你马上去！你去晚了不行！（由国家干部变成了骂街的泼妇形象）

车主：我现在已经告了！

徐碧琼：我不吃你这一套！我告诉你，我不吃你这一套！你胆子这么大，我把你抓起来！（已经彻底忘形了）

……

这位市工商局女局长在镜头前淋漓尽致的表演深深地“打动”着每一位观众，难以想象一名国家正处级干部居然在执行公务时如此不讲理，态度如此恶劣。在几天后记者表明身份的采访中，徐碧琼却衣冠整洁地出现在镜头前，一副庄重严肃的国家干部形象。记者通过电视特技，将两次采访中徐碧琼判若两人的不同形象安放在同一幅画面中，更加反衬出此人的“两面派”嘴脸（见图 9－1－2）。

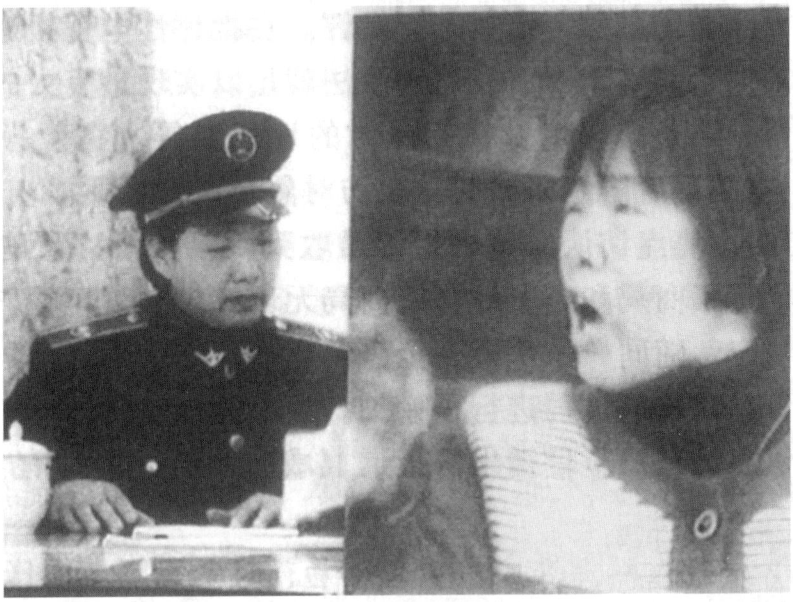

图 9－1－2　电视特技的运用——《焦点访谈·咸宁工商，取财有“道”》中的人物言行对比

在电视报道中，被曝光的人物总是以自己的言语、行为、态度等具体形象曝了自己的光，电视记者要做的只是寻找机会把它们完整地记录下来。

现场人物的行为经常与其言语一同发生，密不可分。在批评性报道中，被批评对象的言行往往是最好的批评证据。《焦点访谈·罚要依法》中，记者搭乘的煤车被民警拦住，结果并没能找出正当理由进行罚款。而后，这几位民警竟然心有不甘，开着警车跨县追上记者和那辆煤车，并无故拦车，与记者争执起来。

民警：来来来，你们来这条路上采访的手续有没有？

记者：有，当然有！

民警：你拿个摄像机来，吓唬人。

苗义河（山西省潞城县交警大队教导员）：拍什么？拍什么？

（苗义河等人动手要砸摄像机，记者用身体挡着他）

民警：拍什么，拍什么，砸机器！

苗义河：告诉他们这些车，以后过来就要卸他煤。

（苗义河背对着摄像机走开，记者跟随其后，继续采访）

这些民警在镜头前的言谈举止不用加以点评，观众便可以清晰地看到，他们在地方上有多么猖獗，他们粗鲁蛮横的动作、耀武扬威的架势以及咄咄逼人的话语是对自己最大、最有力的批评。

（3）要有群众的舆论，在采访过程中要搜集舆论、组织舆论。

《经济半小时·谁是高房价的推手》节目，主要批评了春节期间海南旅游的高费用和违背诚信的现象。记者对许多游客都进行了即兴采访。

游客一：房价太贵了，春节前就准备回家……

游客二：潜水的设备和技术都没有教练来管，很多人都是进去游了一下就上来了，根本没有潜下去，三分之二的人都没有潜下去。

游客三：这家餐馆的价格太离谱了，还短斤少两很多。

（接着，记者采访了炒房的投机者）

投资者一：本来以为稳赚嘛，结果都赔了进去，价格的确是高得有点离谱了。

投资者二：亏死了，旅游的人春节都离开海南了，照这样子下去，人家出国玩都比到海南便宜，谁还会来旅游？

街头采访是搜集舆论的有效手段，以上这些群众的舆论比起记者主持人的评论来说可能不那么严谨，但是它们更具个性，富有情感力量，代表民心民意，最能引起观众的共鸣，是批评报道的有力手段。

（4）记者在批评性采访报道中要有正确的角色定位，尊重采访对象的人格，不能充当法官和裁判。

一位电视记者在世界粮食首脑会议上采访一位美国代表。

记者问："您在会上做了有关中国粮食问题的报告，但是作为粮食问题的专家，您有没有看过中国最近出版的关于粮食问题的白皮书？"对方有些难堪地回答道："没有看过。"这时，问题已经说得很清楚了，可记者不依不饶，继续追问："没有完全占有材料的结论是不是有说服力的结论？"对方无言以对，于是气氛更加尴尬。

其实，第一问之后，事实已经很清楚，记者的追问显得咄咄逼人，似乎凌驾于采访对象之上，有训人之嫌。

一位资深电视记者提出：

有个别同志，太感情用事，对采访对象显得粗暴，特别是对处在被批评的事物与现象中的人，往往轻蔑之情溢于言表，说话就显得严厉。别忘了，你面前还有亿万观众在看着你。记者是现场报道者，并不是警察，不是执法者，即使是执法者也不能将自己塑造成什么都那么简单生硬的形象。

把采访对象当作辩论的反方、审判的对象甚至嘲讽挖苦的对象进行提问在电视批评报道中并不少见。一些记者之所以在镜头前忘乎所以、咄咄逼人、盛气凌人，除了个人修养问题之外，更重要的是对记者的自我定位出现了偏差。无论在什么题材的报道中，记者的定位都是一致的：媒介的新闻信息采访人员，而绝不是别的什么肩负政府职责的英勇斗士。

在批评性节目当中，即兴采访时往往会因为采访对象的“怕曝光”而出现尴尬局面。有的采访对象在镜头前表现出极不情愿、躲避，乃至声明拒绝采访，还有的用手挡镜头。在采访中，大多数类似画面没有十分的必要。除了极特殊的情况之外，应该尽量避免。

即使在批评性的采访中，记者也应该尽量争取采访对象的理解、同意和支持。对被批评的对象，记者也应该尊重他们的人格。实际上，记者无权强行对一名采访对象进行采访。有时，无控制的强行拍摄和不加选择的偷拍所造成的僵局反而会损害记者的形象。

（5）融观点于采访的事实和对事实的述评当中。

在批评性报道中，记者需要用陈述事实的方法来表达自己的观点。这样做的必要性在于：

首先，批评时以事实说话，能使被批评的对象心服口服。

其次，以事实形态出现的批评减弱了个人情绪色彩，会让观众觉得客观公正。

最后，电视报道的优势在于过程，而过程负载着丰富的新闻事实。电视记者要学会扬长避短，在电视报道中展现过程。

在电视评论节目《走访农民负担》中，记者就很好地利用了采访过程和过程所负载的新闻事实对农民负担监督卡不能推行的现象进行了批评。

第一段：
（画面）苏北二堡村
记者：你见过这个卡没有？
村民甲：没有，没有。
记者：从来没有发到你手里吗？
村民甲：没有见过。什么样的？
村民乙：农民负担卡？没有，这个没有。
记者：没有发吗？
村民乙：没有发。
记者：没有农民负担监督卡给你们是吗？
村民丙：没有那个事，从来也没有。

第二段：

（画面）乡政府的大院里

记者：农民负担卡发到农民手里了吗？

戴志勇（二堡村支部书记）：发了。

记者：发了？那怎么跟全村人说的都不一样？他们都说没发，怎么解释？

戴志勇：我们发了，发了。

第三段

…………

第四段：

（画面）苏北二堡村

记者：你们谁在年初见过这种卡，发到你们手里的？

村民：没有，没有。

记者：绝对没有是吗？（对书记）书记，这个事你们……

戴志勇：好，好，这个事我们工作做得不实。这原来分到小组长手里发下去，这是我们工作做得不实，我们应该承认这一点。

在上面这段采访中，记者没有对这位村支书进行直接的批评，而是在不断地追问验证事实，最后，村支书在对质中，也不得不在事实面前承认自己“工作做得不实”。而观众在这些直观的采访过程中也不难判断“不实”背后的真相。这种批评力度和效果都不同于报纸媒介中的论理式批评，可以说二者各有千秋。但电视记者要明确自己的优势，懂得用事实、用过程来进行批评。

（6）批评报道要注意反馈，对于被批评过的单位和个人应给予适当的关怀，在后续报道中给人以改正的机会。

批评的目的不是置某个人于死地，也不是解解气，而是“治病救人”。电视批评报道要注意节目播出后的影响，尽量为被批评的单位和个人创造改正错误的机会，对他们的改过行为进行及时报道。

《焦点访谈·罚要依法》播出后几天，记者又来到了被曝光的山西省长治市。在节目中被直接曝光的几名交警也纷纷重新亮相，这时他们大都受了处分，有的还被撤了职。当地政府和山西省政府的领导都十分重视，纷纷接受采访，并表态一定要治理和解决好公路“三乱”问题。省委书记在接受采访的同时约请了省政法委书记、省委宣传部部长、省委组织部部长、省委秘书长、省纪委书记等若干省委常委旁听采访。电视舆论监督的影响力之大由此可见。

如果被批评的单位和个人十分重视电视台的报道，就说明问题已经或正在得到解决，也说明报道的初衷已经部分实现。对于这类情况，记者同样应该予以特别重视，对被曝光的单位和个人的改正态度、决心以及具体措施、行为进行后续报道。这一方面可为他们挽回一定的影响，便于工作的开展；另一方面也是对改正行为的鼓励，真正起到舆论监督的作用。

(7) 批评报道要注意保护新闻线索的提供者。

一个曝光地方恶势力的新闻节目在广东电视台播出后，在电视采访中为记者指路的农民事后惨遭毒打，还被砍了手。被曝光的人放出话来："你用哪只手给记者指的路，就砍你哪只手。"

电视记者不能只想着做好自己的节目，而不顾提供线索的采访对象的安危。保护采访对象是记者的基本职业道德。电视记者应注意在采访和后期编辑时尽量隐去线索提供者的形象，甚至改变其声音，多为他们着想，确保在节目播出后线索提供者的安全。

五、调查性新闻节目的采访特点

调查性新闻节目，是指采访之前记者没有确定观点和结论，而将不断寻找真相的采访过程作为主体的节目类型。调查性节目即使是在采访结束之后也未必有确切无疑的结论。

观众收看这类节目，与阅读侦探小说有些类似——对不同的事实进行自我推理判断和等待真相揭开的悬念是观众收看调查性新闻节目的最大乐趣，这也是调查性新闻节目的特色与魅力所在。

因此，调查性新闻节目应该与其他类型的新闻节目，尤其是纪录片和电视评论有所区别。

该类节目的采访有以下主要特点：

(1) 在调查之前要先设问，将带有疑惑的事实亮出，设置一定的悬念，在采访中围绕真相开展调查。

2003 年《新闻调查》栏目播出的《农民连续自杀调查》引发了一场轩然大波，顿时让人们的目光聚焦在秦岭深处的一个小山村里——陕西省安康市旬阳县境内的涌泉村。当年 7 月，涌泉村这样一个贫困落后的小山村在五天之内，连续发生了三起农民自杀事件。这一事件发人深省，也再次凸显了调查性新闻节目的深度和优势。

节目一开始是记者的出镜报道："2003 年 7 月，位于陕西省安康市旬阳县境内的涌泉村，在五天之内，连续发生了三起农民自杀事件。那么为什么在一个村庄里，短短几天之间会出现连续的自杀？是什么原因使得生命如此脆弱？"这个事件本身其实就是一个非常值得深思的问题，加之其内容本身反映的是"退耕还林"的事情，就更让节目充满着悬疑。但是，节目一开始并没有告诉观众这些人为什么会自杀，而是给观众设置了一个悬念，很自然地就让观众带着疑问走进了节目。这样就增强了节目的可看性，无形中吸引了观众的注意力，这是节目成功的第一步。

接下来，记者用侦探般的调查，通过对三个与自杀者相关的人士的采访，取证各类事实，把三起自杀事件关联起来，形成了一个既错综复杂又清晰顺畅的故事。

调查过程是悬念的延续和发展，因此它是节目的主干部分，必须事实充分、内容翔实，而绝对不能由记者自己凭空妄下断言。在调查性新闻节目中，记者要把判断是非的权利最大限度地留给观众。

（2）在调查采访中要给观众提供正负两面的事实和多种思考角度；同时，调查的结果也必须是开放性的。

这也就是说，新闻调查绝对不应该先于采访而得出结论，也不要在节目最后给出一个不容置疑的结论，否则，将失去调查节目的全部优势。

传播学认为，对于知识层次较高的人，向他们说“一面理”（即只提供一种观点和事实）和说“两面理”（提供两种观点和事实）二者相比，往往“两面理”的传播方式更容易为人所接受。即使是在电视评论节目中，记者将自己的观点隐藏于“两面理”之中，传播效果也相对较好。

调查性新闻节目要充分相信观众、调动观众的自我判断能力，彻底改变过去那种千篇一律、众口一词的一面倒式的简单传播模式。

在《农民连续自杀调查》的调查过程中，记者通过对死者亲友、乡镇干部等的多次访谈串联出事件的发展脉络，没有做出任何评价。而最后记者在片尾述评：“三位农民相继服毒自杀的最终原因，至今我们还不能做出准确的解释。在对此事进行调查的过程中，工作组对服毒农民见死不救的冷漠和麻木令我们难以接受。在执行国家政策的过程中，怎样避免工作方式的简单粗暴，把群众的利益放在心上，把农民的甘苦放在心上，耐心细致地去化解工作中所出现的新的矛盾，这是我们各级干部应该认真面对的问题。”并没有去下结论，而是通过调查引出了更高层次的问题，也就是这期节目的意义。

目前，国内的一些调查性新闻节目有两种倾向，一种是向评论性节目发展，一种是向纪录片样式发展。因此，调查性新闻节目在我国还未形成自己独特的个性，还有很大的潜力可挖。当然，这也需要民主化进程作为基础。

六、电视直播报道的采访特点

现场直播是指在新闻事件发生现场，将现场的图像、声音以及记者的出镜访谈、述评等重要的新闻事实转换为电信号直接发射传输，观众在异地同步收看的电视报道方式。

现场直播是一个系统，是以现场为载体的系统传播过程。

直播不是转播，在电视的现场直播中，信息是经过明确的选择、组织和系统化后加以传播的。

电视新闻发展到今天，信息的重组越来越重要。电视直播报道是更为社会化的传播方式，它通过社会化大生产式的细致分工，对采访现场的信息进行有序的选择、整理和记录。在播出时，电视直播的收视行为也是集中式的、共时性的，因此电视直播可以取得更为广泛的社会化传播效果。

从这一意义上说，电视直播报道把电视新闻推进到了一个全新的阶段。

直播的意义在于：

（1）直播的最大效益是将时效提高到极限。

异地同步收看正在发生的新闻事件，使新闻的定义由“新近发生的事实”变为“正在发生的事实”。时效的提高同时也增加了新闻的传播价值。

2001年“9·11”事件发生时，凤凰卫视的记者庞哲正在纽约负责日常节目《纽约财经报道》，当她听到撞机发出爆炸声时，看到人们惊恐的脸，知道有事发生，第一反应是迅速向总部报告这一新闻。当日21时10分，《时事直通车》发出了凤凰卫视关于“9·11”的第一条消息：“美国纽约世贸大楼被袭起火。”21时30分，《时事直通车》结尾时，吴小莉再次插播最新消息及现场画面，并通报观众，凤凰卫视中文台、资讯台、欧洲台、美洲台将全线并机，对此事进行直播报道。21时40分，凤凰卫视的4个频道一起对“9·11”事件进行了直播。凤凰卫视成了香港、内地乃至世界华语媒体对“9·11”事件的最早播报者。

刘长乐事后回忆说：“不管是什么样的飞机，如果撞到世贸中心，都是比较重大的事件，即便是一个事故，也是一个很严重的事故，我当即决定用直播的方式播出。”

（2）直播所呈现的新闻事件更具现场感和真实感，最大限度满足了人们渴望亲自观看的愿望。

由于现场直播具有同时共享的特点，即所有的观众都是在同时收看同一个新闻事件，自然比经过记者的后期编辑、排版播出更加真实可信（见图9-1-3）。

图9-1-3　电视直播中的历史瞬间——伦敦奥运会圣火点燃

虽然现场直播具有得天独厚的优势，但是，如果电视记者在采访中不注意发挥自己的特长，那么，也有可能化优势为劣势。美国合众国际社和一家美国电视台对同一个案件的审理做过报道。合众国际社的记者发了一篇文字稿，电视台则做了现场直播。事后，美国一家新闻评论杂志在既看了电视转播，又读了文字报道的人中间做了一次调查，结果是85%的人认为文字报道比电视转播更成功，12%的人认为旗鼓相当，其余则未发表意见。

为什么会有如此多的人倾向于文字报道呢？专家分析：这篇文字报道的记者在采访中观察细致，在报道中准确地抓住了在场人物的神态、表情和动作，为重现现场的情景和气氛打下了良好的基础。而电视记者却只是流水账般地转播了这个案件的审理过程，没有充分地感知和生动地反映出现场有特点的细节和场景，因而没有给观众留下深刻的印象，使电视报道反而失去了优势。

这样的例子在2003年伊拉克战争大型电视直播大战中也能看到：不同的电视机构由于经验不同，在电视直播中表现出的水准不一，而这其中的差距就是谁能更好地把握和处理现场的关键环节，把最精彩和最具现场感的画面展现给观众。

（3）形成共同的社会反响和社会舆论。

电视直播使人们对新闻事件做出同时的回应，尤其是卫星直播系统，能使全世界同时对一个重要新闻事件做出反应，使之成为世界性的事件。卫星直播成为人类的神经系统，它在世界性的政治、经济、文化生活中产生了巨大影响。

电视现场直播报道的特点比较鲜明。

（一）现场直播要有周密的策划和充足的准备

直播的策划在原理上与其他的电视采访类同。但是，现场直播的系统性更强，需要的工种、人数更多，对相互之间的协调的要求更高。直播中现场记者的一切表现都将无可挽救地呈现在观众面前，因此不允许有太多的差错。所有这些都要求现场直播的事前的设备准备、方案策划、场地勘测等工作环节精益求精，确保直播过程中不出现大的漏洞。

2015年9月3日的纪念抗日战争胜利70周年大阅兵直播中，中央电视台各个频道动用自己的资源，协调上千人的报道组，其中包括导播、摄像、资料、撰稿、前期录像节目、包装宣传、技术协调、后勤保障、多处现场报道等小组，每个小组都及时制订了自己的详细工作计划。在进行多次实地考察后，节目的准备方案又经过了反复修改，并根据可能遇到的种种意外拟定了应变措施。

现场直播需准备足够的背景资料、备播节目。现场直播面对的现场与其他类型的电视采访现场没有什么本质的不同，也具有稍纵即逝、随时变化的特点。因此，在直播过程中，背景资料是十分重要的应对现场变化的手段；同时，背景资料还是备播的必要准备。

1986年，美国“挑战者号”航天飞机升空时爆炸，当时美国多家电视台正在进行现场直播，并且，不可能有谁知道航天飞机在升空后不到一分钟就会爆炸。美国一家电视台却在这种完全无法预料的情况下，从爆炸起连续不断地播出了7个小时的相关节目。这其中，只有刚开始的一段是现场，剩下的几个小时都是资料——包括介绍历次人类航天飞机升空当中的成功和失败，“挑战者号”航天飞机的7个宇航员的家庭背景，他们的爱好、成就。在7个小时当中，电视台还派出了大量的记者分赴美国各地收集各界人士对航天飞机失事的反应，播放外国领导人、政府首脑给美国政府领导人的唁电等。在长达7个小时的直播中，节目一直内容充实，引人入胜。电视直播报道的背景资料的掌握对直播的成功发挥着不可替代的作用。

直播中的背景资料准备和运用还有一个重要的功用——对付直播中必然出现的信息冗长和低谷。在现场直播报道中，由于新闻事件是按照生活自身的流程在进行，不会因为电视要直播而改变或加快进程，而我们知道，生活自身是随意的、流动的、含混的，在很多时候是平淡无奇的，因此，新闻事件以原始状态呈现在镜头前时必然会出现低潮，有时画面传达的信息量很小，而事件又没有任何进展，会使直播产生冗长感。

在一般的电视报道中，前期采访时可以停机不拍，后期编辑时还可以将这些段落剪去。而在直播中，对付现场出现的信息低谷就只能依靠备播节目和背景资料的画外旁白及解说了。

2011 年，中央电视台对英国王子威廉和王妃凯特的结婚典礼进行了直播。记者在直播的过程中插入两人在大学期间的逸事和讲述相知相恋过程的花絮，避免了直播的枯燥。

在 2015 年中央电视台对抗战胜利 70 周年纪念大阅兵的直播中，大量的时间包括演播室访谈都需要非直播节目充实。仅专题节目就包括以下三方面内容。

（1）介绍阅兵相关背景：充分回顾共和国历次阅兵、展示新武器、分列式阵容的变化、抗战阅兵中的新亮点等。

（2）人物专访：采访参与阅兵式的官兵、探访官兵村、现场解说专访、抗战老兵专访等。

（3）其他配合节目的专题片：《东方主战场》《大抗战》《抗战——永远的丰碑》等。

以上这些事先准备的录像节目和访谈计划都贯穿在整个直播过程中，对立体化的电视直播起到了重要的支撑作用。备播节目对抵御直播中随时可见的冷场和信息低谷来说是必不可少的。

现场直播要有合理的构成，统筹安排各部门工作之间的衔接配合。

直播是一个极其复杂的系统工程，它所必需的工作就包括采访、编辑、技术、后勤、交通、供电、安全保卫、播出协调等十几类，涉及的人员有时数以百计。

以抗战胜利 70 周年纪念大阅兵的电视直播为例（见图 9-1-4），中央电视台一线的工作人员和直播团队都超过千人，现场有 100 多个机位。其中，在东单至邮通街之间，搭设了一套索道摄像系统，长达 560 米，主臂有 45 米，副臂有 65 米。这是世界上最长的有线索道摄像系统，成为这次直播设备的亮点。

在直播中，需要通过合理的机位设置将现场各个重要的环节照顾到；由导播和分会场的指挥协调好演播室和现场的关系；由现场直播总指挥统一调度协调多个分会场之间的关系，统一安排备播节目与现场之间的交替转换。新闻直播的采访需要定职、定点、定位，坚持分工协作下的岗位坚守。现场直播是各个工种之间的合作，不可有所缺失，也不可随意越俎代庖；在直播中一切都必须听从直播总指挥的统一调度。

此外，应设置足够的、合理的转播机位。如果在直播中，一个重要的场面没有摄像机能够跟得上，那么这个场景就将永远地与观众失之交臂了。因此，对于现场直播来说，预先勘查现场，寻找并设置合理的机位比一般的电视采访更为重要。以 1998 年美国总统克

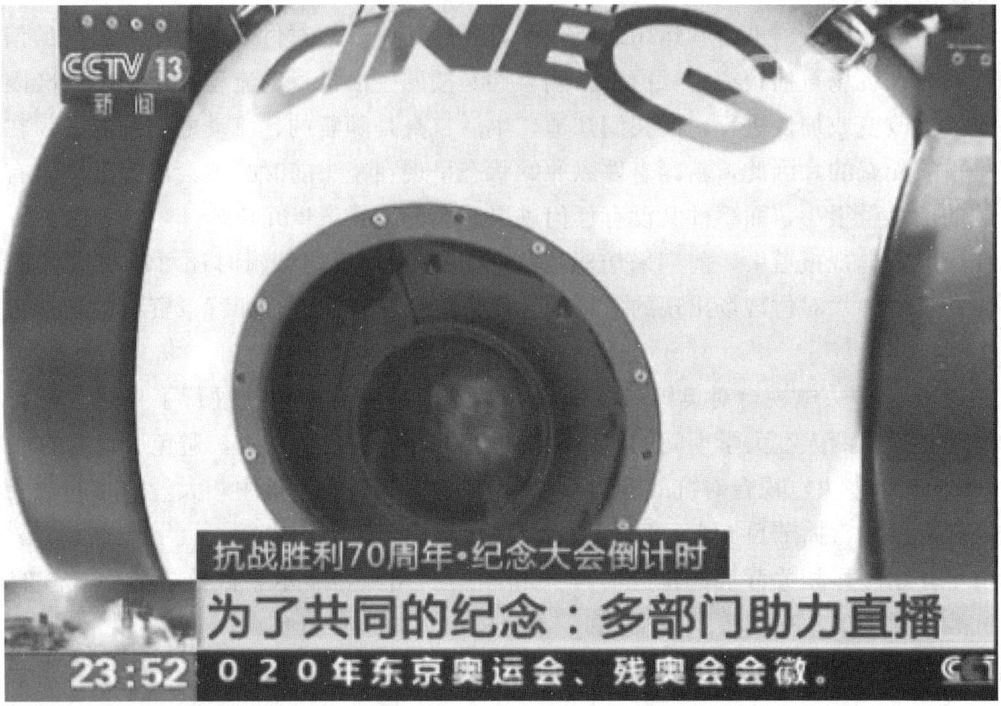

图 9-1-4 抗战胜利 70 周年纪念大阅兵

林顿访华的几场直播为例：

1998 年 6 月 25 日晚，美国空军一号专机抵达西安机场。由于机位设置对现场变化考虑不足，因此克林顿走下飞机以后与欢迎人士握手时，画面零乱，克林顿被挡在人群之中，摄像机镜头无法抓拍到主要人物的形象。经过分析可以发现，机位设置不合理的原因有：角度不好、高度不够、机位太少、缺少近距离的移动摄像机位等。

其实，现场直播的机位出问题大都出于这几个因素。

1998 年 6 月 26 日，在直播克林顿抵达北京时，摄制组总结经验后，决定改进直播机位的设置，从五个不同的角度和高度，确保转播质量。特别是在保安人员前呼后拥的情况下，摄制组还是捕捉到了克林顿夫妇在汽车里翻报纸和向人们招手的镜头。

1998 年 6 月 29 日，摄制组负责对克林顿在北京大学的演讲做现场直播。由于中方在主席台上设置的 2 号机位正对着克林顿从大门进入会场的通道，而且离克林顿的演讲台较近，美方的保安人员强烈要求撤掉这个机位。但只有这个机位可以拍摄到克林顿进入会场的场景而不被遮挡，还可以方便地拍下包括总统夫人、女儿在内的台下所有听众的现场表情，还能迅速抢拍北大学生的提问，中方的转播摄制组经过据理力争，坚决地保留了 2 号机位，其在直播中发挥了无可替代的作用。

从克林顿访华的这三场直播可以看出，足够的、合理的机位配置是重大新闻事件现场直播成功的前提。直播摄制组需要花大力气去勘察直播现场，并将突发的变化、可能出现的镜头被挡等情况考虑在内，做出万无一失的机位安排（见图 9-1-5）。

图 9-1-5　伦敦奥运会帆船设备

（二）固定机位严格地各司其职，配合移动机位的即时抓拍，二者缺一不可，成为直播报道的关键

在电视直播中，一方面，固定机位的职责必须严格，负责拍全景的就只管拍好全景，负责拍人物近景的就只管拍人物近景，以此类推。除非直播的总指挥及导播发出指令，否则摄像师绝对不能任意调换职责，也不能擅自变换机位和景别。这一点是出于直播系统配合的需要。

但另一方面，在直播过程中，观众所看到的很多画面是现场即兴抓拍的。这是因为直播中还设置了专门的移动机位，移动机位的摄像师专门负责抓拍现场的花絮，在现场观察中，移动机位的摄像师要注意将预知事件和偶发事件充分融合，把握现场花絮的拍摄。现场直播的魅力也包括偶发事件的戏剧效果。摄像师要特别注意抓拍这些有趣的、生动的、鲜活的现场花絮，并通过现场联络方式通知导播。现场偶发花絮的拍摄能提高观众的收视兴致，使直播呈现动态（见图 9-1-6）。

导播在直播现场画面的切换中，要注意兼顾宏观和微观两种观察视角。观众收看电视直播时，只是通过方方正正的电视屏幕，而要将摄像师面前流淌的新闻事件真实而完整地展现在观众面前，就必须依靠镜头成组理论。既要有全景的观照，又要有细节的描绘，将不同机位的摄像师各司其职拍摄的不同景别和角度的现场画面，按照镜头调度的合理构成加以现场编辑切换，保证直播整体上能呈现现场的全貌。

图 9-1-6　齐达内与奖杯擦肩瞬间

（三）现场直播中出镜记者的现场访谈、现场述评具有一次性，因此，要求出镜记者具备很强的现场取材能力、语言的即兴组织能力以及语言的高度准确性

出镜记者在直播中须注意以下事项：

（1）在直播访谈和述评前，做好充分的准备。

任何的现场述评都应该是即兴的，但即兴发挥的前提是充分的准备。美国 CBS 著名评论员克朗凯特曾介绍过他平生最得意的几次工作成就之一——为美国“阿波罗号”飞船登月所做的现场报道。在那次报道中，克朗凯特以精彩的描绘、丰富的宇宙空间知识博得了观众的赞赏，他自己也回味无穷。

但是精彩的直播表现并不能单靠头脑机灵，在做这次报道前，克朗凯特在图书馆里待了三个月，翻阅了大量图书资料，做了许多笔记，做了充分的准备。

（2）现场直播中的访谈没有回旋余地，必须开门见山，迅速进入主题。

以下是美国 CBS 著名记者华莱士在一次电视直播中对当年的总统候选人里根的采访片段：

华莱士：里根先生，你的竞选班子里有多少黑人职员？

里根：我不能老实地告诉你。

华莱士：这句话本身就说明问题。

里根：不对，因为我不能告诉你有多少职员，我们有……

华莱士：你应该说清楚是黑人还是白人！

里根：喔，对，我的意思是我们有，我们有志愿者和正式职员。

华莱士：我指的意思是竞选班子里的高级黑人职员。

里根：我们这么来谈这件事……

华莱士：我们不要绕圈子了。

里根：那好吧！

华莱士：很明显，你的竞选班子里没有黑人。

里根：不，我不是这样认为，我的意思是不能……不能同意你说的。

在这次采访中，华莱士多次打断里根的话，其目的只有一个：抓住记者最关心的话题——里根的竞选班底里有没有种族歧视的行为。由于这次采访是现场直播，时间是有限制的，如果采访对象一味地绕开关键问题，记者就有可能完不成采访任务。华莱士多次打断里根，防止了里根的回避策略，同时在层层逼问中也向观众展示了里根对此问题的心虚，这本身也是一个采访成功的部分。

(3) 现场访谈和述评都要注意把握言行的节奏，给自己留下足够的灵活处理变化的空间和余地。出镜记者在直播过程中要适当放缓自己说话和行为的节奏，过快的言行在直播中一旦出错将难以弥补。

总的说来，电视直播报道在中国还存在很大的发展空间，尤其是日常新闻的直播报道是很具潜力的发展方向。突发事件的直播报道是任何一个电视台创造收视高峰的绝佳机遇（见图 9-1-7）。

图 9-1-7 无人机拍摄火山喷发

比如第一章提到的，2004 年 9 月 1 日，凤凰卫视就别斯兰人质事件进行了直播报道。记者卢宇光的声音是人质解救现场唯一来自中国的声音。北京时间 9 月 3 日下午 5 时，随着解救人质的战斗打响，他用最真实的、喘着粗气和些许颤抖的声音，给守在电视机前的华人观众带来了最具震撼力的现场报道。

凤凰卫视以演播室为中心，主持人用电话与采访记者连线，一开始只有声音报道，条件允许后，电视画面立即转到记者现场：有目击者采访、现场警察和军队的部署画面、记者的现场报道和校园实时情况等。演播室里，国际关系方面的教授相继做客接受采访，各自陈述看法，发表评论和预测……

类似这样的突发性新闻事件的直播报道在发达国家早已实现了日常化，我国近年来也多有突破，我国新闻工作者对汶川地震的报道速度和反应能力就得到了广泛的认可。现在，无人机技术的发展被充分地运用到电视报道中，一些民间无人机所拍摄的画面也为新闻报道提供了很好的素材。可以说，就技术而言，我国已经具备了实现突发事件直播化报道的条件。实现电视新闻的全面直播、直播日常化和国际化是今后若干年中国电视新闻发展的必然趋势，每一名电视记者都应该从心理、知识、素质等各方面做好充分的准备。

第二节　访谈类节目的采访特点

所谓访谈类节目是指由记者或主持人对一位或几位采访对象的访谈构成节目主体内容的节目类型。

访谈的核心是面对面，即记者、主持人直接面对采访对象。

访谈类节目分两类：一是人物访谈，二是问题访谈。所谓人物访谈是指访谈的目的是了解被采访的人物，以人物为访谈内容的核心；而问题访谈则是以特定的话题为核心，采访对象是谈论这一话题的合适人选。

无论是人物访谈还是问题访谈，访谈的重点都是采访对象，而不是记者或主持人，这也是所有的新闻采访所具备的共同点。记者或主持人在访谈中喋喋不休，大发议论，将请来的嘉宾或访谈对象晾在一边；或记者自己卖弄学问，自作聪明：这些都是应该竭力避免的。访谈的基本要求就包括记者学会倾听，将表现的机会留给采访对象。

访谈类节目的采访其实与所有的电视记者出镜采访的要求基本相同，但专门的访谈节目有以下几点特殊的要求。

一、访谈类节目的案头准备工作要求更细致

对一个人物进行专访或就一个问题专访某个人，比一般的记者出镜采访要求更高。个人对个人的交流，往往需要访谈双方进入和谐的交流状态，这一点建立在双方相互间充分的信任和理解之上。因此，访谈类节目中，记者的案头工作包括：

（1）访谈首先要熟悉采访对象，包括他的个性、特点、爱好等；

（2）对访谈内容要有事先的准备和研究；

（3）要有周密的事前准备的采访提纲，设计的提问要充分且有应变的方案。访谈节目的案头工作越充分，访谈才能越深入。

以凤凰卫视中文台记者杨澜采访查良镛（金庸）先生为例：

为准备这次专访，杨澜让助手搜集了查先生近几年来的大量活动资料，节目顾问还给她搬来了十几本《明报周刊》，里面有查先生与日本作家池田大作的对话录的连载。然后，杨澜阅读了这些资料，从中挑出她认为观众会感兴趣的地方。经过整理，形成了这样的采访提纲：

> 对通俗文学的定位——金庸武侠小说中的历史眼光——澄清有关“为秦桧平反”论的说法——祖父的“侠义”精神对金庸的影响——金庸年轻时的抱负——侠义思想在中国历史演变中产生的利与弊

没想到在现场开机采访之前，金庸先生要求先看看杨澜写的采访提纲。看完之后，他点头表示了认可，说“提纲写得不错”，采访进展得也很顺利。

可见，精心的案头准备不仅能使访谈步入有序的预定轨道，还能引起采访对象的充分重视，从而以记者的劳动获得对方回报的尊重。

杨澜在总结自己采访和主持个人专栏《杨澜工作室》时这样写道：

> 如果没有充分的案头准备，提问往往是肤浅的。来宾会认为在同一个小学生讲话，甚至对牛弹琴，谈话的兴趣肯定不高。没有准备的提问也往往是发散型的，东一榔头西一棒子，没有重点。……采访时间一晃就过，而留给观众的却是一片模糊。[1]

二、预热、交流与互动

就像实际生活中一样，人与人之间的交谈不可能一下子就进入热烈的状态，尤其是在电视采访中，面对陌生的摄像机和摄制组人员，采访对象通常不容易真正放松自己，以日常闲聊的心态与记者展开交流。

但是我们知道，最好的电视访谈正是忘记采访存在的交谈。因此，访谈需要预热，需要营造谈话氛围，以达到相互间平和的交流心态，共同创造良好的语境。

中央电视台财经频道《对话》栏目在采访姚明时，主持人陈伟鸿在预热阶段围绕着一个“高”字切入访谈：

> 刚才在这期对话节目开始之前，有一位现场的朋友跟我说，今天的《对话》可能是节目史上最高的一次对话，我想想也是，因为今天的这位嘉宾被称作中国运动员第一高人，很多人都知道了，今天我们请到的是著名篮球运动员姚明……

然后播放了一个姚明入主上海篮球队以及姚明赛场上精彩画面的短片，以避免观众看

① 杨澜．我问故我在．上海：学林出版社，1999：6.

到姚明拄拐入场。坐定之后，陈伟鸿又说："姚明现在是坐着跟我打招呼，如果站起来天花板上的灯就被顶掉了，当然开个玩笑，主要是由于姚明现在脚伤未愈……"这一系列充满人文关怀的细微环节让姚明感觉很好，随后这次采访的气氛和效果可想而知。

除了在必要的预热阶段与采访对象融洽关系之外，访谈中还应注意时刻保持互动状态，以最佳的人际状态和饱满的情绪进行交流。

保持互动并非易事。与一般的记者出镜不同，访谈节目中记者或主持人的谈话必须有一定的分量。如果是提问，那么提问的主体部分应该能够在完成的节目中单独存在。这是因为在专访中，不能只有采访对象的话语，记者和主持人的谈话和提问都应该成为节目的和谐组成部分，否则，专访就会成为采访对象的个人独白。

中央电视台主持人白岩松认为"提问不能被轻易删掉"，因为——

> 首先我不认为面对镜头做新闻类节目时，提问只是仅仅提出一个问句。而应是带有提示性的（交代你这个问题的来源或是背景资料）提醒注意（让观众分散的注意力收回或是换一种新的思考角度）的问题。之所以我们外出采访时提出的问题可被轻易删掉，就是因为其不具有这样的力量。第二，你的提问应是节目中必备的线索和脉络。我们经常遇到这样的问题，记者或是主持人的提问在制作时被删掉并不影响观众对被采访者所说的话的理解，在这种情况下你的问题被留下可能就是编导考虑你的面子了，同时，这一点还说明主持人或记者应该具备编导素质，有时要大量字幕、解说或旁白才能交代的内容，如果记者和主持人运用得很好的话，都可以放在一个个问题里层层前进，成为一条清晰的线索和内容。第三，就是记者或主持人强烈的个性化色彩。记者向前走，无论是主持人还是评论员，你的形象树立，很重要的一点就是你的提问，其中包括你的语言风格、提问技巧，而最重要的就是你的思考角度。①

这种观点有一定的道理，在访谈类节目中，由于访谈双方是对等的关系，出镜记者在访谈对象面前应该是平等的谈话对手。如果记者永远提出请教性的或只等对方回答的问题，而自己没有观点和表达自我观点的内容，那么，不仅记者的提问可以删去，整个节目必然也不会精彩。

因此，要保持电视访谈中的互动，记者必须具有自己的观点，使自己的谈话和提问与访谈对象的谈话一样，具有保留价值。

《对话》对姚明的采访中，在谈到姚明的发小刘炜要转会的话题时，姚明介绍了当时两人联系的情况，主持人陈伟鸿并没有从赞同姚明的角度去说，而是提出了一个有相反论调的问题："你曾经说刘炜是最会给你传球的人，那这次是不是给你传了一个措手不及的球?"

记者的不同意见是互动的一种，它能有效地激发采访对象的思维，从而使其更真实地展现自我。果然，姚明面对陈伟鸿提出的反面意见，谈出了内心深处不为人知的观点：

> 当时我有些不知所措，后来给刘炜打电话，要当面谈一谈，要么高高兴兴地留下

---

① 孙克文．焦点外的时空．北京：三联书店，1997：197.

来打球，走也要高高兴兴地离开上海，不要闹得不愉快，这样就不太好了……

在姚明后面的真诚陈述中，事情的原委和姚明个人的成熟稳重被展现得很真实，当然，这些也都是建立在记者反面意见的基础之上的（见图 9－2－1）。

图 9－2－1 访谈要形成互动——在《对话》节目中，姚明与主持人意见交锋

在电视访谈中，访谈双方的这种互动是话题不断深入的最佳方式。

三、要选择适当的采访环境

采访环境是访谈类节目的重要构成要素。

在访谈节目中，视觉元素相对简单，一般只有记者和访谈对象两人的中、近景画面，剩下的就是环境要素了。为了使节目的视觉构成更为丰富，同时更重要的——为了创造和谐的、适合访谈内容的氛围，在访谈中，选择和布置环境是成功的关键环节。

采访环境通常是采访对象所熟悉的生活或工作环境，以有利于将采访对象的背景带出。

由于采访对象的思考和心态是访谈的重点表现内容，访谈适于在稳定的环境中进行。

CCTV－5《我的奥林匹克》栏目的记者对花样滑冰世界冠军申雪和赵宏博的访谈就选择在训练场中。首先，这个训练场是两个人从 1992 年到 2010 年全部训练、生活的重心，围绕两个人的事件都与训练场有关；其次，在这个熟悉的环境中，采访对象能够非常放松，容易真情流露，使得采访达到很好的效果。

在记者问到他们二人如何从冰上情侣步入婚姻殿堂的时候，训练场正在播放两个人比赛中用的音乐，回答时他们的情感溢于言表。

申雪：我不想因为这件事，影响训练、比赛，还有对我们成绩也可能产生影响……

赵宏博：当时我听到这个音乐，脑子里想的东西就全都出来了，从刚开始认识小雪，擦肩一过的时候发现了她，我把她拽住了，然后美丽的故事开始了……

CCTV-5《风云会》专访参加2015年排球世锦赛凯旋的中国女排队员时，也将采访地点选在了队员平时进行训练的训练场。

在人物的访谈中，环境的要素至关重要，选择不适合的访谈环境有可能直接影响谈话氛围，使谈话陷入沉闷或其他僵局。

四、保持访谈的谈话“流”态，把握访谈过程的速度和节奏

电视访谈与文字媒介的访谈有很大的差别。

电视访谈的过程必须保留谈话的相对完整性，也就是说，对呈现给观众的访谈内容不能做过多的剪辑，否则，实际访谈过程中的谈话“流”态会被全然破坏。

所谓“流”态，是指人际交流中话语的自然连贯性。

电视访谈很大的魅力就在于它所保存的生活化的谈话“流”态。

观众在观看电视访谈节目时，绝对不只想了解谈话的内容。被访名人的表情动作、嬉笑怒骂等具体形象，更是观众关注的重点。

因此，电视访谈中，记者首先要把握“一次最佳”原则，尽量使访谈的过程呈现自然流畅的谈话状态，这样记录而成的素材，后期可以大段地采用，不用剪辑过多，破坏人际交流的流畅的气势。

此外，为使“一次”记录而成的访谈过程具有较强的可视性，记者在访谈中要容许沉默和空白的存在。沉默与空白本身具有很高的信息含量，通过空白和沉默，观众可以：

（1）了解采访对象的个性；

（2）细细体会采访对象的内心情感；

（3）创造访谈的节奏；

（4）形成特定的谈话氛围；

（5）给采访对象和观众留下思考和理解的话语空间。

关于电视采访中沉默的作用，我们在第二章中已做过论述。

五、访谈中遇到以下内容时要谨慎对待，在未获得采访对象同意时不要提及

（一）政治敏感问题

比如，对一些来访的外国科学家、游客或其他民间人士，记者不应要求他们回答一些涉及两国关系的敏感问题，以免给他们造成不必要的麻烦。而且许多政治问题本身也与老百姓无关，他们的回答也并不具有代表性和传播价值。

（二）个人隐私问题

记者应该充分尊重采访对象，主动回避对方不愿回答的个人问题。比如，《海峡两岸》

栏目的主持人李峰在采访台湾女歌手张惠妹时，就没有涉及 2004 年 5 月其杭州演唱会因故取消的事情。这种做法一方面体现了对人的基本尊重，另一方面使采访对象（尤其是一些名人）在接受访谈时心中安稳，不至于时时提防记者问出什么自己不愿回答的问题，也有利于形成良好的拍摄氛围。

（三）涉及其他人的人际关系的问题

在访谈中，记者一定要多为采访对象考虑，不应让对方评论涉及第三方或第四方的是非恩怨等话题，以免引起不必要的麻烦。

六、访谈过程中，参与拍摄的各个人员都要保持沉稳的心态

（一）提问记者要静下心来，仔细体会采访对象的思想情感

访谈与一般的电视采访不同，如果记者内心处于躁动状态，就难以把握采访对象的内心变化，更难以敏锐地抓取对方谈话中的火花进行追问。此外，记者自己的不稳定状态会直接影响到采访对象的情绪。有的记者在采访现场一会儿回微信，一会儿接手机，以这种始终浮躁的状态不可能做一个好的专访。

（二）摄像师要保持沉稳的心态

在访谈过程中，摄像师应始终将访谈双方的人脸作为拍摄的核心，潜心捕捉访谈双方的神情，切忌随意推拉镜头。

不难发现，所有成功的人物访谈节目，都十分注重对人物面部的表现。因为人的内心情感、思想变化、个性锋芒等，在访谈中的主要体现途径都集中在人的面部表情上（见图 9－2－2）。

图 9－2－2　中国女排队员朱婷的神情

中央电视台《朝闻天下》栏目的记者在采访因涉毒被捕的台湾男演员柯震东时，问他

为什么会接触到毒品，现在的心情又是怎么样的。接受采访时柯震东多次落泪，其内心的悲痛与懊悔通过面部表情完全展现在了观众眼前。

在电视访谈节目中，人物的面部表情具有很强的负载力。因此，访谈节目的拍摄与一般的新闻节目不同，为了让观众有一个平和的心态去观察人物的面部表情、体会人物的内心情感，摄像师在保持镜头的稳定性上具有更为重要的作用。

访谈类节目的拍摄不允许随意关机，同时，要注重访谈中出现的插曲，预料之外的访谈花絮往往是富含信息量的宝贵内容。

第三节　脱口秀节目的采访特点

脱口秀节目（talk show）是指特邀嘉宾和现场观众在演播现场，就某一主题在主持人的引导下，阐述和讨论观点的节目类型。

脱口秀以主持人为核心，通常主持人是固定的，而观众和嘉宾是流动的，每期依内容而变化。

脱口秀与访谈类节目的区别在于脱口秀属群言堂形式的谈话节目，在节目进行中，主持人、嘉宾和现场观众都可以随时发言。虽然是围绕一个固定主题谈话，但比起访谈来说，脱口秀节目的谈话具有较大的即兴性，人性化的语言和人物特征比较鲜明。此外，话题也更为自由、开放。

脱口秀节目具有新闻、评论和娱乐三者结合的综合特性，加上其制作成本相对较低，节目制作周期较短，可以说是“多快好省”型的电视节目类型。更重要的一点是，脱口秀节目最有利于发挥电视传播中人际化交流的优势，它以自由、完整、个性化的人际交流的形态将电视节目恢复到最接近现实生活的交流模式中来。

因此，脱口秀节目代表着一定的未来发展方向，将是今后相当长一段时间内中国电视荧屏上的重要类型。近年来，我国的电视脱口秀节目已发展出各种类型，如《是真的吗》《今晚，80 后》《非常静距离》等，在各个领域都获得了一定的成功。

脱口秀节目对主持人的要求很高。因为主持人既是现场的采访者，又是现场的组织者。主持人的个性与风格决定了节目的个性和风格。主持人的一切现场表现都影响着谈话的进行（见图 9－3－1）。

脱口秀的采访很具特殊性，它是以个体带动群体的采访活动。主持人不仅要通过采访获取众人的观点，还要随时调节和把握谈话现场的总体气氛。从这一角度来看，脱口秀节目的主持人与综艺性节目的主持人有共同的特点。它对主持人提出了如下要求：

其一，主持人要有个人魅力，有好人缘，从容大度，幽默风趣，机智灵活。

世界上著名的脱口秀节目主持人都具有上述的几个共同点。之所以脱口秀的主持人要有个人魅力，是因为在群言堂式的谈话中，现场很容易冷场，为数众多的观众和嘉宾需要凝聚在一个人周围，自觉服从一个人的总体调度——这个人就是主持人。只有主持人具备

图 9-3-1　《鲁豫有约》采访电影《中国合伙人》主演

一些明显的外在优点，迅速为众人所接受和喜爱，观众和嘉宾才可能自然地跟随主持人而转换话题，才会形成现场热烈的谈话氛围。

其二，脱口秀的主持人还应具有明确的平等意识、平和的心态和平民化定位。只有把现场的每一位观众都看作可以平等对话的对象，才能调动现场每一位观众和嘉宾的谈话兴趣，也才能实现群言堂的热烈、亲切的氛围优势。

其三，主持人要有很强的驾驭现场的能力。

其四，主持人要有极佳的口才。脱口秀主持人必须健谈，并需具备将很一般的事情说得极其有意思的能力。

由于脱口秀节目的特殊性，主持人在现场的主持、述评、采访是三位一体的。脱口秀的现场采访有以下几个要点：

(1) 创造谈话氛围，调节谈话情绪。

不同的话题、不同的谈话环节需要各不相同的谈话氛围。主持人要善于根据当时的需要创造适合此时此景的氛围。比如用笑话、开玩笑等风趣幽默的话语创造热烈的谈话氛围，用大段的内心独白和配乐创造感人的谈话氛围等。这些氛围的营造是有目的、有设计的，主持人要十分清醒地意识到现在需要什么样的谈话氛围并且能够实现它。

在《开讲啦》采访张信哲的一期节目的开场白中，撒贝宁和张信哲有这样一段对话：

撒贝宁：我觉得，每到这个瞬间你就会觉得作为一个歌手，其实多么幸福。

张信哲：压力也很大。

撒贝宁：难道刚才在面对大家所有的狂热的欢呼的时候，连我都觉得幸福得不得了，你心里原来想着“好大的压力啊”。

张信哲：真的会的，我就会想接下来怎么办。

撒贝宁：接下来你们就继续喊呗。

于是现场掀起再一次的欢呼和掌声，谈话现场的气氛达到高潮，接下来的节目气氛就被铺垫好了。

在脱口秀节目中，主持人是节目的灵魂。在谈话进展中，主持人要适时调节谈话者的情绪。有时，现场气氛过于热烈，主持人要能够使之降温，进入比较理性的谈话中来；而现场氛围如果有冷场的趋势，主持人也需想办法使之升温。

在《实话实说·面对孩子的谎言》一期中，当话题进展到对孩子撒谎原因的分析时，几位嘉宾都做了比较严肃的理性分析，演播现场的气氛一时有些低沉。这时主持人崔永元马上意识到了这一点，他走到一位小观众面前问道：

崔永元：你这样看着我，我就知道你急着想告诉我你的撒谎经历。（现场马上笑声四起）

小观众：我是撒过谎，记得在二年级一次做作业的时候，我十分想玩，可是不知道怎么办才好，然后就冒出一个主意来，就是告诉我妈说，作业做完了，可以看电视了吧，我妈说可以，事情过后我又生怕老师告诉我妈，终于有一次，老师找到了我妈，我妈知道这件事以后非常生气，当时就说了我两句。（笑声）……

崔永元：当时老师在场，她没有办法，所以只说了你一两句，后来老师走了，你妈又……（有意地停顿）

小观众：我妈就开始大骂我了。（观众大笑）

崔永元：骂着骂着后来她越想越觉得你做得不对后来她又……（再次地停顿）

小观众：她又打我了呗。（众人大笑）

…………

看似诱导的提问将一个小朋友撒谎后的“悲惨”遭遇引出，在对话中也向观众展示了家长打孩子的心理过程，同时将现场调节为热烈而欢快的氛围。

在《鲁豫有约》采访刘岩和姜昆的一期中，当话题进展到刘岩回忆自己在2008年奥运会开幕式彩排现场摔伤的场景和之后面对高位截瘫的困苦生活经历时，刘岩流下了眼泪，整个现场的气氛变得悲伤压抑。此时，鲁豫话锋一转，将接下来的话题交给了姜昆，姜昆用其独特的幽默缓和了现场的气氛，使访谈顺利进行。

脱口秀的采访过程兼具调节现场氛围和展示话题意义的功能。

（2）把握好主题，既能紧扣谈话的中心，又能充分发展主题，展开话题。

脱口秀的谈话内容是开放式的，在谈话进行当中，话题不能仅停留在单一层面，或完全局限在主题范围之内。日常生活中的谈话都是随意和即兴的，谈话节目要保留这种谈话的原始状态，适量的走题和个体发挥有利于节目的主题深入和可视性。

即兴谈话创造了以下效果：

首先，未经彩排的谈话保证了谈话话题转换的自由和话题的新鲜感。

其次，即兴之中，实话容易脱口而出。

最后，有利于谈话中不同的人和观念产生适当的“碰撞”，有观点的矛盾和交锋，节目才会好看。

但是，主持人要把握住整个谈话的主题，当谈话偏离正轨时，要及时将谈话拉回既定轨道，使谈话不致走题太远或走题太久。

（3）精心设计，充分创造谈话的戏剧效果。

脱口秀有一定的娱乐性，风格严肃而古板的脱口秀节目难以受欢迎。所以，在谈话进行过程中，主持人和编导要事先设计情节，激发现场观众的情绪，适时创造戏剧效果，使现场形成活泼生动的谈话空间。这一点在中国的电视脱口秀节目中还比较少见。

我们以美国脱口秀栏目《莉基·莱克SHOW》中的一期为例：

主持人莉基在一期题为《秘密与惊讶》的节目中，设计了一些戏剧性很强的情节。

由于这期节目的话题是母亲的着装风格如何影响女儿的着装，莉基就先请五对身着奇装异服的母女一一上台亮相，结果现场观众和主持人对她们袒胸露背的打扮几乎持众口一词的否定评价。

于是，主持人请一位魔术师把她们全都“变”出了场，现场观众发出一片惊呼；广告过后，当五对母女被魔术师重新“变”回现场时，观众再次发出了惊呼——原来，这回她们换上了大方得体的服装，妈妈们穿上了整齐的职业装或休闲装，女儿们也不再袒胸露背，而是穿上了合体的学生装，她们给人的印象前后判若两人。

这时，主持人开始了新的一轮现场采访，观众纷纷表示这些母女们现在的着装都很漂亮。而其中两名刚才上台参加换装“表演”的母亲竟然激动地哭了。主持人问她们为什么哭，其中一位母亲说：“我就希望女儿像现在这样穿。”莉基面对观众点评道：“是啊，她们又像可爱的女学生了。”

而此时，那几对母女紧紧拥抱在了一起。

我们不难发现，这些明显经过事先设计的情节在脱口秀节目的进行当中会起到调节谈话气氛的极佳效果。而且，这些情节也用最直观的方式向观众传达了主持人对母女着装问题的自我认识，具有一定的引导性和说服力。因此，只要注意避免哗众取宠，在谈话中制造情节、创造戏剧效果的手法在脱口秀节目中是有益的。

（4）结合谈话的进程，控制话语权，展开即兴点评。

脱口秀节目有评论的性质，它的评论主要是通过群言堂的方式实现的，也就是在现场嘉宾、观众和主持人多方面的相互碰撞和交锋中实现对某一特定话题的评论（见图9-3-2）。

在脱口秀中，主持人的作用非常重要。主持人在评论中起到的作用有两个：

一是穿针引线。

主持人主宰现场的发言权，他要根据自己的判断将发言权交给当时最合适的发言人。由于群言堂的议论方式很容易使话题走题太远，主持人要组织一场众多人士参加的谈话，还要对某一预定话题谈出些成型的观点，就必须牢牢地把握众人的话题走向，随时插话改变谈话轨迹，或将话筒交给权威人士进行直接的评论等。这一切同时也都是评论的过程。

请看在《实话实说·中国足球甲A联赛》中，主持人崔永元转移发言权的几段谈话：

各位观众，大家好。欢迎大家收看《实话实说》节目！轰轰烈烈的全国足球甲A

图 9－3－2　《吉米今夜秀》现场

联赛马上就要告一段落了……今天我们聚在一起，坐以论道，题目就是：……张路先生以前做过专门的足球运动员，您是守门？

一开场，主持人将发言权交给了嘉宾之一——电视足球评论员张路。

接下来，崔永元问的问题是："张路先生，还有一个小问题：我们看足球的名单里，经常会出现一个'领队'，这个'领队'是干什么的？"实际上，这个问题是针对另一位嘉宾——猎豹足球队的领队、影视演员吕丽萍的。果然，张路的回答"领队相当于打仗时的'政委'"，自然地将发言权转到了吕丽萍手中，她说自己"也就是瞎起哄，给他们加把油，没干别的"。

崔永元又向另一位嘉宾直接发问："郑也夫先生，我们知道您是社会学者，但我们也在很多评球的场合见到您。有没有人说您是不务正业啊？"

发言权就这样在主持人的巧妙操纵下，在嘉宾和现场观众之间来回地转移着，而在这一过程中，对某一话题的评论也自然地实现了。这是脱口秀群言堂式评论的第一种。

二是画龙点睛。

在一段众说纷纭之后，主持人有责任总结刚才的谈话内容，并发表自己的看法。脱口秀的主持人点评必须是即兴式的，事先的准备可以融在点评当中，但不能完全照背稿子。主持人必须结合现场刚才和正在进行的谈话进行点评。

《鲁豫有约》在采访变性舞蹈家金星的一期节目中，谈论的是金星的成长和奋斗历程，以及她对一些事情的看法，对自己梦想的执着。在节目尾声，主持人陈鲁豫在现场用很平实很简单的语言做了点评：

我一直觉得在我们现在的生活当中已经不会出现什么传奇女性了，因为我们生活得比较安逸。但她真的很传奇，她是我认识的唯一一个可以称得上是传奇女性的人，经历过那么多，非常非常勇敢……

主持人的点评比较直接地谈出了在节目过程中的感想，具有即兴的、现场的特性，它对整个谈话起到的作用是提升和总结。这是脱口秀节目实现评论功能的第二条重要途径。

（5）在脱口秀节目中，主持人要敢于表现自我的个性，使自己与整个节目融为一体。

展现自我是脱口秀节目中主持人的必要手段。为什么？脱口秀是谈话形态的节目，在生活中，哪有谈话中某一方光提问而不谈自己的呢？所以说，展现自我不仅是主持人表现个性的手段，从本质上说，它是实现主持人与观众真正平等的途径，也是实现主持人与观众、嘉宾充分交流的基础。

展现自我个性，必须建立在主持人的个性为众人所喜爱的前提下。

杨澜在《主持无艺术》一文中分析美国著名脱口秀节目主持人奥普拉·温芙瑞成功的原因时写道：

我反复看了她的节目，觉得她成功的秘诀其实非常简单，那就是与观众真诚的感情交流，既敞开自己的心扉，也能设身处地体会他人的苦乐。在一次关于美国少女被奸淫议题的讨论中，她竟和盘托出自己15岁时被摧残的亲身经历。这样坦率和真诚怎能不打动观众的心呢？她曾经把自己成功的经验归为两个字“分享”。……

主持人的个性成为栏目个性，在脱口秀节目中体现得最为彻底。崔永元幽默风趣的个性特征与他主持的《实话实说》栏目完全融合在一起，离开崔永元，《实话实说》也就在观众心中失去了坐标。世界上任何一个名牌脱口秀栏目的风格都是与该栏目的固定主持人的风格紧密结合在一起的。

第四节　电视纪录片的采访特点

电视纪录片是指通过非虚构的艺术手法，直接从现实生活中选取形象和音响素材，直接地表现真实生活中的人物、故事等特定对象以及创作者对这些对象的认识的纪实性电视片。

电视纪录片与新闻类节目都是以真实的生活为素材来反映生活，但纪录片与新闻类节目有很大的不同：它直接关注人，不看重事，它关注人的本质力量，人的生存状态，人的性格、命运，人与自然的关系，人对宇宙和世界的思维。题材的人文性是纪录片的特点，它的主题趋向于更为深层、更为永恒的东西。

这里我们把电视纪录片与电视新闻节目二者与采访相关的内容加以对比分析：

首先，新闻节目具有较强的时效性。而纪录片一般不注重时效，它的选材通常关注人生、人性、人的生存状态等具有永恒意义的主题和领域。

其次，纪录片还讲究共时体验性，素材带有较长的过程和丰富的人文动态，对生活具有较高的认识价值。此外，纪录片更重视保持生活的原始形态，鼓励观众对作品的多样化解读，而且其风格样式及创作个性发挥的余地也比新闻节目大得多，节目的时间长度也较自由，所以，纪录片具有更多的艺术属性。

这两点不同使纪录片采访具有以下特点：

（1）纪录片的拍摄需要较长的时间跨度，需要更多的精力和财力的投入。

纪录片关注的领域是具有人类普遍意义和持久性的人生、人性、人的生存状态、生活方式等，而对这些题材的记录需要长时间的积累过程，它使纪录片成为一种需要高投入的电视形式，这种高投入指的不仅是金钱，还包括人力和物力以及创作者的生命历程。

由雅克·贝汉执导的纪录片《鸟的迁徙》拍摄历时四年，横跨五大洲，工作人员生活在飞行的候鸟群中，与它们一同飞越大地和海洋。该片共选择了 50 多个国家的 175 个自然景地，拍摄了 460 多公里长的胶片，动用了 17 个世界上最优秀的飞行员和一个科学考察队，平均每天都有 600 人在为此工作。辛苦的付出使得该片让人们对大自然的美感到震撼（见图 9-4-1）。

图 9-4-1　投入巨大的纪录片《鸟的迁徙》中精致的航拍镜头

日本纪录片大师小川绅介的创作信条是："时间是纪录片的第一要素"。他的每一部纪录片作品的拍摄周期都长达三年到五年。1967 年，小川绅介带领摄制组来到东京郊区的三里冢，拍摄当地农民反抗因修建成田机场强占耕地的运动，拍摄历时五年，后来成片六部，其中《第二防线的人们》成为国际纪录片史上的经典之作。

（2）纪录片编导有必要与采访对象经历一段朝夕相处的时间，加强相互的了解，同时记录采访对象的生活细节。

法国电影理论家让·米特里说过："要在真正的现实中把握一个人，就需要一架隐身的摄像机接连几个月拍下这个人的'日常表现'。除此之外都是无稽之谈，而且越是当真就越荒唐。"

长时间的跟踪拍摄需要编导耐得住寂寞。日本纪录片创作者佐藤真为了拍摄纪录片《家住阿贺河》，与他的摄制组同伴在阿贺河边租了房子，跟当地的农民一起生活了四年。

佐藤真说：

> 我们帮助他们耕种稻田，在河边捕鱼，尝试分享他们的生活，如果不是整个摄制组长期在村里生活，他们不会达到像后来与我们交流时那样畅所欲言。

纪录片的创作者只有跟拍摄对象朝夕相处一段时间，才能真正了解对方，也让对方了解自己。由于纪录片关注的领域是人性与心灵，没有编导与采访对象之间的相互信任和沟通，拍摄就难以进入人的心灵世界，主题也难以深化。

（3）纪录片的采访要保持客观记录的心态。

纪录片的特点和优势之一在于通过保持生活自身的多义性和生活的自然形态来表达丰富的内涵和意义。如果创作者带着很强的主观色彩去搜集素材，或者代替观众去阐释人物，就会影响作品的主题深化。

周浩执导的纪录片《高三》记录了在中国福建省武平县的一所普通中学里，山区年轻的学子们琐碎、重复和疯狂的高三生活。拍摄历时一年，客观展现了学生学习的情况、家庭的情况、上网、早恋等真实的细节。平淡的讲述却使观众在片中看到了一个具有理想主义色彩的集体的奋斗过程，真实地呈现了悲壮的个人奋斗历程。

拍摄纪录片的客观心态也是纪实的基本要求。纪录片是事关真实的艺术类型，任何杜撰、虚构以及人为的想象都会在不同程度上扭曲生活的真实。

（4）纪录片拍摄更注重随机结构。

纪录片比新闻更具开放性，其主题在拍摄过程中可调整的余地也要比一般的电视作品大得多。因此，采用随机结构的取材方式，在纪录片拍摄中也更为普遍。

在采访过程中，纪录片的编导必须具备充分的编辑意识，在情节发展过程中，在采访过程中，编导要按生活自身的逻辑戏剧化地处理情节，随时结构故事。

1990 年，纪录片《望长城》的诞生，标志着中国纪录片创作进入了一个新的时期。《望长城》的主要成就在于它通过优秀的实践证明了开放式的、跟随式的电视取材方式所具有的巨大魅力。在《望长城》中，几乎所有的故事都是摄制组在拍摄现场随机结构出来的。即使是那些事先设计好的人物和内容，编导们也尽量在拍摄中使其恢复生活自然的流程，以进行式的纪实手法进行镜头记录。在整个《望长城》中，那些感动了无数观众的精彩段落：寻找民间歌手王向荣；在甘肃农民杨万里家中过中秋；武威四坝乡做大月饼；打腰鼓；东北漠河过春节；做冰灯；古长城上两个孩子打架；内蒙古、陕西、山西三省交界处的一个六户人家的小村里，一个老师带着一个学生传出的琅琅读书声……无一不是从流动的真实生活中随机抓取的。

随机结构，本质上是为了使镜头前的故事尽量保持生活自身状态。生活自己本应具有一个自然的流程，这个流程是最真实，也最有记录价值的。在电视采访中，记者任何的干预和设计都会使生活的真实流程远离其预定轨道。而随机结构能保证以顺其自然的心态忠实地记录镜头前的一切，这一点，正是纪录片所要求的。

具体的随机结构方法，我们在第三章中已做详细讲述，这里不再重复。

（5）纪录片的采访更注重心态和氛围的积累和表现。

在纪录片作品所营造的特定氛围和心态中，人物的情感世界、精神世界和生活原生态的要素得以记录和保存。这些要求编导在采访拍摄过程中注意以下方面：

首先，创作者与采访对象之间进行充分的心理交流，体现富含人文内涵的特点，创造交流的语境。

在两岸联合拍摄的纪录片《台北故宫》中，编导与当时故宫国宝迁台的亲历者、台北故宫的研究人员和文物管理人员进行了多次的访谈，片中访谈对象面对镜头的情感交流让这些故宫文物的存在多了一分传奇色彩，对当年把文物装船、运输、保存、展出等环节的描述，形成了作品中特有的情怀和氛围，使得作品具有丰富的人文内涵。

纪录片的语境也是作品风格的重要组成要素，缺少了心态交流，纪录片就容易停留于人性的表层，难以深入。

其次，纪录片更注重过程的表现。

长镜头具有很强的负载力，因而成为纪录片常用的记录手段。在 1997 年首届北京国际纪录片研讨会上，我们看到一部哈萨克斯坦拍摄的纪录短片《天国》。片子主要描述草原上一家牧民的生活。全片长 20 多分钟，却仅由 20 来个镜头构成。长镜头具有延续、沉稳以及内涵丰富等特点，在记录过程、表现人物内心情感心态等方面十分有效。

最后，纪录片根据不同的题材确定合适的现场介入方式和叙事风格。

电视采访的几种现场介入方式，纪录片都可以采用。《台北故宫》《远在北京的家》《小丫头西西》等采用的是声音参与式，《望长城》《小木屋》采用的是记者出镜的参与方式，而《高三》《筑梦 2008》采用的是旁观式。纪录片编导应该根据不同题材和不同的叙事风格，选择相应的介入现场的方式。记者的现场介入方式直接影响后期编辑时的叙述风格和片子的氛围心态，不同的现场介入方式也会产生完全不同的画面效果，这一点我们在前面也已经详细讲述过了。

（6）纪录片的人文观照。

无论一部纪录片的题材是什么，其最终的落脚点必然还是人，因为离开了人，纪录片的价值也将无所依存。所以，尽管很多纪录片选择了事件甚至动植物作为拍摄的主体，但镜头所及，根本的思维出发点还必须落到人身上。

以动植物题材为例，所有的生物纪录片，编导基本上都是采用拟人化的视角和叙述方式来结构全片，着重于人与自然的关系及人对自然界的认识。比如《植物私生活》《帝企鹅日记》《鸟的迁徙》这样一些纪录片，它们是由人来拍摄的，也是拍给人看的，如果不将动植物拟人化，首先编导自己就无法理解镜头前的一切，观众观看作品时也将失去兴趣。

这类纪录片的特性充分地体现在编导们对生物界的人文观照中。

【课堂讨论】

观摩 1997 年香港回归的电视直播录像（其他的亦可），讨论其成功和失败之处，并分析其原因。

【思考题】

1. 突发事件的电视采访有何特殊要求？
2. 预知新闻事件的电视采访有何特殊要求？
3. 调查性新闻节目的采访有何特殊要求？
4. 为什么说电视直播是电视新闻发展的大趋势？
5. 如何提高自身的素质，适应电视新闻直播时代的要求？
6. 一次成功的访谈应该注意把握哪些方面？
7. 脱口秀的现场采访、主持和述评需把握哪些要点？
8. 纪录片的采访与其他类型的电视节目采访相比有何特点？
9. 如何理解纪录片拍摄中的长时间跨度以及与被拍摄对象之间的朝夕相处的必要性？

【作业】

1. 以所在校园内的一个新闻现象为题材，尝试将现象新闻事件化、故事化、人物化。
2. 选择一个人物或一个话题进行访谈。教师进行课堂点评。

结束语

电视采访工作前瞻

艺术发展史告诉我们，科学技术每次质的飞跃，都必然会给艺术形式带来质的变化。美国人梅斯格认为："电子通信、微机处理、计算机产生的影响，可能会彻底改变我们的文化形象、通信程序和工作自身的本质。视觉传达正像其他许多人类活动领域，正经历着深刻的变化。每一种新科技的发展和普及，都孕育着新的形式和自身特有的工作方式。"

很明显，电视采访也无可逃避地受到各种高新科技的推动发展，甚至还会创造出全新的采访工作方式。

当然，科技要以人为本。在人类各种生存方式的发展中，人，永远应当处于相对主动的位置，也就是说，人类创造新科技、利用新科技，都是为了满足人性的需求，而不是被动地由科技发展盲目地引导人类生活方式和工作方式的改变。因此，无论科技怎样发展，电视采访的总体发展趋势——传播人本化、空间立体化和时间同步化都是不会改变的。科技的创新与发展只是为实现这些人类传播活动中的恒久需求提供更为优越的条件。

未来的电视采访将和电视节目的总体发展趋势一样，更加平民化，生活化。采访中记者与采访对象之间的关系更加平等，采访越来越趋向于交流和互动。就内容而言，电视采访中也将更加注重人本信息的搜集。

电视是与高科技紧密结合的传播媒介，随着科技的发展，电视必然为继续满足人类拓展自己的感官了解世界而付出努力。从总体上看，电视采访也将充分利用高科技的结合实现传播的人本化、空间的立体化和时间的同步化。

电视采访的具体发展趋势将体现在以下几个方面。

一、电脑及互联网与电视的进一步融合

生存在互联网时代的人类，无法摆脱网络的影响。尤其是移动互联网技术与设备的普及，将人类的传播方式引入了一个全新的时期。实际上，我们谁都无法准确地预料几十年后人类的大众传播方式是怎样的格局。从趋势上看，电脑及国际互联网对电视的影响有：

（一）传播方式的一体化

电视媒介所具有的兼容性将使电视最快地与网络相互融合，网络与电视、报刊相互渗

透、相互转化、融为一体的传播模式将成为未来相当一段时间内的主要格局（见图 10-0-1）。电视采访从这一角度出发也必须适应网络传播的独特需求。或许，以后的电视采访和电视记者工作与其他媒介的采访工作也将随之互相兼容。

图 10-0-1　NBC、NHK 等网站

（二）互联网作为采访的辅助手段

在国际互联网上，信息像海洋一般丰富而庞杂。利用互联网查寻资料是先进的手段，尤其是互联网方便快捷的操作，比起传统的信息查寻要优越许多。同时，互联网上已经实现的电视采访的网上直播，也必将更为广泛地与电视直播相融合，形成新的电视节目品种，为受众提供更为广泛的接收信息的选择（见图 10-0-2）。

图 10－0－2　未来交互式电视为观众提供更多的选择

二、现代通信手段的新技术在电视采访中的运用

电视采访由于设备的局限，经常会出现电视记者不能及时将摄像机带到现场的情况，但是，电视媒介具有很强的兼容性，而电话又是极容易得到的设备，电视采访在相当长的一段时间内将利用电话的便利对不能及时拍摄到的现场进行电话采访。

同时，电话自身的技术进步也会给电视采访带来变化，可视电话的普及将很快被引入电视电话采访中，弥补过去电话采访缺少动态画面的遗憾。海事卫星电话等高科技的通信设备的不断推陈出新，为电视采访手段提供了源源不断的发展契机。

正如欧洲广播联盟秘书长杰姆·伯纳德·芒齐所说，当前，全世界的通信业和大众传播媒介正在合并，文字、声音和图像都被数字化了。键盘和屏幕、传讯电视和通信卫星、软件和芯片——它们一起开辟了娱乐、信息和通信大融合的广阔前景。电脑技术数字电视的飞速发展，把每个传播受众和家庭与世界连在了一起。麦克卢汉预言的“地球村”正在变成现实。在这场信息革命中，电视作为“第一传媒”的地位，将在与其他媒介的融合中得以稳固。

通信科技的发展将使电视新闻的直播更加方便和经济。电视新闻直播的日常化时代即将到来，电视新闻直播的日常化将改变整个电视屏幕，并由此对电视记者的素质提出全新的要求。

三、电视采访视野的拓展，超越人的视觉极限，不断发掘新的视觉方式进行报道和采访

科学技术的进一步发展，将使电视作为人类视觉器官的延伸这一基本功能得到开拓。目前，世界各国的电视节目内容正逐步向宇宙、生命、海洋等过去人类所难以探知的领域扩展。生命科学、宇宙空间、基因、海底世界、罕见的动植物群体等题材已经成为电视节目中的“常客”。这些节目的产生都是由于科学技术改进后，电视采访能够实现以往所不能到达的拍摄视角的结果。航摄、宇航摄影、显微摄影、水下摄影、红外线摄影等电视采访新技术的发展将不断开拓人类的视野，创造新的视觉方式，继续为电视节目题材的全方位开拓创造无限的生机。

四、电视采访的小型化和个人化

电视技术自身也将不断高速发展。电视摄像机的小型化，摄录设备价格的平民化、电视技术与电脑技术的合一，摄像机分辨率、低照度功能的不断强化，录音照明功能的一体化等，都将给电视采访的基本形态带来巨大变化。当家庭拥有的电视摄录设备像电脑一样普及时，当家用摄录设备与电视台的专业设备的声画录制质量相差无几时，当操作这一切就像操作电脑一样简便时，我们很难想象，未来的电视采访与今天将会多么不同。

首先，电视采访的非专业队伍的扩大将使电视采访的信息搜集工作成为较为普遍的社会行为。

摄像机小型化，尤其是手机摄录功能的持续强化，让电视采访不再是专业记者的专利，许多生活中原汁原味的现场经过生活的主人公自己的记录，更具纪实魅力。北京电视台曾创办《百姓家园》栏目，培养普通市民自己拍摄电视纪录片。这个栏目在两年时间里受到普遍的好评。一些从未接受系统专业学习的老百姓，经过几天的操机培训，拍摄出的片子（如《大爷的小铺》等）令专家和专业人士另眼相看。“二更”“一条”“梨视频”等新媒体产品，都在深刻地展现摄录设备普及后非专业机构的新闻内容生产能力。

其次，非专业电视记者队伍的扩大还能为电视新闻提供更多更好的来源，尤其是一些专业记者来不及赶到现场的电视画面的抓拍。随着家用摄像机的普及，许多普通家庭都拥有了摄像机，不少业余摄影爱好者拿着“镜头”记录他们的身边事。这群非专业摄像队伍不容忽视，他们往往能拍到专业记者无缘拍到的新闻画面。比如，1992 年美国洛杉矶的黑人暴动就源于一名白人居民在家中的阳台上拍到的一盘录像带，它记录下了白人警察残酷殴打一黑人的真实片段。这盘录像带交由电视台播出后，引起了轩然大波。

又如“9・11”事件当中，由于事发突然，第一架飞机撞上大楼的过程，专业电视台无法第一时间赶到现场采访，电视新闻中播出的画面都是普通百姓用 DV 或手机拍摄的，虽然以专业水准来衡量，这些画面有很大的缺陷，但它们毕竟记录了事发现场的过程，能

在相当程度上弥补电视画面缺失的遗憾，实在难能可贵。

1996 年亚特兰大奥运会期间，美方组委会严禁电视记者进入奥运村拍摄。中央电视台记者只好想办法，让一位官员“夹带”小型家用摄像机进村拍摄，虽然画面时常焦点不实、有时摇晃等，但拍到了奥运村内宿舍拥挤不堪、卫生间漏水等“内幕”，这些画面经过剪辑播出后，对这届奥运会组委会的低水平服务做了有力的批评。

电视摄录设备的小型化也将带来电视采访的个人化和个性化。更多的专业记者和电视片编导们可以更为自由地拥有和使用电视设备，电视摄制组会不断小型化，当前，世界各大主流电视机构都已尝试采用一人多媒体记者（也称全能记者），即由一名记者完成多个媒体形态的内容采制工作。媒介技术的发展将推动大批更具个人化特点的电视作品不断涌现。

电视技术的发展为电视隐性采访提供了更大的方便。现在，各式各样的微型摄像机被研制和生产出来，这些小型化的摄录设备（手机）隐藏极为方便，为一些原来不可能拍到的犯罪题材、曝光题材的电视采访提供了隐性采访的可能。我们在国内外各种曝光类电视报道中已经见到了很多个利用微型摄像机进行采访报道的成功范例。隐性采访条件的改善也将带来对法律和道德的一系列相关问题的探讨和改进。

面对日益激烈的海内外竞争，面对日新月异的高科技发展，中国的电视记者任重道远。从自身而言，电视记者的素质需要不断地全面提高；从中国电视新闻整体而言，电视新闻领域的改革也亟待大刀阔斧地推进。我们期待且相信——在人类又一个千年中，中国电视新闻必将开创自己的新纪元！

【课堂讨论】

讨论各种高新科技对未来电视采访手段的影响。

【思考题】

电视与各种新媒体的深度融合会给未来的电视新闻工作带来哪些挑战？

【作业】

搜索一个你认为对新媒体运用较好的电视栏目，对其展开个案分析。

关联课程教材推荐

ISBN	书名	作者	定价（元）	出书时间
978-7-300-19014-3	广播电视概论	周小普	39.80	2014-05
978-7-300-18903-1	电视新闻	于忠广	29.80	2015-01
978-7-300-24387-0	电视摄像教程	杨晓宏	35.00	2017-07
978-7-300-12125-3	电视新闻摄制	雷蔚真	26.00	2010-06
978-7-300-10276-4	电视摄像实验教程	黄秋生	22.00	2009-02
978-7-300-08532-6	电视新闻编辑教程（第二版）	周　勇	38.00	2007-10
978-7-300-23258-4	出镜报道	张　超	38.00	2017-01
978-7-300-20946-3	微电影创作教程	黄秋生	29.80	2015-08
978-7-300-21066-7	节目主持人教程（第二版）	廖声武	32.00	2015-05
978-7-300-15292-9	美国电视史	［美］加里·R. 埃杰顿	48.00	2012-06
978-7-300-15021-5	视频基础（第六版）	［美］赫伯特·泽特尔	49.80	2013-01
978-7-300-15648-4	电视现场制作与报道（第五版）	［美］弗雷德·舒克	49.80	2013-01

配套教学资源支持

尊敬的老师：

衷心感谢您选择使用人大版教材！

相关的配套教学资源，请到人大社网站（www. crup. com. cn）下载，或是随时与我们联系，我们将向您免费提供。

欢迎您随时反馈教材使用过程中的疑问、修订建议并提供您个人制作的课件。您的课件一经采用，我们将署名并付费。让我们与教材共成长！

联系人信息：

地址：北京海淀区中关村大街 31 号 201 室　龚洪训 收　邮编：100080

电子邮件：gonghx@crup. com. cn　电话：010－62515637　QQ：6130616

如有相关教材的选题计划，也欢迎您与我们联系，我们将竭诚为您服务！

选题联系人：翟江虹　电子邮件：zhaijh@crup. com. cn　电话：010－62515636

俯仰天地　心系人文

人大社网站　www. crup. com. cn

专业教师 QQ 群：259226416（全国新闻教师群）

欢迎您登录分社网站浏览，了解图书信息，共享教学资源

期待您加入专业教师 QQ 群，开展学术讨论，交流教学心得

图书在版编目（CIP）数据

电视采访学/雷蔚真，朱羽君著．—3 版．—北京：中国人民大学出版社，2018.7
新编 21 世纪新闻传播学系列教材
ISBN 978-7-300-25925-3

Ⅰ．①电…　Ⅱ．①雷…　②朱…　Ⅲ．①电视工作-新闻采访-高等学校-教材　Ⅳ．①G222.1

中国版本图书馆 CIP 数据核字（2018）第 133195 号

新编 21 世纪新闻传播学系列教材
电视采访学（第三版）
雷蔚真　朱羽君　著
Dianshi Caifangxue

出版发行	中国人民大学出版社		
社　址	北京中关村大街 31 号	**邮政编码**	100080
电　话	010－62511242（总编室）		010－62511770（质管部）
	010－82501766（邮购部）		010－62514148（门市部）
	010－62515195（发行公司）		010－62515275（盗版举报）
网　址	http://www.crup.com.cn		
经　销	新华书店		
印　刷	天津鑫丰华印务有限公司	**版　次**	1999 年 12 月第 1 版
规　格	185 mm×260 mm　16 开本		2018 年 7 月第 3 版
印　张	17	**印　次**	2024 年 1 月第 4 次印刷
字　数	358 000	**定　价**	39.80 元